价值论与伦理学研究

（2019年卷）

AXIOLOGY AND ETHICS
(2019)

湖北大学哲学学院
中华文化发展湖北省协同创新中心　编
国际价值研究学会（ISVI）

江　畅　戴茂堂
G. John M. Abbarno　主编
Thomas Magnell

徐　瑾　执行主编

社会科学文献出版社
SOCIAL SCIENCES ACADEMIC PRESS (CHINA)

目录 价值论与伦理学研究 2019年卷

传统价值与伦理

西方价值与伦理

理论探讨

综述与书评

Contents

Traditional Value & Ethics

Western Value & Ethics

Theoretical Research

Book Review & Summary

传统价值与伦理

孟子之前的儒学性善论研究

白宗让*

【摘　要】 人性论是中国古代哲学之重点。孟子的性善论具有开创性贡献，其中也继承了前代儒家学者的思想。在孔子与孔门后学那里，性善论已经初露端倪。从孔子到孟子是性善论从背景到前台的过渡阶段。儒学性善论是在自然人性之上的哲学建构，预设了天道与人心之互通，指出了人超越自身局限之可能，其目的亦在于教化。性善论决定了原始儒学之修身路径以顺从人性之本体发明与涵养为主。性善哲学是儒学之主要特色，它给人类以尊严与价值，也伴随更大的责任伦理，于当今时代有重要价值。

【关键词】 儒学　性善论　孔子　孟子

儒学以“修身为本”，“修身”又以“诚意”“正心”为前提，从孔子开始，就非常重视“志”“意”之“始”，因此，“修身”与人性之本质密切相关。这一“本质”不是由归纳式推理（笛卡尔“我思”）得到的，也不是形而上意义上的万物之本原（柏拉图“理念”），而是一种综合的（涵盖身心物）、非现成的（几希）、灵明通达的、自在自为之实存。“性本善”就是这样一种哲学存有论观念。或许有人认为，儒学通过修身可以转化先天气质，因此先天的因素并不重要，但“性本善”是在自然人性之上对人

* 白宗让（1973～），北京大学高等人文研究院博士，香港中文大学人文社科学院讲师，研究方向为中国哲学、比较哲学。

之本质的哲学认知，二者是不同层次的问题。原始儒学主流修身理论皆以涵养与去蔽为特色，诸如诗兴、礼乐教化、反求诸己、忠恕、自明、自诚、率性、求放心、推扩、勿忘勿助，还有宋明儒者的明心见性、致良知，这些修身路径的背后均有“性善”之本体预设。本体在逻辑上（非实质上）先于工夫，如果去掉“性善”之本体，则儒学主流修养理论恐无法成立。“性善论”始于孟子，在孟子之前的儒学中，关于人性的论说很少，孟子的独创性贡献是不可否认的。近年来，得益于出土文献的解读，孟子之前的“性善论”似乎也有脉络可循。

讨论人性之善恶首先要看如何定义“善”与“恶”。“善”字在古代典籍中有多种含义，例如梁漱溟先生即以人情之“通”为“善”，以“局”为“恶”，称：“恶起于局，善本乎通。”[①] 儒学之“善”实来自心性本体之“通”，这一论述体现梁先生对儒学确有真切的体证，但本文暂不涉及对“善”“恶”之定义问题，只以通常意义上的道德善恶为考量，任何关于人性善恶的论说都无法回避这一层次。

儒学既“敬天”又“贵人”，“天”是最高价值，也是万物之源，“人”又是万物之中最为贵重者。《尚书·泰誓》曰“惟人万物之灵”；《礼记·礼运》曰“故人者，其天地之德，阴阳之交，鬼神之会，五行之秀气也”，“故人者，天地之心也”；《大戴礼记·曾子大孝》曰“天之所生，地之所养，人为大矣”；《孝经·圣治》曰“天地之性，人为贵”；郭店楚简《语丛一》曰“夫天生百物，人为贵”；《荀子·王制》曰：“水火有气而无生，草木有生而无知，禽兽有知而无义，人有气、有生、有知，亦且有义，故最为天下贵也。”其他文明传统有的倡导万物平等，有的认为人有原罪。从宇宙论（创世、创人）到伦理学（人的内在价值）的贯通来看，对“人”的定位成为各大文明传统之人性论的背景预设，儒学之“贵人论”也是其“性善论”的背景。

孔子的性善论

天性至善的思想古已有之，《尚书·汤诰》曰：“惟皇上帝，降衷于

① 中国文化书院学术委员会编《梁漱溟全集》（第七卷），山东人民出版社，2005，第 773 页。

下民。”①《左传·成公十三年》曰：“刘子曰：‘吾闻之，民受天地之中以生，所谓命也。’”儒学以人文主义为精神特质，主要关注点为个人身心性命与人类社会的和谐长久之道，孔子在三代文明的基础上发展出了“道”“文”“仁”等哲学核心理念，但对人性本身言之不多。《论语·公冶长》曰：“子贡曰：‘夫子之文章，可得而闻也；夫子之言性与天道，不可得而闻也。’”但是，1973年出土的马王堆帛书《易传》之《要》篇记录了孔子与子贡关于“天道”的长篇对话。《史记·孔子世家》曰：“孔子晚而喜《易》。”《易》正是关于“天道”之书。因此，子贡之“不可得而闻也”可能是早年的说法，因为子贡拜入孔子门下的时间较早。子贡将“性”与“天道”对举，可知二者在当时都是形而上之高深学问，而且可能预设了二者之间的某种相通性。

《论语》中记载了两条孔子对人性的评论。

> 子曰：“人之生也直，罔之生也幸而免。”（《论语·雍也》）
> 子曰：“性相近也，习相远也。”（《论语·阳货》）

“人之生也直”明确指出人的本性就是正直。此处的“直”与“罔”相对，指一种本真的、直接的、前反思的天然状态。“生”也被阐释为生存或生活，杨伯峻在《论语译注》中释此句为：“人的生存由于正直，不正直的人也可以生存，那是他侥幸地免于祸害。”但此章中前一个“生”应该是在论述普遍人性，“直”应当就是孔子心目中的人之本性。作为“人”之生存，依靠的也是“直”，和杨先生的解释并不矛盾。“罔之生”之“罔”并不必然是坏的，它是一种功利算计与扭曲，而不是本真人性的直接兴发，也不是“人”之天然的生存状态。从前后两句的对应关系来看，“罔之生”已经不属于“人之生”的范畴，正如孟子“闻诛一夫纣矣，未闻弑君也”（《孟子·梁惠王下》），在价值源头上将纣王从“君”的范畴中排除。“幸而免”之“幸”为侥幸。在重视本心的同时，孔子并未忽视现实逻辑。社会上也存在一些不遵从自己的本心而成功的人，但那只是偶然的成功，没

① 蔡沈《书集传》曰“衷，中”，二字通假在典籍中十分常见，当为确诂。

有内在哲学理念的支撑。清华简《心是谓中》曰：“人之有为，而不知其卒，不惟谋而不度乎？如谋而不度，则无以知短长，短长弗知，妄作衡触，而有成功，名之曰幸。幸，天；知事之卒，心。必心与天两事焉，果成，宁心谋之，稽之，度之，鉴之。闻讯视听，在善之攈，心焉为之。”这里的“天”喻指外在的偶然性，真正的“天道”与“本心”相通，儒学遵从的是内在的、必然的逻辑。孟子曰：“求则得之，舍则失之，是求有益于得也，求在我者也。求之有道，得之有命，是求无益于得也，求在外者也。”（《孟子·尽心上》）

“直”可以指某种品质（正直）或具有此种品质之人①，但孔子此处用来指向人之本心、本性，“直—罔”之分相当于“诚—伪”之别。根据《礼记·中庸》的逻辑，“诚”既是“天道”之本体，也是人性之本体，“伪”则表现为一种不依从天然习性的造作。《论语》中有两处从人性的角度来论“直”。

> 子曰：“孰谓微生高直？或乞醯焉，乞诸其邻而与之。”（《论语·公冶长》）
>
> 叶公语孔子曰：“吾党有直躬者，其父攘羊，而子证之。”孔子曰：“吾党之直者异于是。父为子隐，子为父隐，直在其中矣。”（《论语·子路》）

有人向微生高借醋，他自己没有，转向邻居要了醋给借醋人，孔子认为做好事过了头也不符合“直”的标准，因为这种行为不是本心最初的直接反应。第二条并不是要为偷羊者脱罪，孔子乃是以此来说明父子相隐为人之常情，“直在其中”就是遵从内心自然的选择。由此可知，“以直报怨”（《论语·宪问》）也并不必然是要“以怨报怨”，而是要从客观的、无私的本心之权度来处理这种关系，因为“怨”的起因很复杂，凡遇到此种情况，儒家一般主张先从自己身上找原因，而“以德报德”则相当于定然命令。

---

① 例如“举直错诸枉，则民服；举枉错诸直，则民不服”（《论语·为政》）；“举直错诸枉，能使枉者直”（《论语·颜渊》）；“直而无礼则绞”（《论语·泰伯》）；“好直不好学，其蔽也绞”“恶讦以为直者”（《论语·阳货》）；“直道而事人”（《论语·微子》）。

佛学《维摩诘经·菩萨品》曰“直心是道场，无虚假故”，亦突出了“直”之“无伪”的本义。儒学最重视乐教，正是因为“唯乐不可以为伪”（《礼记·乐记》），“乐”才可彰显儒学最为珍视的人之直心、始志、初衷。“直”的形成不需要后天教育，如果某种德性需要经过特殊的规训才能形成，在儒学看来恐怕不能长久推广。基督教之博爱伦理一视同仁，甚至推广到要爱敌人，这是一种非常高尚的德性，但需要不断克服本性的局限、压抑本性的情感才能达到，印度“圣雄”甘地在这方面是很伟大的。儒学从“直”出发的伦理对自身修养与社会和谐也有一套完整的逻辑，而且是“可大可久”之“道”。竹简《五行》经 20 曰：“中心辩然而正行之，直也。”其说 15 曰：“恶吁嗟而不受吁嗟，正行之，直也。”其经 21 曰：“充其不藏欲害人之心，而仁覆四海；充其不受吁嗟之心，而义襄天下。”

“直”是本性之品质，《易传·文言·坤》曰：“‘直’其正也，‘方’其义也。君子敬以直内，义以方外，敬义立而德不孤。”“直”能使“刚”，“刚”即没有被后天私欲所遮蔽之本体属性。子曰：“吾未见刚者。”或对曰：“申枨。”子曰：“枨也欲，焉得刚。”（《论语·公冶长》）孟子论“浩然之气”，曰：“其为气也，至大至刚，以直养而无害，则塞于天地之间。其为气也，配义与道；无是，馁也。是集义所生者，非义袭而取之也。行有不慊于心，则馁矣。我故曰，告子未尝知义，以其外之也。必有事焉而勿正，心勿忘，勿助长也，”“自反而不缩，虽褐宽博，吾不惴焉；自反而缩，虽千万人，吾往矣。”（《孟子·公孙丑上》）“心气”在本质上随善恶而有强弱变化，“自反”而知“缩”或“不缩”，本体之“刚”或“馁”不受主观意志左右。“刚直”之性亦来自“天道”，《易传·象传·乾》曰：“天行健，君子以自强不息。”“直”乃是儒学“养志”之“道”，“志”为心性本体之欲求，孔子对“志”极为珍视，认为“匹夫不可夺志也”（《论语·子罕》）。孔子在最初的发心或动机上极其谨慎，如“吾十有五而志于学”（《论语·为政》）、“志于道”（《论语·述而》）。他还经常查考学生的志向，如“各言其志”（《论语·先进》）、“盍各言尔志？”（《论语·公冶长》）孔子所倡导之“直道”本质上是为了呵护天赋于人之心志不受委屈、遮蔽、戕害。子曰“苟志于仁矣，无恶也”（《论语·里仁》），与“汝念慈悲嗔恼灭，譬如明暗不同处”（《坐禅三昧经·卷二》）如出一辙。

“性相近也，习相远也”常被用来引证孔子持自然人性论。“习相远”意指人性在后天环境的影响下，有多种发展的可能性，既可能向善，也可能向恶，但不涉及原本人性之性质，那么前半句“性相近也”是否是对人性之界定呢？“性相近”之“近”为人所同有，一般有性善、性恶、性朴（无善无不善、白板说）三种可能。“有善有不善”是在“无善无不善”的基础上派生出来的，故而排除。三种可能之中，“性恶”首先可以排除，因为“习”并非“改过”。“性朴”与“性善”二者其实是相通的。孟子在听到告子“性无善无不善”后说：“乃若其情，则可以为善矣，乃所谓善也。若夫为不善，非才之罪也。”（《孟子・告子上》）荀子也说：“性者，本始材朴也；伪者，文理隆盛也。无性则伪之无所加，无伪则性不能自美。性伪合，然后成圣人之名，一天下之功于是就也。”（《荀子・礼论》）康德也将“自由意志”作为道德可能之先设条件，只不过西方传统中没有“心性本体”的观念，“自由意志”只是一个哲学设定，但二者的致思理路是一致的。如果先天之性有无数种发展的可能性，那么它本身就是善的。子曰：“唯上知与下愚不移。”（《论语・阳货》）“唯上知与下愚不移”从反面说明绝大多数人之“性”是“可移”的。当然，所谓“上知”“下愚”只是比喻的说法，并非必然的现实存在，孔子在此主要强调后天修养的重要性，其背后的预设是所有人都是可以教育的，因此“性相近”与“性善”相通，是性善论之萌芽。后世也有学者将“性相近”直接认定为“性善”，《论语集释》引顾炎武《日知录》曰：“性之一字，始见于《商书》，曰：‘惟皇上帝，降衷于下民，若有恒性。’恒即相近之义。相近，近于善也；相远，远于善也。”《论语集释》又引李光地《论语札记》曰：“案夫子此言，惟孟子能畅其说。其曰‘性善’，即相近之说也。其曰‘或相倍蓰而无算’‘其所以陷溺其心者然也’，则习相远之说也。先儒谓孔子所言者，气质之性，非言性之本。孟子所言，乃极本穷源之性。愚谓惟其相近，是以谓之善。惟其善，是以相近。似未可言孔孟之指殊也。”

《论语》中也记录了孔子对人的评判，如“中人以上，可以语上也；中人以下，不可以语上也”（《论语・雍也》），是在智识层面的区分，“生而知之者上也，学而知之者次也；困而学之又其次也。困而不学，民斯为下矣”（《论语・季氏》），是对学习主观能动性的区分，这都不属于对原初人性的定位。《论语》中还有一些表面上无关乎人性的说法，但是能从中窥到一丝人性论之端倪。《论语·八佾》中，子夏问曰："'巧笑倩兮，美目盼兮，素以为绚兮。'何谓也？"子曰："绘事后素。"曰："礼后乎？"子曰："起予者商也，始可与言《诗》已矣。""绘事后素"指外在之礼文必须加于内在善质之上才有效用，正如《礼记·礼器》曰："甘受和，白受采；忠信之人，可以学礼。苟无忠信之人，则礼不虚道。是以得其人之为贵也。"如果内在本质有问题，则外在的文饰都是无效的，正所谓"朽木不可雕也，粪土之墙不可圬也"（《论语·公冶长》）。孔子在此用的是比喻的说法，并不预设世间必有本质败坏之人，正如"生而知之"也只是逻辑上的说法，孔子都不承认自己是"生而知之"者，所有这些教谕逻辑都是为了导向"学"之重要性。儒学之"有教无类"建立于普遍人性皆能接受教化的基础之上，绝没有任何不适合礼乐教化之人，正所谓"民之于仁也，甚于水火"（《论语·卫灵公》），所以"绘事后素"中有"性本善"之含义。《论语·泰伯》中曰"兴于诗"，即每个人的本真情感都能够通过诗歌兴发出来，这就是共同的人性。最能说明孔子性善论的其实是"宰我问三年之丧"一章。《论语·阳货》中宰我质疑三年之丧太久，孔子觉得很奇怪，因为在他看来，每个人天然就"有三年之爱于其父母"，而宰我竟然一年后就能做到"心安"。孔子判之为"不仁"，因为"仁"就是对天性之敏感，"不仁"就是对天性之遮蔽，类似程明道之"麻木不仁"。孔子力图唤醒宰我内心本有的真挚情感，而宰我蔽障太重不能醒悟。

《史记·孔子世家》载："孔子晚而喜《易》，序《彖》《系》《象》《说卦》《文言》。读《易》，韦编三绝。曰：'假我数年，若是，我于《易》则彬彬矣。'"《易传》以"乾元"为至善本体，《易·乾》卦辞曰"元亨利贞"，《易传·文言·乾》解释"元者，善之长也"。《易传·说卦》曰："昔者圣人之作易也，将以顺性命之理。是以立天之道，曰阴与阳；立地之道，曰柔与刚；立人之道，曰仁与义。""仁义"为"人道"之哲学原理，犹如"阴阳"为"天道"之原理，所以才能通过"穷理尽性以至于命"去打通"人道"与"天道"。《易传·系辞上》中的"一阴一阳之谓道。继之者善也，成之者性也"，也将"道"建立在"善""性"的基础上。《易》之《复》卦象征一元复始，《易传·彖传·复》曰："复，其见天地之心乎？”以“复”来说明天道至善为先验存在。《易传·序卦》曰：“复则不妄矣，故受之以《无妄》。”“无妄”即“诚”，复此诚体即本体自明。《易传·系辞下》曰“《复》，德之本也”，即天地之至善本体与人性相通。南宋陆九渊将“复”看作“复善”，称：“复者阳复，为复善之义。人性本善，其不善者迁于物也。知物之为害，而能自反，则知善者乃吾性之固有，循吾固有而进德，则沛然无他适矣。故曰‘《复》，德之本也’。”（《陆九渊集·卷三十四　语录上》）清代学者陈梦雷曰：“天地之一阳初动，犹人之善念初萌，圣人所最重。”（《周易浅述》）孔子晚年作《春秋》，《春秋》与《易传》同样以“元”为开创新统之至善本体。《春秋》经文在每一位鲁公即位始年必称“元年春王正月”，汉代公羊学家董仲舒曰：“是故《春秋》之道，以元之深正天之端，以天之端正王之政。”（《春秋繁露·二端》）

如果超越考据的限制，从哲学上来推理的话，孔子之“性善论”实建立在“为己之学”之上。《论语·宪问》中子曰“古之学者为己”，这个“己”不是私己，而是能够不断超越自我局限的本体存在，真实可感的身心性命是儒学修身之源头活水。颜渊问仁，子曰：“克己复礼为仁。”（《论语·颜渊》）“克”即“能”，能够充分调动自我主体性，自发遵守礼仪，没有丝毫的异化与勉强，就达到了仁。“为仁由己”即将“仁”完全看作己身本具之存在。《论语·述而》中子曰：“仁远乎哉？我欲仁，斯仁至矣。”“欲仁”“仁至”也说明“仁”本身就应当内在于心性。这是完全内在的逻辑，但在工夫层面也要注意行为规矩，仁与礼由此而融为一体。

除了《论语》，其他原始儒学经典中也有一些孔子关于人性的论说。《礼记·中庸》与《礼记·表记》都记录了孔子的一句话：“仁者，人也”。意思是，要以“仁”来界定“人”。孟子亦云：“仁也者，人也。”（《孟子·尽心下》）朱熹《集注》曰：“仁者，人之所以为人之理也。”《孟子·告子上》引诗曰：“天生蒸民，有物有则。民之秉夷，好是懿德。”接着又引孔子曰：“为此诗者，其知道乎！故有物必有则，民之秉夷也，故好是懿德。”民众本性中就有天赋之常道，所以才自然喜欢美德。《大戴礼记·保傅》记载：“少成若性，习贯之为常。”从上下文来看，是在强调孩提时期接受教育的重要性，不涉及根本人性问题。《庄子·天道》记录了老子与孔子的一段对话，其中孔子说的“君子不仁则不成，不义则不生。仁义，真人之性也”，即以仁论性。《孔子诗论》中孔子曰：“吾以《葛覃》得氏初之志，民性固然。见其美，必欲反其本，”“币帛之不可去也，民性固然，”“吾以《甘棠》得宗庙之敬，民性固然。甚贵其人，必敬其位；悦其人，必好其所为；恶其人者亦然。”这里的“民性”就是普遍人性。

根据以上所论，基本可以看出“性善论”已经隐含在孔子本人的思想中，但还没有走向前台，没有成为心性儒学的标志性口号。孔子之哲学立基于“仁”，“以仁论性”的取向融合了自然情感与道德情感，突破了之前“生之谓性”的传统。“性”字在古代写为“生”，“生之谓性”即以人的自然属性为本性，在此基础上重视的必然是“礼”。从孔子倡导仁学以来，其更注重人的内在能动性、创造性转化、自力责任，对人性本质的预设也已经转向了人的道德属性。

孔门后学之性善论

曾子是孔子晚年弟子之一，相传在为曾子所作的《礼记·大学》开篇中曰：“大学之道，在明明德。”朱熹《大学章句集注》曰：“明德者，人之所得乎天，而虚灵不昧，以具众理而应万事者也。”“明明德”就是去发明人人本具之灵明，因此《礼记·大学》第二章释“明明德”为“皆自明也”。《礼记·大学》用“慎独”的观念来说明“诚意”，称：“所谓诚其意者，毋自欺也。如恶恶臭，如好好色，此之谓自慊。故君子必慎其独也。”《大学》之“诚意”类似孔子所倡导的“人之生也直”，以“好恶”指向内心最真实、最直接的反应。此处的“慎独”（郑玄解为“独处”）并无任何规约性含义，更多的是在体味本心之真实情理。儒学修身从此出发，无疑是选择了一个坚实的“性本善”之哲学起点。《礼记·大学》从“本末终始”的逻辑出发，确立了万事万物之根源为“修身为本”，“本”与“始”具有同样的含义，“报本反始”也是儒家文化的特色。《礼记·郊特牲》之“报本反始”乃因“万物本乎天，人本乎祖”，《礼记·祭义》曰：“君子反古复始，不忘其所由生也，是以致其敬，发其情，竭力从事，以报其亲，不敢弗尽也。”“报本反始”之思维也以至善为哲学起点。《礼记·大学》之“诚意”即“修身”之本始，类似孔子对求学开始之“志”的重视。

子思从学于曾子，作《礼记 · 中庸》。其开篇曰：“天命之谓性，率性之谓道，修道之谓教。”人性本于天命，无有不善，喜怒哀乐在“未发之中”已经具有了至善价值，故而“中也者，天下之大本也；和也者，天下之达道也。致中和，天地位焉，万物育焉”。顺从此本性就是儒学之道，由此而言，教化乃直道顺成，无伪无曲。《礼记 · 中庸》又曰：“自诚明，谓之性；自明诚，谓之教。诚则明矣，明则诚矣。唯天下至诚，为能尽其性；能尽其性，则能尽人之性；能尽人之性，则能尽物之性；能尽物之性，则可以赞天地之化育；可以赞天地之化育，则可以与天地参矣。”《礼记 · 中庸》由己身之诚通向天地万物的逻辑与《易传 · 说卦》“穷理尽性以至于命”、《孟子 · 尽心上》“尽心知性知天”同属于“性善论”。

1993 年出土的郭店楚简被证明记载的是孔孟之间的文献，其中有多处论及人性，为了方便解读，以下按照原文次序对引文进行了编号。

(1) 凡人虽有性，心无定志，待物而后作，待悦而后行，待习而后定。喜怒哀悲之气，性也。及其见于外，则物取之也。

(2) 性自命出，命自天降。道始于情，情生于性。

(3) 好恶，性也。所好所恶，物也。善不善，性也，所善所不善，势也。凡性为主，物取之也。金石之有声，弗扣不鸣，人之虽有性，心弗取不出。凡心有志也，无与不可，性不可独行，犹口之不可独言也。

(4) 牛生而长，雁生而伸，其性使然，人而学或使之也。凡物无不异也者，刚之柱也，刚取之也。柔之约也，柔取之也。四海之内，其性一也。其用心各异，教使然也。

(5) 凡性，或动之，或逆之，或交之，或厉之，或出之，或养之，或长之。凡动性者，物也；逆性者，悦也；交性者，故也；厉性者，义也；出性者，势也；养性者，习也；长性者，道也。

(6) 凡见者之谓物，快于己者之谓悦，物之势者之谓势，有为也之谓故。义也者，群善之蕝也。习也者，有以习其性也。道者，群物之道。凡道，心术为主。道四术，唯人道为可道也。其三术者，道之而已。

(7) 仁，性之方也。性或生之。忠，信之方也。信，情之方也。情出于性。

(8) 爱类七，唯性爱为近仁。

(9) 凡人情为可悦也。苟以其情，虽过不恶；不以其情，虽难不贵。苟有其情，虽未之为，斯人信之矣。

(10) 未言而信，有美情者也。未教而民恒，性善者也。未赏而民劝，含福者也。未刑而民畏，有心畏者也。贱而民贵之，有德者也。贫而民聚焉，有道者也。

《性自命出》与上博简《性情篇》可以对勘互证，以上均采用文字学界大多数学者认可之释读，下面试从哲学角度一一论述。

(1) 从“心”来谈“性”，“性由心显”架起了孔孟之间的桥梁，“心无定志”保留了“心”之“出入无时，莫知其乡”（《孟子·告子上》引孔子语）的性质。此句重点在“待习而后定”，心通内外，“待习而后定”如同“习相远也”（《论语·阳货》）、“学而时习之”（《论语·学而》）、“少成若性，习贯之为常”（《大戴礼记·保傅》）中“习”对于“性”的塑成作用。“习”以“学”为前提，而“学”是“为己之学”，竹简《尊德义》曰“学非改伦也，学己也”，所以“习”亦有“习性”之本体维度。“喜怒哀悲之气，性也”即“以生为性”，这是古老的传统，《大戴礼记·文王官人》亦曰：“民有五性：喜、怒、欲、惧、忧也。”

(2)“性自命出，命自天降”同《礼记·中庸》“天命之谓性”；“道始于情，情生于性”同“率性之谓道”。

(3)“好恶，性也”并非指本性有好恶，而是指本性有分别好恶之能力，如《礼记·大学》之“如恶恶臭，如好好色，此之谓自慊”，“善不善，性也”同此。性情之好恶皆可为善，《论语·里仁》中曰“唯仁者能好人，能恶人”；《礼记·缁衣》中曰“好贤如《缁衣》，恶恶如《巷伯》”；《大戴礼记·哀公问五义》中曰“所谓贤人者，好恶与民同情，取舍与民同统”。“势”为具体可见之外在形势、趋势、条件，强调外物的重要性，《荀子·不苟》曰“故马鸣而马应之，牛鸣而牛应之，非知也，其势然也”；《老子·五十一章》曰“道生之，德畜之，物形之，势成之”。“性不可独行，犹口之不可独言也”，“性”是不闻不睹之形而上心性本体，只能凭借形而下之事物来显现于外。无形之“性”通过有形之“物”“势”表现于外，同《易传·象传》之“天行健”“地势坤”之逻辑。

（4）牛雁之性为自然属性，但人能“学”而与之不同。“四海之内，其性一也”同“性相近也”；“其用心各异，教使然也”同“习相远也”。

（5）列举种种影响人性的方式，最重要的是“长性者，道也”，向内体证之心性工夫可以修养本性，脱离了外在逻辑而首次将“性”独立出来。《孟子·告子上》曰：“故苟得其养，无物不长；苟失其养，无物不消。”

（6）进一步解释（5），“唯人道为可道也”说明道四术中唯有人道具有主观能动性与可塑性，其余三术只能顺势疏导。关于“三术”有很多说法，池田知久认为是“天、地、神”，陈伟认为是“天、地、群物”①，濮茅左认为是“诗、书、礼”，本文认同池田知久的说法。“心术为主”强调主体自发的心性本体之修养。

（7）“仁，性之方也”走向“以仁论性”。

（8）发自本性自然之爱才接近“仁”，“仁”即无私无蔽之天性，无须造作或专门训练，仁心无间，“依于仁”则没有算计的空间，“勿自欺也”（《礼记·大学》），“诚者自成也，而道自道也”（《礼记·中庸》）。

（9）真诚的情感使人愉悦，超越了善恶，“真”即“善”，同“人之生也直”体现的以“直”为“善”。

（10）整段为性善论说，而且首次出现“性善”一词。

由此可以看出《性自命出》篇由以“生之谓性”与“内外并重”开始谈论人性，逐步过渡到“以仁论性”与“内在本体”的逻辑，最后得出了性善的结论。郭店楚简出土地点位于当时的楚国，说明儒学在先秦时代已经传入楚地。《史记·儒林列传》曰“澹台子羽居楚”，子羽相貌不佳，但品行高尚，《史记·仲尼弟子列传》有子羽“南游至江，从弟子三百人，设取予去就，名施乎诸侯”的记载。孔子曾言“以貌取人，失之子羽”（《史记·仲尼弟子列传》），说明子羽的修养很高。

郭店楚简《五行》经 2 曰：“德之行五，和谓之德，四行和谓之善。

---

① 陈伟、彭浩主编《楚地出土战国简册合集》（一）：《郭店楚墓竹书》，文物出版社，2011，第 106 页。

德，天道也；善，人道也”，以“善”来定义“人道”，而且“人道”与“天道”之差别只有一重“圣”性，其余四行（仁、义、礼、智）都相同。《五行》经18曰“和则同，同则善”，其说18曰“四者同于善心也”，其说25曰“仁义，心也，同则善耳”，首次以“仁义”来界定“心”。《成之闻之》篇曰：“天降大常，以理人伦，”“圣人之性与中人之性，其生而未有非志。”其认为圣人与普通人在本质上并无差别。① 此与荀子的说法正好相反，《荀子·性恶》曰：“故圣人之所以同于众，其不异于众者，性也；所以异而过众者，伪也。”荀子以自然人性为圣凡所同，而《成之闻之》篇以道德人性为圣凡所同，因为“民皆有性而圣人不可慕也”。郭店楚简《语丛一》中的“仁生于人，义生于道”，似乎只是从主观与客观的角度来区分仁义，而“仁生于人，义生于道；或生于内，或生于外”就是“仁”之内在性的证明。《语丛二》有“情生于性”“爱生于性”“欲生于性”“智生于性”“子生于性”“恶生于性”“喜生于性”“愠生于性”“惧生于性”“强生于性”“弱生于性”等善恶混杂之说法，但都属于派生意义上的范畴，不涉及“性”之本质。《语丛三》中的“人之性非与？止乎其孝”，倒是从内在的逻辑来讲的。

综上诸材料，可以看出人性学说在孔门后学中逐渐成为热点，曾子、子思、子羽等大儒的“性善论”倾向已经相当明显。

性善论之哲学意义

人性论在战国时期成为学术热点，东汉王充所著《论衡·本性》概述了战国人性论之争：“周人世硕，以为‘人性有善恶，举人之善性，养而致之则善长；性恶，养而致之则恶长’。如此，则性各有阴阳，善恶在所养焉。故世子作《养书》一篇。宓子贱、漆雕开、公孙尼子之徒，亦论情性，与世子相出入，皆言性有善有恶……孟子作《性善》之篇，以为人性皆善，及其不善，物乱之也……告子与孟生同时，其论性无善恶之分，譬之湍水，决之东则东，决之西则西，夫水无分于东西，犹人无分于善恶也……孙卿

① 儒学将圣人之性与常人之性等同，并不会减损圣人的超越性，《孟子·公孙丑上》引有若曰：“圣人之于民，亦类也。出于其类，拔乎其萃，自生民以来，未有盛于孔子也。”

有反孟子，作《性恶》之篇，以为‘人性恶，其善者伪也’。”王充指出先秦主要有四种人性论：有善有恶论、性善论、无善无恶论、性恶论。王充本人对此采取了折中调和的态度，称：“余固以孟轲言人性善者，中人以上者也；孙卿言人性恶者，中人以下者也；扬雄言人性善恶混者，中人也。若反经合道，则可以为教；尽性之理，则未也。”王充暂时悬置了“性本质”之问题，指出无论是性善还是性恶，其实都是为教化服务的。如果是这样，那么二者之区别就主要在于工夫路径。所有的哲学家，无论是性善论者还是性恶论者，其目标都是使个人与社会变得更好。性善论者的修身路径是顺发之“率性”，而性恶论者的修身路径是对治之“积伪”。《论语·颜渊》中子曰“为仁由己”；《礼记·中庸》曰“率性之谓道”，又曰“诚者自成也，而道自道也”；郭店楚简《尊德义》曰“教非改道也，教之也。学非改伦也，学己也”；《孟子·尽心下》曰“仁也者，人也。合而言之，道也”。古人认为“学”即“觉”，取觉悟之义。相反，《荀子·性恶》曰：“然则从人之性，顺人之情，必出于争夺，合于犯分乱理而归于暴。故必将有师法之化，礼义之道，然后出于辞让，合于文理，而归于治。”人性本体论之差别造成了修身工夫路径之相异，然而二者教化的目标是一致的。

在哲学本体论层面上，人性论并没有相对主义的空间。主流心性儒学（孔曾思孟陆王）的修身理论都有意无意地建立在“性本善”基础之上。孔子开创“反躬内求”的“仁学”路径之后，曾子之“明明德”“自明”（《礼记·大学》），子思之“诚者自成”（《礼记·中庸》），孟子之“反求诸己”（《孟子·离娄上》《孟子·公孙丑上》）、“自反”“深造自得”（《孟子·离娄下》），《易传·象传》之“自强不息”，《礼记·乐记》之“自生”“自成”① 都是一脉相承的修身模式。荀子在修身中也极为注重“自存”“自好”“自省”“自恶”（《荀子·修身》），“自禁”“自使”“自夺”“自取”“自行”“自止”（《荀子·解蔽》）。② 这些都属于主体内因思维模式，如果人性本质之“自”出现问题，这个哲学起点就不够坚实。

① “礼也者，反其所自生；乐也者，乐其所自成。”（《礼记·礼器》）

② “见善，修然必以自存也；见不善，愀然必以自省也。善在身，介然必以自好也；不善在身，菑然必以自恶也”（《荀子·修身》）；“心者，形之君也，而神明之主也，出令而无所受令。自禁也，自使也，自夺也，自取也，自行也，自止也”（《荀子·解蔽》）。

《礼记·中庸》与《孟子·离娄上》皆曰“诚身有道，不明乎善，不诚乎身矣”，因为“道前定，则不穷”，类似陆象山之“先立乎其大者”。如果没有“主体—本体”层面上的先验至善，从此价值原点去推扩的修养理论如何能够成立?《孟子·公孙丑上》曰：“凡有四端于我者，知皆扩而充之矣，若火之始然，泉之始达。苟能充之，足以保四海；苟不充之，不足以事父母。”这代表了从“慎独”到“万物一体”的儒学主流修养论。儒学虽是本体与工夫合一（体用不二）的哲学，二者并无时间上的先后，但从逻辑上来讲，本体必然先于工夫。《论语·学而》曰：“君子不重，则不威。学则不固，主忠信。”如果只在工夫上做文章，而本体不明，会被认为是很大的缺憾，不宜依此而判教。①

孟子持性善论已广为人知，本文需进一步证明孟子的性善论是“本善”，而不只是“可善”或者“以善为性”。“乃若其情”“非才之罪”（《孟子·告子上》）等说明孟子也是同意“可善”的。但“可善”基本上是一个人人都会同意的命题，荀子也说“涂之人可以为禹”，因为“涂之人也，皆有可以知仁义法正之质，皆有可以能仁义法正之具，然则其可以为禹明矣”（《荀子·性恶》）。“可善”说的哲学意义不大。孟子在“可善”的基础上进一步看到了“本善”之人性哲学。“人之有是四端也，犹其有四体也”（《孟子·公孙丑上》）；“由仁义行，非行仁义也”（《孟子·离娄下》）；“仁义内在”“仁义礼智，非由外铄我也，我固有之也”（《孟子·告子上》）；“人之所不学而能者，其良能也；所不虑而知者，其良知也”，“万物皆备于我矣，反身而诚，乐莫大焉”（《孟子·尽心上》），这些无疑都是“性本善”的说法。

“轴心突破”是人类从自然状态走向文明状态的思想助缘，孔孟不是从自然主义、常识层面来界定“人”与“性”的，而是从哲学建构层面对两者进行区分。孟子从“大体”与“小体”（《孟子·告子上》）来区分人，从“性命之分”（《孟子·尽心下》）来界定“性”，提倡的是全新的价值哲学。孟子本人并不反对告子的“食色，性也”（《孟子·告子上》），并且也认为“形色，天性也”（《孟子·尽心上》），但是“人之所以异于禽于兽者

① 虽然本体自律在修身中至关重要，但还是不能以此来判教。牟宗三先生据此将朱熹判为“别子为宗”，其实从外礼到内仁的路径也是有效的，二者可以互相配合。

几希，庶民去之，君子存之”（《孟子·离娄下》）是对人性本质的重新发明。[①] 孟子对当时的人性理论颇为不满，曰：“天下之言性也，则故而已矣。”（《孟子·离娄下》）“中研院”黄彰健先生释“故”为“有所事，有所穿凿”[②]，郭店楚简《性自命出》中的“有为也之谓故”，说明黄先生见解正确。孟子的人性哲学不从后天习性立论，而是回到先天本原。

佛学认为善恶二者本是一体，因为远离“十恶”（身三语四意三）即“十善”（《十善业道经》）。儒学的人性论与现实拉开了距离，“性本善”哲学中的“善”与“恶”处于不同的层面。“善”有本有根，重在发明、自觉、回复、长养，无须从外部植入；而“恶”无本无根，只能产生或者消亡。“善”是原发的、前反思的；“恶”是派生的、算计的，是“善”被遮蔽的一种状态。“善”的力量比“恶”更为强大，“君子之德风，小人之德草，草上之风，必偃”（《论语·颜渊》），在教化上也要“隐恶扬善”（《礼记·中庸》）。《大乘起信论校释》认为无明依真如而起，是真如的一种势用，它没有自己的本性。[③] “善”与“恶”的关系如同斯宾诺莎所言“光明”与“黑暗”的关系，光明既是自身的标准，也是黑暗的标准。[④]所谓黑暗其实是光明的缺失，光明是原本的，黑暗是派生的。

“性本善”不是普通的常识，乃是证道之人的见地，正如王充所云“中人以上者也”。佛经云：“菩萨未成佛，以菩提为烦恼；菩萨成佛时，以烦恼为菩提。”（《仁王护国经·二谛品》）胜义谛与世俗谛乃是“非一非二”之关系。“性”只是一个“性”，“性本善”则是一种非凡的见地。孟子亦认可告子“可善可不善”的观点，但也看到“可善”比“可不善”更加原本，即使恶人也有善心的流露，如“今人乍见孺子将入于井，皆有怵惕恻隐之心”（《孟子·公孙丑上》）。任何“性本质”之论说都应该追到究竟

① 从“几希”来界定人性有科学依据，人和动物的基因有95%相似，和黑猩猩只差1.6%，人的特殊性显然来自极少数基因。再比如说，黄瓜中95%的成分是水，但不能说黄瓜是水，正是那5%决定了黄瓜是黄瓜。

② 黄彰健：《释孟子“天下之言性也故而已矣”章》，载《经学理学文存》，台湾商务印书馆，1976。

③ （梁）真谛译《大乘起信论校释》，高振农校释，中华书局，1992，序，第11页。

④ “正如光明之显示其自身并显示黑暗，所以真理既是真理自身的标准，又是错误的标准。”（〔荷〕斯宾诺莎：《伦理学》第二部分命题四十三附释，贺麟译，商务印书馆，1983，第82页）

处，因为“心以藏心，心之中又有心焉”（《管子·内业》）。梁漱溟先生说：“人之有恶为后天之事，人之有善，却本乎先天。”[①] 在工夫层面上，“性”通过“心”与“情”显现于外，不可能是一个孤悬之灵明，但在本体层面上，必须要坚持这一先验逻辑。因为“性本善”更原本，所以潜藏更深，更加隐微，它绝不是现成的，而是“操则存，舍则亡”（《孟子·告子上》引孔子语），“思则得之，不思则不得也”（《孟子·告子上》），“求则得之，舍则失之”（《孟子·尽心上》），需要长期不断地发明与持守，因此修养工夫就是必须的；但修养不是创造善性，而是兴发善性。善长则恶消，这是从根源上铲除恶，而不是暂时压制恶，所以这种修养方式将本体内生的快乐（孔颜之乐）与本善之性相契合。

法国哲学家魏尔（Éric Weil）发现轴心文明都产生于道德滑坡、社会崩解之后，因此其对人性之恶必然有充分的认识。基督教《圣经》说上帝“整天伸手招呼那悖逆顶嘴的百姓”（罗 10：21），佛教谓“众生刚强难化”（《维摩诘所说经·香积佛品》），儒学也有充分的“幽暗意识”。孔子屡次感叹为仁之难，在传道过程中遇到过很多令人失望、沮丧的情况，如“说而不绎，从而不改，吾末如之何也已矣”（《论语·子罕》）；“不曰‘如之何、如之何’者，吾末如之何也已矣”（《论语·卫灵公》）；“狂而不直，侗而不愿，悾悾而不信，吾不知之矣”（《论语·泰伯》）。孔子也看到人的自然属性中的缺陷，称：“君子有三戒：少之时，血气未定，戒之在色；及其壮也，血气方刚，戒之在斗；及其老也，血气既衰，戒之在得。”（《论语·季氏》）孔子重视“礼”，主张以礼饰情、以礼节情，都是为了防范人性之恶的产生。孟子也遇到过很多自暴自弃之人，但孔孟都没有像道家一样因对人性绝望而隐居山林与自然为伍，而是继续孜孜不倦地推行大道，这是一种对“性本善”宗教般的信念。儒学之“性本善”在现实人性中挺立出来，犹如儒学将主体之“德”从外部世界之“命”中独立出来，二者都是哲学建构。《易传·系辞下》曰：“善不积不足以成名，恶不积不足以灭身。”现实中虽有因果报应的现象，但儒学显然不是在功利主义的层面上去推行善，而是基于对人性本质之哲学的睿见与信仰。儒学虽然有此信仰，

① 梁漱溟：《读熊著各书书后》，载《梁漱溟全集》（第七卷），山东人民出版社，2005，第773页。

但在推行的过程中绝不强加于人，《论语·先进》曰“以道事君，不可则止”；《论语·颜渊》中子贡问友，子曰：“忠告而善道之，不可则止，毋自辱焉。”这和基督教的做法大不相同。

“性本善”认可自然人性之缺陷，但认为人性在深层本质上必然是善的，从“天人合一”的角度来看，“性本善”可以贯通宇宙论与伦理学。孟子尝以“牛山之木”来比喻人心，树木“日夜之所息，雨露之所润，非无萌蘖之生焉”，仁义之心“其日夜之所息，平旦之气，其好恶与人相近也者几希”（《孟子·告子上》）。荀子则认为人的自然属性就是恶的，“今人之性，生而有好利焉，顺是，故争夺生而辞让亡焉；生而有疾恶焉，顺是，故残贼生而忠信亡焉；生而有耳目之欲，有好声色焉，顺是，故淫乱生而礼义文理亡焉”（《荀子·性恶》）。但是，“性恶说”无法与宇宙论接通。《易传·系辞下》曰“天地之大德曰生”，认为虽然自然界也会有灾难发生，但并非其常态；精研天道的道家曰“飘风不终朝，骤雨不终日”（《老子·二十三章》），认为“天清地宁”才是天地之真常状态。儒学看重本始并非随意的界定，民谚云：“一年之计在于春，一日之计在于寅。”（《增广贤文》）也就是说，并不是每个时间段都具有同样的价值，因此要与天道相合。孔孟之“性本善”与“天道至善”相呼应，但这不是命题预设，而是内在体证。孟子在反驳告子时，或许也存在一些逻辑缺陷，但不可因此认为孟子的观点有问题，而要看到孟子对人性深刻的体证，孟子曰：“予岂好辩哉？予不得已也。”（《孟子·滕文公下》）荀子认为“天行有常，不为尧存，不为桀亡”（《荀子·天论》），故其人性论是否是“性恶”，学界还有不同意见。[①] 荀子最早发现了独立的“认知心”，功莫大焉，但荀子基本上是从“性”之外在表现来论说人性，没有深入其本质。因为荀子的时代更需要从理论上去说服别人，所以荀子人性论逻辑推理的成分更大，缺乏内在体证。

因为有“天道至善”与“性通天”的预设，所以“性本善”主要是指人可以在形而上层面上超越自身局限，而不只具有形而下层面之“向善”可能，这就和本文开头的儒学“贵人论”有了联系。泛泛而言，动物也有

① 真正的性恶论是后来法家的主张，李斯与韩非虽然从学于荀子，但儒法之间在人性论上有本质差别。

向善的可能，俗语“虎毒不食子”也是一种仁爱伦理，但是这种爱受到虎性本身的限制，无法推得更广。在《庄子·天运》中，庄子曰：“虎狼，仁也。”曰：“何谓也?”庄子曰：“父子相亲，何为不仁!”但这远远不是“至仁”。其他诸如“彼之毒药，我之蜜糖”等都不具有普遍意义上的“善”。但是人就不一样，“五十而知天命”（《论语·为政》）、“尽己尽人尽物”（《礼记·中庸》）、“尽心知性知天”（《孟子·尽心上》）等都是超越自我局限与个人利益，甚至超越人类中心主义的见证，从而有可能照顾到所有存在物，“人”之“贵”亦在于此。人能够通过修身转化自身并超越自身，这才是“性本善”哲学之真谛所在。哲学人性论虽然扎根于世俗伦理，但也有超越的一面，“莫知其乡”“心无定志”“人心难测”等说法接近当代前沿科学之量子原理，我们期待对人性论进行跨学科研究的突破。

略举其他文明传统之性善论

原始道家经典《老子》与《庄子》在论述中常将“天”与“人”当作善恶二元对立的双方。道家的“人”的含义是“人为”，包括道德、知识等人文建构，人的自然属性之“身”也是“人”之限制。这一看法是对礼崩乐坏之现实的彻底绝望，而不是对人性本身的断定。原始道家以天地自然为至善的化身，其“天人合一”亦体现为“以人合天”。道家“返朴归真”的理想意在去除人们后天形成的种种成见与私蔽，回归先天的纯真。道家用人生之初的婴儿状态来喻指一种至高的德性，“专气致柔，能婴儿乎?”（《老子·十章》）“沌沌兮，如婴儿之未孩”（《老子·二十章》），“常德不离，复归于婴儿”（《老子·二十八章》），“含德之厚，比于赤子”（《老子·五十五章》）。如果成年人还能保持先天纯洁无染的品性，那就代表了修道境界最高的“真人”。《老子·十六章》中的“万物并作，吾以观复。夫物芸芸，各复归其根。归根曰静，静曰覆命。覆命曰常，知常曰明”，颇类似《易》之《复》卦的本善哲理。

佛学讲“缘起性空”，人性本空，更无善恶可言，但是佛学术语有“表诠”与“遮诠”两类，首先需要分清是权教还是实教。释迦牟尼在菩提树下成道后，照见人人皆具佛性，为之啧啧称奇。晋末高僧竺道生为鸠摩罗什的弟子，他在南京讲经时，《大涅槃经》只有部分译出，其中说除“一阐提”外，人人皆有佛性，而道生坚持“一阐提人皆得成佛”，遂被视为邪说。道生被逐出山门后流落到苏州虎丘，聚石为徒讲经，说到一阐提有佛性时，群石皆为点头。后来《大涅槃经》昙无谶全译本传到南京，其中果然有“一阐提人有佛性”的内容，大众皆佩服道生的卓越见识（《高僧传》《佛祖统纪》）。

佛家最看重的是“菩提心”，《华严经·入法界品》曰：“菩提心者，犹如种子，能生一切诸佛法故。”“菩提心”人人本具，重在发觉，最初之“愿菩提心”又名“初心”，乃是修行之慧根，“初发心时，便成正觉”（《华严经·梵行品第十六》），“三世一切诸如来，靡不护念初发心”（《华严经·初发心功德品第十七》）。大乘佛教以此本始之意念为人性之本，《大乘起信论校释》曰“以始觉者，即同本觉”，法藏《大乘起信论义记·卷三》解释为：“此始觉是本觉所成，还契心源，融同一体，方名始觉，故云以始觉即同本觉也。”[①]《大乘起信论校释》点出“如来藏”以后，佛性即实而不空，禅宗六祖慧能进一步阐述了原本至善之“自性”，《坛经·行由品第一》曰：“何期自性，本自清净；何期自性，本不生灭；何期自性，本自具足；何期自性，本无动摇；何期自性，能生万法。”

基督教的“原罪说”来源于《圣经·创世记》之伊甸园的典故，但这只是基督教创世说的第二套讲法。在第一套“七日创世”的讲法中，上帝在第六日按照自己的形象创造了人，“神就照着自己的形象造人，乃是照着他的形象造男造女”（创 1：27），这里并没有任何关于原罪的说法。关于“伊甸园”部分的成书年代尚有争议，因其有明显的插入叙事痕迹。“七日创世”之前，“地是空虚混沌，渊面黑暗；神的灵运行在水面上”（创 1：2），“神说：‘要有光，’就有了光”（创 1：3），“神看光是好的，就把光暗分开了”（创 1：4），此“光”先于任何发光天体（第四日造），乃是一种形而上之灵光，是万物得以存在的基础与至善本原。基督教除了早期的救赎伦理，后期也强调人的主观能动性，《圣经·新约》所倡导的“圣灵”与宗教改革之“因信称义”都使宗教信仰内化为人性的一部分。

① （梁）真谛译《大乘起信论校释》，高振农校释，中华书局，1992，第 28 页。

古希腊哲学家柏拉图以“理念”（Idea）为真实的本原，认为在所有理念中，“善的理念”（idea of the good）又是最高的，但他没有明说这一理念内在于人，只说灵魂在前世见到过完美的理念世界。柏拉图在《美诺篇》中记载了这样一个故事，即苏格拉底通过对话（助产术）引导一个没有受过教育的男孩说出了高等数学的所有原则。这就是知识的“回忆”说，由此说明所有知识本来就内在于人性。亚里士多德后来发展出了“蜡块说”，将知识的起源归于外部世界，这一说法启发了洛克（John Locke）的“白板说”人性论。西方哲学家持“性恶论”的代表人物是霍布斯，有“性善论”倾向的哲学家也不少，如康德认为人类具有先天认知结构，并在道德上是自主的；黑格尔的历史观认为人天生就具有神性，有一种绝对独立的自由，可以内在地实现自我理解；卢梭认为人本然是圣洁的，而教育和文明是对人性的压制，如果让本性自由地释放，就必然会表现为良善。

以上略举远远无法涵盖道、释、耶、西方哲学之人性理论，只希望通过以上分析形成对性善学说进行跨文化意义上的参照。所有的宗教哲学传统对性恶论都有足够深刻的认知，本文并不排斥性恶论，因为性善与性恶之目的都是道德教化。正如孔子说的“六艺于治一也。礼以节人，乐以发和，书以道事，诗以达意，易以神化，春秋以义”（《史记·滑稽列传》）；《礼记·乐记》中的“故礼以道其志，乐以和其声，政以一其行，刑以防其奸。礼乐刑政，其极一也”，只是教化方式不同而已。

小　结

顾炎武认为，讨论“性本质”的问题过于玄虚，古来圣贤皆是见之于行事（《与友人论学书》）。此话固然不假，但是本体层面的探究乃是实践之源泉，明心见性亦有救世之功。本文并非假设一个学派内部思想都一致，但是“性本善”确实是孔曾思孟一系心性儒学的核心观念，而不仅仅是一个侧面，因此表现出了相对一致性。儒家哲学意义上的“性本善”源于孔子，从孔子到孟子是“性本善”从后台到前台的过渡阶段，其中有清晰的脉络可循。

“性本善”来自“性一元论”。在孔子那里，天然情感与道德不但不矛盾，而且是修身的无穷动力。孟学的“性”和“欲”也明显是相辅相成的。孟子之后，汉代董仲舒提出了“性三品”说，从源头上开始对“性”进行价值分解。许慎在《说文》中曰：“性，人之阳气，性善者也，”“情，人之阴气有欲者也。”这是“性善情恶”之性情二元论。宋明理学以“义理之性”与“气质之性”为二元对立。清人戴震、阮元主张性情一元论，其实是以欲为性的反理学命题。当代学者当中，傅斯年经过统计后认为，孔子时代没有“性”字，也就没有人性论。① 牟宗三、徐复观等人倾向于认为孔子持有性善观念。②

“性善”赋予了人类真正的尊严与价值，也伴随更大的责任伦理，儒家哲学的主体性格比其他文明传统都要强。从这一源头出发的伦理才具有真正可行之整全性，《礼记·祭义》曰：“夫孝，置之而塞乎天地，溥之而横乎四海，施诸后世而无朝夕。推而放诸东海而准，推而放诸西海而准，推而放诸南海而准，推而放诸北海而准。”《孟子·公孙丑上》曰：“以不忍人之心，行不忍人之政，治天下可运之掌上。”

当今时代知识精进，但修身哲学却处于边缘化地位，因为外力塑造的力量明显要大于主体自觉，现代法治国家的运作也都建立在约束机制之上。但是如果人心藏奸，纵然法律齐备，也无法让人人获得美好生活。“性本善”之学理的阐明有利于使人们重新认识儒学人性论，树立主体能动性，让“诛事不诛心”的现代法治传统与心性工夫相结合，更好地造福全人类。

Confucian Theory of Good Human Nature before Mencius

Bai Zongrang

Abstract: Theory of human nature is the key issue of traditional Chinese

① 傅斯年：《性命古训辨证》，上海古籍出版社，2012，第 10 页。

② 参见牟宗三《心体与性体》（第 1 册），上海古籍出版社，1999，第 190 页；徐复观《中国人性论史》（先秦篇），上海三联书店，2001，第 79 页。

philosophy. Mencius' good human nature is pioneering, but also inherited from earlier Confucian scholars. In the teaching of Confucius and his disciples, the implication of good human nature is already clear. Form Confucius to Mencius, theory of good human nature comes from background to forestage. Confucian good human nature is a philosophical construction aimed at moralization; it presupposes the intercommunication between heart-mind and Heavenly Dao. The theory of good human nature defines the path of self-cultivation of the original Confucianism as the revelation of subjective ontology. As the major characteristic of Confucianism, good human nature endows human dignity as well as entrusts human beings of greater responsibility. It carries important value in present age.

Keywords: Confucianism; Good Human Nature; Confucius; Mencius

道贯天地人，德通儒道佛

——任法融道德思想述评

孔润年*

【摘　要】 本文对中国道教协会原会长任法融的研修道家思想的经历和特点进行了考察梳理。认为“以《易》解道”“以儒解德”，将道儒佛贯通是任法融道长道德思想的主要特点。研究宗教人士的道德思想，对促进宗教社会道德观与世俗社会道德观的沟通交流、彼此了解、和谐相处有一定意义。

【关键词】 儒教　佛教　道教　任法融

道家是春秋战国时期形成的一个重要学术流派。秦汉及以后，道家和儒家、佛家等诸家一起，长久深刻地影响了中国的历史和文化，至今还在发挥巨大的影响作用。至于东汉以后老子和道家思想被宗教化，成为中国土生土长的道教流派，那是另一个问题。本文仅从非宗教学者的角度谈谈对任法融道长和他道德思想的认识，希望对大家学习和研究道家文化有一些借鉴和启发。

一　任法融与《道德经释义》

任法融，俗名任志刚，中国道教协会原会长，曾任世界宗教和平组织

* 孔润年，宝鸡文理学院教授，宝鸡市老子文化研究会副会长。本文是作者 2017 年 8 月 25 日在宝鸡市金台观所做报告的修改稿。

联合主席，全国政协民族和宗教委员会原副主任。

任法融，原籍甘肃天水市，生于1936年。早年在宝鸡陇县龙门洞出家，后转自西安市周至县楼观台，长期在此修道。先后任楼观台监院，中国道教协会会长，全国政协常委会委员、中国道教协会咨议委员会主席等重要职务。他一生信道、学道、修道、宏道。早年好学上进，盛年地位尊贵，老年道高艺精，在书法艺术方面造诣高深，是我国道教界，乃至整个宗教界德高望重的老前辈。他爱国爱教，反对分裂和战乱，主张尊道贵德，和谐共生。

1955年冬，年已19岁的任法融到陕西陇县道教宫观“龙门洞”游览，当时龙门洞常住有二十多位道士，任法融见他们个个朴素善良，勤于道家修炼，便请得该观监院同意留居，每日随道众干农活，闲暇时便借阅道书。其逐渐对道教产生信念，与道教结下不解之缘。尔后，正式入道，拜全真龙门正宗廿八代玄裔王嗣林道长为师，随师学道。从1955年至1958年，他利用农作之暇，细读《道德经》、《南华经》、《阴符经》、秦末黄石公所作《素书》等道教经书，自感受益匪浅。

1957年冬，任法融拜别师父，离开陇县龙门洞，到陕西周至县楼观台道院挂单。当时楼观台总理为梁宗和道长，颇谙儒、道经籍，赞扬任法融读了不少书，但还必须精读儒家五经，以打好治学基础。于是任法融拜梁宗和道长为师，在梁道长指导下，认真学习了《左传》《尚书》《易经》。在习儒学6年之后，任法融觉得儒学虽然渊博，但身为道教徒还是对博大宏深的《道德经》感到亲切。从1964年至1966年，任法融认真阅读《道藏精华录》中所载60余家高人对《道德经》的注释，这使他大为开阔了知识视野，深化了对“道德”的理解。

1966年“文化大革命”爆发，楼观台道教徒受到冲击，大部分殿堂、园林被文管、园林部门占用，大部分道教徒被遣散。任法融时年31岁，仍坚持在楼观台，与道众垦荒种地谋生。他们生活非常困难，处境十分危险，但任法融处险不惊、遇难不悲、心胸豁达、信仰虔诚，一直没有放弃对《道德经》的研究。通过这十年的人生历练和对世事的领略，他更深地领悟了《道德经》的深玄妙理。于是他下定决心，要用道教义理重新注释《道德经》。

1978 年，党的十一届三中全会以后，党和政府拨乱反正，认真贯彻落实宗教信仰自由政策，陕西楼观台又重归道教管理。1980 年，任法融担负起了募筹资金、招工维修楼观台的责任。在尔后的 5 年中，他工作十分繁忙，但依然利用闲暇之时注释《道德经》。

任法融喜读道书，且勤于著述。笔者仅从中国知网搜索到的任法融道长公开发表的学术论文和重要讲话就有 56 篇。我们可以从这些重要著述和讲话中了解其思想脉络和学术观点，特别是他著有《道德经释义》《周易参同契释义》《黄帝阴符经 · 黄石公素书释义》等多部著作，风行海内外，广受推崇。任法融道长在《道德经释义》一书中，谈天道、谈世道、谈人道，视野开阔、论点深刻、文字简练、古今贯通、道俗共赏，处处体现“道贯天地人，德通儒道佛”的思想与智慧。他谈天道和世道最终都会指向人道，即作为个人存在的人如何遵循道与德而活出生命的快乐和永恒。①

古今中外，对《道德经》的释解不计其数，但存在立场、方法和观点的分歧。所谓立场分歧，就是指释解者的宗教信仰、学术信仰、政治信仰的分歧；所谓方法分歧，就是指解读者从个人立场和视角出发解读文本所产生的分歧。立场和方法不同，观点必然不同。有从养生方面研究和注解的；有从哲学方面研究和注解的；有从政治、兵法、商战等方面研究和注解的；还有从科学和管理等方面研究和解释的。如马一浮《老子注》是“以佛解老”的代表②；任法融撰写《道德经释义》的初衷是“以道解老”，实际上走出了一条“以《易》解道，以儒解德”的学术之路。港台地区的现代新儒家代表人物大多持以儒为本、融合中西的立场和方法，他们对道家思想的阐释也脱离不了自己的基本立场和方法；新中国的哲学家则大多以马克思主义的立场、观点和方法解读《道德经》。

任法融认为：“道教的教理教义，以黄老讲的道德思想为核心。何为道德？从微观上讲，人的举止运念，与事物的正义、真理的言行动态、处事方略、为人准则，符合自然法则，不容有任何主观、义气、私心感情皆为‘道’；而与众生有益、天下太平、人类和谐、社会稳定、生民进步、安居乐业均系‘德’的范畴。其他宗教界虽然说法不一，称呼各异，但殊途同

① 任法融：《道德经释义》，三秦出版社，1993。

② 马一浮：《老子注》，崇文书局，2016。

归，均以慈悯众生为宗旨。否则，宗教无有价值，信仰没有意义！”“道教界决心紧密团结在党中央周围，高举爱国爱教的旗帜，坚决维护祖国统一、民族团结，与全国人民一道坚决维护人民利益和法律尊严。”①

2009 年，任法融道长代表中国道教界在哈萨克斯坦参加第三届世界和传统宗教领袖大会并发言。他认为，道教是世界上最古老的宗教之一，它的教义思想体系建立在老子《道德经》的基础之上。《道德经》集中了东方古老智慧的精华。道教教义的核心和信仰宗旨是老子讲的“道”。道是宇宙本源，它的运动法则是“自然”“无为”，其中心思想是顺应事物发展的自然常情，不可融入任何个人“主观意志”或“感情”、“私心”。而道的属性是“和”。《道德经》说：“道生一，一生二，二生三，三生万物。万物负阴而抱阳，冲气以为和。”又说：“知和曰常，知常曰明。”宇宙万物无一不在大道“自然”“无为”的运动法则及“和”的属性中生息。但人们在日常生活中，往往因私欲过甚、情感频生，失去了大道自然无为的运动法则，脱离了大道“和”的属性，“不知常，妄作凶”，造成处境不良的后果。

2000 年，笔者在楼观台参加“老子与 21 世纪国际学术研讨会”时，与时任楼观台道长的任法融见过一面，并获赠其《道德经释义》一书，至今悉心保存，自此再未谋面。在笔者看来，任法融道长对《道德经》的释义，有三个特征：一是“以《易》解道”；二是“以儒解德”；三是将道儒佛贯通。现分别述评如下。

二 以《易》解“道”

任法融说他躬身修道三十余载，谨研《老》《庄》《周易》二十余年，对“道”更是殚精竭虑、悉心研探。他对东汉魏伯阳所作《周易参同契》上、中、下三篇，有深入研究。他说，“道”是老子书的核心概念，是老子学说的最高范畴。他又说，老子是道教的教祖，“道”是道教的基本信仰。“道教”“道学”“道术”“道功”“道观”“道士”“道藏”“道妙”的“道”字，都取自老子《道德经》的“道”字。他认为，道家思想的核心

① 任法融：《诸恶莫作　众善奉行——中国道教界坚决反对打着宗教旗号大搞分裂祖国的罪恶行径》，《中国道教》2008 年第 2 期。

是研究宇宙阴阳的造化之极，而道教的信仰仍是深究人生的性命之道——人身与宇宙相通。常言道：“人身虽小，暗合天地。”道教的最高信仰就在于此。与“道”合真，是最终目的。故道家思想是研究宇宙造化的科学，而道教是深究人身生命的尖端科学。

《清静经》说：“大道无形，生育天地；大道无情，运行日月；大道无名，长养万物，吾不知其名，强名曰道。”[①] 在任法融看来，“道”是“天地玄宗，万气根本”“浑全之朴”“众妙之门”，将其从某一侧面来理解、当成某一局部的东西，就如盲人摸象，显然是片面的。不过，从另一方面来看，“道”生成了万物，又内涵于万象之中，“道”在物中，物在“道”中，万事万物殊途而同归，都通向了“道”。因此从该方面来理解，也有其合理的一面。在中西文化融合的过程中，“老庄”研究成为热门，用道教的方法和观点注解《道德经》，可以激发中外名流及研究者做出基于本义的非世俗阐释，把其中的科学精华挖掘出来，使之弘扬于世，为振兴中华和促进人类文明进步服务。

任法融将《周易》中的“无极”“太极”“阴阳”“五行”等概念，及其辩证法思想引入“道”的概念，以此来解释“道”的内涵和特点。这显然是“以《易》解道”的方法。

魏晋玄学家将所谓“三玄”（《道德经》《庄子》《周易》）统一起来注解，其特点是“以老解《易》”，其实质是调和儒道。北宋哲学家周敦颐以儒家学说为基础，融合道学，间杂佛学，提出“太极而无极”的宇宙生成论。他认为，无极生太极。太极能动能静，动则生阳，静则生阴。动之极则走向静，静之极又回复为动，一动一静“互为其根”。阴阳生“两仪”（天、地），再阴变阳合，生水、火、木、金、土“五行”。五行之气流动，推动春、夏、秋、冬四季运转。故五行统一于阴阳，阴阳统一于太极，太极本原于无极，无极是宇宙生成的根本。阴阳二气与五行之“精”巧妙凝合，又形成男女。变化无穷的万物中，人得天地之“秀”而为万物之灵。北宋另一哲学家张载把“以《易》解儒”与“以《易》解道”相结合，提出了“太虚即气”的唯物主义本体论学说。很显然，任法融受到了前贤特

① 任法融：《对道教的认识和道教徒的修养》，《中国道教》1993 年第 2 期。

别是周敦颐的影响和启发，用“以《易》解道”的立场和方法注解《道德经》，其出世的道家立场与入世的“儒家”立场是融为一体的。

任法融认为，《道德经》主要讲了“道”“可道”“德”“下德”。“道”和“德”乃是一无极图○；“可道”与“下德”则是太极图。八十一章的全部内容，可以由这两个图囊括无遗。只要理解了这两个图，就抓住了全书的根本，就可以此为钥匙，打开《道德经》这一神秘宫殿的大门，理解全书。

世界的多样性及其统一性是中国哲学史上长期争论的一个复杂问题。任法融认为，《道德经》中开宗明义所讲的“道”，是宇宙始元、万物根蒂，造化枢极，群生是赖，万类咸（皆）仗。故《道德经》中云：“天得一以清，地得一以宁……万物得一以生……”道生万物之后，道仍付诸事物之内。道与事物之关系，如同水与波的关系。水即波，波即水，水波一体；道即物，物即道，道物不二。《道德经》中将道生化天地万物之程序叙述为“道生一，一生二，二生三，三生万物”，即万物是由“道”演变而来的。①

在任法融看来，“道是先天一气、混元无极，是充斥宇宙的能量，是无所不在的气场，是其大无外、其小无内、至简至易、至精至微、至玄至妙的自然之始祖，万殊之大宗，是造成宇宙万有的原始材料”。“道是超时空、超万物、超感官、超经验的东西。从世俗的立场、观点和方法，用通常的经验和知识，顺着常规的思路，不可能对‘道’的妙谛有真正的彻悟。”“道在天，更在人；在身，更在心。只有在长期潜修秘行中，才能使小宇宙达到与大宇宙的神秘统一。”“对道的片面理解，必然会造成对《老子》全书的歪曲解释，埋没该书的重大价值，使其中的科学真理不能古为今用，为现代文明服务。”

老子曰：“天下万物生于有，有生于无。”此“无”无形无象、无色无声、无臭无味、无热无寒、无上无下、无左无右、无前无后、无内无外、无始无终、无边无际、无情无思、无善无恶、恍恍惚惚、杳杳冥冥、无征兆、无端倪，至虚至空，故称“无”。二十五章曰：“有物混成，先天地生。

① 任法融：《“道”理研讲及信仰意义》，《中国道教》1998年第4期。

寂兮寥兮，独立而不改，周行而不殆。可以为天下母。吾不知其名，字之曰道。”此“无”本来无名，老子勉强把它称为“道”。此“无”即“道”，为生物、生人的宇宙本根。

《易传·系辞上传》曰：“易有太极，是生两仪，两仪生四象，四象生八卦。”《周易正义》曰：“太极谓天地未分之前，元气混而为一，即是太初、太一也。”老子讲的“道”是贯通天地人的大道，是总而言之的母道（即作为万物本原的形而上之道）。《周易》中所讲的天道、地（世）道、人道、神（心）道的统一，都是对老子之“大道”的分述，可以说是分而言之的子道（即作为万物规律的形而下之道）。虽然《易经》比《道德经》出现得早，但客观的“道”在《周易》和《道德经》出现之前一直存在，只是被文王和老子先后认识到。

无论作为本原之道，还是作为规律之道，其只有通过人心，才能认识、把握和遵循。所以，“道”与“心”不是对立和割裂的。“道”内化以后就形成“道心”，进而影响人的本性和命运。换句话说，道的本体是外在的、客观的，但人对道德的认识和把握是主观的。只要做到真诚地信仰道（心中有道，这是有生命主体性的表现），我的心就是天之心，道之心。用道治心、治身、治家、治国，就能做到治大国如烹小鲜。

由于“道”是万象的总根源和总规律，抓住了“道”这个根本，就能化繁为简，执一驭万，使人生充满智慧。这里的关键是要把作为万物之母的“道”转化为自己的内在信仰。陆九渊和王阳明的心学，就是将老子的“道”转化为内心信仰的表现。他们强调“心之力”，即精神力量。这与唯心论与唯物论的争论不在同一层面。唯物论也承认精神现象和精神力量。唯物论与唯心论是围绕世界本原的争论，不是围绕精神力量的争论。

北宋理学家周敦颐提出“自无极而为太极，太极动而生阳，动极而静，静而生阴，静极复动。一动一静，互为其根”。其实，周敦颐这里的“无极生太极”就是老子早就说过的“天下万物生于有，有生于无”，但老子还有一句话为“复归于无极”。也就是说，老子认为天下万物不仅“无中生有”，而且“有归于无”。天地初开，一切皆为混沌，是为无极；阴阳交合，阴阳二气生成万物是为太极；清者上升为天，浊者下沉为地，分为东、南、西、北四方，每方各有一神镇守，东方青龙、西方白虎、南方朱雀、北方玄武，是为四象（即太阳、太阴、少阴、少阳。又名少阳、老阳、少阴、老阴。从方位角度论四象为东、南、西、北。从季节角度论四象为春、夏、秋、冬）；智者伏羲，凭日月升降悟出乾坤之奥，从而创出八卦，分为乾（天），坤（地），艮（山、土），震（雷），巽（风、木），坎（水），兑（金、泽），离（火）。

“无极”一词，最早是老子在《道德经》第二十八章中提出来的，即“知其白，守其黑，为天下式。为天下式，常德不忒，复归于无极”。“无极”就是无限的虚无。这是一个看不见、听不到、摸不着，甚至难以想象和表述的混沌世界，此“无极”即“无”“道”，道教用无极图○表示。此○不是没有，而是无所不在、无所不备、无所不涵、无所不包、无所不能、无所不至，是全在、全备、全息、全能的“有”，是宇宙万物唯一的派生者、归终者的总门。无此则无一切。“无”即“○”，涵阴阳二气，是阴阳二气的和合与统一。阴阳二气，一正一负，互相吸引，相互补充，必抵消中和为“○”。因此“○”似无非无，此虚无主体只是相对于有色、有相事物而言的一种状态、一种形式，是假无真有、假虚真实、假空真物，它是含藏一切的最大的有。“○”不是没有，而是物质的一种初始状态。此“无”在老子书中的论述颇多。《道德经》第一章曰：“无，名天地之始。”第六章曰：“谷神不死，是谓玄牝。玄牝之门，是谓天地根。”谷即山谷，意谓空虚。谷神指由道质和道性所构成的大道，也可谓大自然。因“道”的状态类似虚无，所以称其为“谷”；因其蕴藏妙用并因应无穷，所以称之为“谷神”；因其从不失灭，所以说是“谷神不死”。“玄”即幽远微妙之意。“牝”是母性、雌性生殖机能的代名词。“玄牝”为微妙化生之意，所以将“道”比作一个女性生殖器。可见，老子具有一定的女性（或者说母性）崇拜思想。他贵柔守雌，贵柔崇阴，强调“天下之至柔，驰骋天下之至坚”“柔弱胜刚强”“负阴而抱阳”“知其雄，守其雌”。

以上这些生动的论述，都是对“无”“无极”，即“道”的描绘。这说明“道”是纯粹、素朴的物质，但不是常见之物，而是超感官的虚无之体，是超万物的先天一气（张载称太虚之气）。说它“无”，却能化生万物；说它“有”，却视而不见。“道”就是这样一种超越一切而又真实存在的东西。“道”的这些体性，被后来的道家人物归纳为“虚无”“自然”“清静”“无为”“纯粹”“素朴”“恬淡”“平易”“柔弱”“不争”十大特征。

《周易》云：“一阴一阳谓之道。”老子曰：“万物负阴而抱阳，冲气以为和。”此是说“道”涵阴阳，是阴阳二气的中和、平衡与统一。“道”分而为阴阳，阴阳合而为“道”。“道”是阴阳的中和之气。“道”是无极，阴阳则是太极；“道”是“无”，阴阳则是“有”；“道”用无极图可以表示，“阴阳”用太极图可以表示。

阴阳二气，互相吸引，相互凝聚，和合氤氲，其中自有妙用，必然生出一层层复杂的自然万物。自然万物由阴阳和合而得之后，其本身内含阴阳，物与物之间仍存在阴阳，故植物、动物均有雌雄（阴阳）之分。在人伦上则分男女。天地间的飞、潜、动、植、胎、卵、湿、化皆以阴阳总括。阴阳和合，则生则成；阴阳分离，则死则败；阴阳并立，则为太极。因而，太极中内含的阴阳二仪，是相反的、对立的矛盾体，亦是相和相承的统一体。

阴阳二气，阳动阴静、阳刚阴柔、阳热阴寒、阳生阴杀，有形有象、有色有声、有臭有味、有聚有散，由此生成的万物，有生有死、有强有弱、可变可化、千姿百态、千变万化，此谓“可道”。因盛衰兴亡变动不居，不能永恒存在，又称“非常道”。例如，天的冬夏四季，地的寒热五常，物的阴阳柔刚，人的男女老少、生死动静、吉凶祸福，就属于“可道”，因其变动不居就是“非常道”。“道”是无形的、永恒的。由“道”生出的有形有象、可生可灭的万事万物，乃是“可道，非常道”，亦即太极。

太极之阴阳是对立的、矛盾的，二者的生化妙用是互补的、整体的。这种关系，是对立统一的辩证关系。如男与女的关系，虽在性体上是截然对立的关系，但它的生化妙用是统一的关系。常言道：“独阳不生孤阴不长，男女分居不成家室，更不能生男育女，凡物皆然。”因此，太极之阴阳既是对立的又是统一的。太极图囊括了《老子》书中一切关于对立的、运动的、变化的观点，总括了宇宙万物的基本体性和规律。

《老子》对这种对立统一之辩证关系的阐述，条文比比皆是，其词举不胜举。例如，其条文有“万物负阴而抱阳，冲气以为和”，“天地相合以降甘露，民莫之令而自均”。意即：天地间的一切万物皆由阴阳和合而生成。“有无之相生，难易之相成，长短之相形，高下之相倾，音声之相和，前后之相随。”（《道德经》）这是说，任何事物都是由正反两种因素组合而成的。“它们互相联系、互相依赖、互相渗透、互相补充、互为其根，有正必有反，二者对待存在，相反相成。”[①]

“道”的体性、特征在人身和万物上体现出来，就是“上德”。“上德”是“道”的人格化、伦理化。《老子》曰：“上德不德，是以有德。”又曰：“孔德之容，唯道是从。”这是说，最高尚的“德”是自然的、无形的，无迹象可睹、无端倪可察，是内在的、含蓄的、不显露的、无意的，而不是人为的、故意的、彰示的、炫露的、外在的、形式上的、摆样子的、给人看的。它的特性、功用与“道”相似。“道”是什么特征，“上德”就是什么特征，二者一脉相承。“道”具有“虚无”“自然”“清静”“无为”“纯粹”“素朴”“恬淡”“平易”“柔弱”“不争”十大特征，这些“上德”全部具备。因此，“道”的特征，也就是“上德”的特征。

任法融认为，无极即“无”，太极即“有”。《老子》曰：“有生于无，”“有无相生。”这就是说，无极生太极，太极归无极，二者是纵向的派生关系。无极是本，太极是末；无极是母，太极是子；无极是源，太极是流；无极是总，太极是分；无极是全，太极是偏；无极是定，太极是变；等等。无极顺而生太极，太极逆而归无极；无极动而生太极，太极静而归无极。一本散为万殊，万殊归于一本。

太极与无极的关系，有顺有逆、有动有静，顺、动是纵向由无到有的衍生关系，逆、静是纵向由有到无的复本关系。太极中阴与阳的关系，既是事物本身内在的关系，亦是事物与事物横向的对待关系。前者是母子关系，后者是夫妻关系。宇宙间的一切事物，虽然复杂万端，治乱、盛衰不一，成败、存亡各异，尊卑、贵贱不等，贫富、寿夭有别，但总归于无极与太极二者的纵向顺、逆及太极本身阴阳相接的横向离合。可以用此一义而备之。

三　以儒解德

以儒解德，就是用儒家的道德观、价值观解释《道德经》的“德”。这

---

① 任法融：《道德经释义》，三秦出版社，1988，第7页。

反映了出世的道教立场对入世的儒家立场的妥协；也反映了道家与儒家、道教与儒教相互包容、相互借鉴、相互融合的发展趋势。

任法融认为，“道”是整体，“德”是功能及作用。宇宙是自然界之整体，那么自然界的功能和作用是运行及长养万物。人的整体及人生的运作是“道”，人的功能及作用是造福人类，相反人如不能造福人类，反而妨害人类，做对社会无益者，就是失去了人的功能及作用，亦称失“德”。所以失德后“道”即不存，故修道者必先修德。德有上德、下德之分。上德者，是最高尚的，是自然的、无形的，是内在的、含蓄的、不显露的，是无意的而非人为的、故意的、彰示的、炫耀的、外在的、形式上的。它的特性、功能与道相同。“道”是什么特征，“上德”就是什么特征。故修道者，必先修德。而德的表现是善，善的具体形式是仁、义、礼。故“道”是本体，仁、义、礼则是“德”的具体内涵。

“仁”的含义是博爱、恩惠。如天不分高低、大小，而共覆之；地不分贤愚、贵贱，而皆载之；日月不别香臭、美丑，而皆照之。此为博爱的好生之恩惠。天地、日月对万物有这么大的仁恩，是无意的、是自然的，故经中讲：“天地不仁。”

“义”的用意是事之所宜，在自然界是阴阳不得有不及，在人类身上即体现为赏善罚恶。具体讲：人君应以正道、心正、意诚；大臣应以忠贞；为官者必以清正廉明。反之必遭裁制，均应以此为宜。如此则国纲振、万民理、国政昌、百业兴。而家道呢？父母以慈爱抚育，子孙应以孝敬赡养，兄应以悌，弟应以敬，夫应以唱，妇应以随，如此则六亲合，家道齐，凡事皆然。理顺则事宜，不顺则事逆，事逆则乱，乱则不安。顺事物之理者为善，应表彰而赏；逆事物之理者为恶，应决断而罚。故朝政有法，家道有规，行军有律，工匠有规矩，欲使物物各得其宜，各顺其理，建立功德，成就事业，必依义以处之。《道德经》第七十七章中讲的“高者抑之，下者举之，有余者损之，不足者与之”，即有使事物各得其宜（义）之意。

“礼”是人伦之序，也就是上下之间、左右之际。如宇宙形成之后，就自然出现天尊地卑的高下之序。天地万物结为群体之后，会自然产生尊卑有等、长幼有序、男女有别之自然秩序。这些秩序是自然的，非有意的。故《庄子》曰：“宗庙尚亲，朝廷尚尊，乡党尚齿，行事尚贤，大道之序也。”意即：在宗庙祭祀祖先时，是以亲属关系论尊卑；到朝廷则以君臣爵位论上下；在乡邻却是以年龄论大小；办事则以德、才、贤、能论高低。此处虽有宗庙、朝廷、乡党、行事之“一、二、三、四”之各异，但尊卑、上下、大小、高低之序（礼）一也。故儒云“非礼勿言、非礼勿视、非礼勿听、非礼勿动”，即不符合人伦情理的，不但不言、不视、不听，更不能去做。

“德”的具体内涵，历来有多种解释。“三纲五常”是封建社会对“德”最为流行的解释。除此之外，还有忠孝节义、礼义廉耻等多种表述。不同时代、不同阶层的人们，对道德的需要不同，价值追求不同，强调的重点也就不同。任法融从道家和道教的立场出发，强调仁、义、礼，而笔者认为更应该强调仁、智、勇。也就是说，“德”可分仁德、智德、勇德。有德之人，仅有仁爱慈悲之心还远远不够。因为人们所处的社会是复杂的，人性也是复杂的，在做人、做事和处世的过程中，除了要有仁爱善良之心，还必须具有智慧和勇敢的品德。因此，德，不仅要理解为仁、义、礼，还要理解为仁、智、勇。这不仅是个人应该具有的品德，也是中华民族应该具有的品德。“农夫与蛇”“东郭先生和狼”的寓言故事说明，只懂得善良是不够的，还要有智慧。

任法融道长认为，有智慧的人处事有方略，立身有准则；没有智慧的人处事茫无头绪，立身慌乱不安。人身情欲多，使灵台不空，本性不能归位，失去本来智慧，以致愚昧。故庄子也说过这样的话，称：“其嗜欲深者，其天机浅，”“虚空生白。”所以发挥本身的潜能，必须排除诸妄念，才能大彻大悟，老子说的“常无欲以观其妙”正指此而言。这样才是一个有良知、有良能的人，有智慧、觉悟的人，如此方可立于不败之地。①

宋明之后，中国人重视礼教，走上了重文轻武、扬仁抑智的发展道路。这是明清之后社会发展滞后，被外民族入侵，人民陷入无穷苦难的一个深层原因。西方人自古希腊时期起就确立了重智、重法、重科技的文化传统，与此不同，中国人自周秦起确立了重仁、重礼、重善良的文化传统。中西文化各有利弊，中国打开国门之后，应该学习西方文化的长项，也要反思

① 任法融：《三教同源——在武夷山“道、儒、释三教论坛”上的讲话》，《中国道教》2010年第1期。

传统文化的短项。

任法融认为，万物非道不立，道非万物无处体现。道生万物之后，道又内涵于万物之内，物得道齐，方可成物。故曰："德者物之所得。"德者，人之所得，使万物各得其所欲。从宏观方面讲，万物皆在宇宙整体中生存，无论一言谈、一动作，无不举步践行着"道"、实行着"道"。所以道与物的关系，如同水与波的关系。水即波，波即水，水波一体；道即物，物即道，道物不二。从微观方面讲，道体现在人身则为元气，元气足则神旺，神旺则百骸健。道在事则为理，理周则事顺，事顺则业昌。道在器物则为朴，朴实则器物全，物全则作用强。道在人类则为人伦规范，符之以规范，则家齐国治，社会稳定，而社会稳定，则天下太平。

任法融认为，明哲事理的贤人君子，就以道、德、仁、义、礼五者的得失作为审辨世道变迁的准则。故怀器在身，潜居待时。此五者昌行，是好时、是良机，趋而就之，必可大展雄才，辅国安民，成就伟大的业绩。此五者若衰丧，则是失时，只可隐没其身，保全性命而已。夫道、德、仁、义、礼，五者一体也。道、德、仁、义、礼，五者聚而论之，类似于根干与枝叶的关系。道、德为根干，仁、义、礼是枝叶。无论根干与枝叶，总为一体。散而讲之，如同母与子的派生关系。道、德为母，仁、义、礼为子。单在人伦规范方面讲，道、德是人的内在本质，而仁、义、礼是外在应物的表现形式。如人有本质的道、德诚载于内心，而形体的言谈举止自然有仁、义、礼的表现形式。儒云"诚于中而形于外"，正是此义。老子曰："天得一以清，地得一以宁，神得一以灵，谷得一以盈，万物得一以生，侯王得一以为天下贞。"①

四　道贯天地人，德通儒道佛

北京大学教授楼宇烈先生说："中国文化源远流长，博大精深。在其长期历史的发展过程中，不仅产生了众多的本土学派，也不断有外来文化的传入，这些不同的学派和文化，在矛盾冲突中相互吸收和融合，其中有的

① 任法融：《〈黄石公素书〉讲义（二）》，《中国道教》1993 年第 1 期。

丰富了、发展了、壮大了，有的则被吸收了、改造了、消失了。大约从东晋开始至隋唐时期，中国文化逐渐确立了以儒家为主体，儒释道三家既独标旗帜，同时又合力互补以应用于社会的基本格局。中国文化的这一基本格局，一直延续到了19世纪末，乃至20世纪初，历时1600年左右。所以，可以这样说，中国传统文化是儒释道三家鼎足而立、互融互补的文化。”①

在“中华之道——儒释道巅峰论坛”上，任法融道长，中国佛教协会会长传印长老，著名儒学思想家、哈佛大学杜维明教授，进行了儒、释、道三家的“巅峰对话”。三位人士一致认为，在中国，儒、释、道三家都蕴含深刻、丰富的净化人们精神世界的和谐思想。儒、释、道三家以中国传统文化的“道”为联系纽带，都欲达至“和”的境界。

我们常说，儒、释、道是相通的，它们究竟怎么相通？它们之间的最大公约数是什么？三位大师的演讲解答了这些问题。一个“道”字，确实可以通达三家，可以作为中国古代思想的最高范畴，标志中国传统文化的巅峰理念。传统文化不管怎么枝繁叶茂、博大精深，其实都有自己的根，也就是基本概念或核心概念。“道”是事物的根本，“道”是变化的法则，“道”是“形而上者”，“道”是把握世界整体性的工具。

在世界三个比较突出的文明中，西方文明崇尚自由，伊斯兰文明崇尚公平，中华文明则崇尚包容、仁爱、中和，并由此形成了“和谐至上”的价值观。“和”是中国历史文化的特征向量，是古代先哲的生命信仰和思维基础。“和”的思想反映了事物的普遍规律，因而能够与时俱进、与时俱丰。中国的儒、释、道思想中都含有“和”。“和”的精神是一种承认、一种尊重、一种感恩、一种圆融。“和”的基础是和而不同、互相包容、求同存异、共生共长。“和”的途径是以对话求理解，和睦相处；以共识求团结，和衷共济；以包容求和谐，和谐发展。“和”的哲学是“会通”，既有包容，又有择优；既有融合，又有贯通；既有继承，又有创新。“和”是一以贯之、食而化之、从善如流、美而趋之。“和”的佳境是各美其美，美人之美，美美与共，天下和美。

将“和”用于人际关系，以宽和的态度待人，就会取得众人的信任；

① 楼宇烈：《中国文化中的儒释道》，《中华文化论坛》1994年第3期。

将“和”用于政治，则能促进历史发展、文化繁荣；将“和”用于经济，则能促进生产发展、经济发达；将“和”用于文化，则可使百家争鸣、理论创新；将“和”用于养生，得和则盛、得和则寿；将“和”用于战略决策，则贤才蜂聚、良言潮涌、上下通达、左右和谐、弊端早现、创新迭出；将“和”用于外交，则“协和万邦”，实现“万国咸宁”“天下太平”。①

在中国古汉语中，“道”和“德”是两个词。道在前，德在后；道为体，德为用；道贯天地自然，德主社会人文。早在春秋战国时期，就已经形成了擅长讲“道”的道家和擅长讲“德”的儒家。老子的《道德经》可以分为道经和德经，但讲道是起点，也是重点。如果说，“道”代表了中国人的世界观，那么，“德”就代表了中国人的人生观和价值观。或者说，中国人对“道”的理解推动了哲学和宗教的发展，对“德”的理解推动了伦理学和礼仪文化的发展。

“道”的理论与《周易》是贯通的。它们都具有世界观和方法论的意义。道是客观规律，是不以人的意志为转移的。但是，只有通过人心，才能认识规律、把握规律、遵守规律。所以，“道”与“心”又不是对立和割裂的。“道”内化以后就形成“道心”，进而影响人的本性和命运。

在中国传统文化中，对“道”与“心”的辩证统一，乃至“道”“心”的概念多有论及。比如，老子以道、天、地、人为“四大”。他说：“道大、天大、地大、王大。域中有四大，而王处一。人法地，地法天，天法道，道法自然。”（《老子》第二十五章）庄子主张“游心”，即达到心灵的自由。孔子讲“仁爱之心”，主张以己心推知人心，要求“己所不欲，勿施于人”，“己欲立而立人，己欲达而达人”。孟子认为，人天生就有恻隐之心、辞让之心、恭敬之心、是非之心之“四心”。这“四心”是仁、义、礼、智之“四端”。因为人有“四心”和“四端”，所以人性是善的。他认为“尽其心者，知其性也；知其性则知天矣。存其心，养其性，所以事天也”。他还主张“仁政”和“王道”，反对“暴政”和“霸道”。《中庸》认为：“天命之谓性，率性之谓道，修道之谓教。”这是讲天命、人性和道德的统一性。又说“人心惟危，道心惟微；惟精惟一，允执厥中”，这十六个字便

① 叶小文、任法融、传印、杜维明：《儒释道三家的当代对话——“中华之道儒释道巅峰论坛”纪实》，《中央社会主义学院学报》2010 年第 6 期。

是儒学乃至中国文化传统中著名的“十六字心传”，实际是儒学之精髓所在，《中庸》之核心与纲领。

任法融在《论宗教》一文中说，自然界的运动法则，日月往来，阴阳升降，消息盈虚，进退屈伸，寒暑交替，四时成序。宇宙之间，大千世界，森罗万象，芸芸众生在冥冥之中自然而然地呈现生死存亡、吉凶祸福、成败兴衰。其功能妙用，威力无穷，故称“神”；其情其理，深奥莫测，故称“圣”。人们将这种妙用及奥理统称为“神圣”。“神圣”的德性是利益众生，造化万物。然而或曰“上帝”，或曰“真主”，或曰“佛陀”，或曰“道尊”，皆为假名易号，殊途同归，均是对自然界莫能抗拒及不可思议的神圣的尊称。自然界的一切有形事物都在生死存亡、成败兴衰、变幻无常中生息，唯独神圣，不生不灭，不垢不净，不增不减，永恒如此。故人类上士高真，推崇为“宗”，在无形中自我产生崇敬和信仰，随之让众生觉悟，人人遵从。以此阐扬，兴“教”化之道，此宗教之始由也。

任法融认为，“三教”同源。因此，既可以儒、佛解道，也可以道解儒、佛。他说，中华民族儒、释、道三大文化体系对人类社会发展进步都起到了一定的作用，但唯独道文化早，迄今已有五千多年的历史。道文化胚胎于黄帝，集成于老子。老子降生于春秋时代，也就是中华民族文化非常发达的时期，他在那时讲了分上下两篇的《道德经》，共八十一章，五千余言，其中蕴藏着修、齐、治、平之道，中心含义就是“道”与“德”。历代名流贤达，对此均有解释，仁者见仁，智者见智，近世把老子讲的“道”称为宇宙的本原及其运动法则。道是本体，而德是作用，道与德是分不开的体用关系。常言道：“德无道不立，道无德不载。”老子又说：“孔德之容，唯道是从。”正说明道与德是不可分离的关系。

先讲“道”的共同性。道是宇宙的本体，也是宇宙的运动法则。道的属性是“和”，这个“和”的理念，儒、释、道三家都有共同的认识。孔儒学说，博如浩海，六经之首的《易经》共有六十四卦，在乾为众卦之首的《象传》中说“保合太和，乃利贞”，即自然界的芸芸众生，永远保持“和”的境界，才能长治久安。再如《中庸》一书，何为“中庸”？中者，不上不下，不左不右，不前不后，刚刚合适的位置为“中”。那么庸呢？不骄躁，不消沉，无有崎岖，无有艰险，宽松自如，平夷淡漠的境地为

“庸”。书中还说：“致中和，天地位焉，万物育焉。”意即：宇宙之间，大千世界，森罗万象，芸芸众生，都得到“和”的环境，天清地宁而定位，万物依次而生育。由此可见，儒家思想仍然崇尚道的属性——“和”。释家自进中土以后，佛藏文献更加庞杂，但作为一个信佛者，无论是大法师，或者小沙弥，最后通称为“和尚”。“和”在上文已经讲了，是道的属性，我们在这里讲“尚”。“尚”有两层意思，一当崇尚讲，二当高尚说。意思是，自然界陈列有千差万别、盘根错节、复杂万端的事物，唯独“和”的境界最高，用途最广，在无形中让事物无条件地崇尚，故将这种理念命名为“和尚”。由此可见，儒、释、道三家说法不一，仪式各异，但殊途同归，对道之“和”的属性的认识都是相同的。

再讲“德”的共同性。老子在《道德经》第五十九章中说：“重积德，则无不克。无不克，则莫知其极。莫知其极，可以有国。有国之母，可以长久，是谓根深蒂固，长生久视之道。”故道家经典中所讲的“慈俭”“利而不害”“为而不争”“功成不居”等，都是以这个德为中心。而儒家的思想仍遵循这一理念，它的经典虽然有“四书”“六经”之多，但最根本的是“四书”。“四书”的首经为《大学》，而《大学》开宗明义说：“大学之道在明明德，在亲民，在止于至善。”由此可见，儒家思想仍然遵循以德为先这一文化理念，同时用不同的文字把德表述为“仁”。在经文中阐释“克明俊德”“道盛德至善”，以及诚、信、忠、孝、仁、义等都是以这个“仁”为主线，而这正与道家崇德的思想是一致的。至于释文化，其在汉代传入中国，在传播过程中仍然用道家“德”、儒家“仁”的思想而倡导“善”的理念，而“善”正是佛教文化的中心思想。德、仁、善三者虽然表述不一，但殊途同归，均是指对众生及人类发展进步生息有益的举措。这正是自然界一切事物的功能，是人生的价值。事物失去功能，就是无用之物；同样，人若失去价值，就是被唾弃的人。历史上，无论是哪一个时代，德盛而国兴，如黄帝、尧、舜、禹、周之文武、汉之文景、唐之贞观、清之康乾，以及当代等之类也；德衰而国亡，如夏桀、商纣、周幽、隋炀等之类也。这一法则在任何时代都不能超越，非但国政如此，即使一个普通人，在处事立身中都应以此作为最根本的原则，这正是中国国学的中心所在，也是放之四海而皆准的真理。这一利国益民、兼济天下的文化思想，最有生命力。

任法融认为，道生天地万物之后，“道”的本体及运动法则与“和”的属性仍然混同于天地万物之中；人是天地万物中的一部分，由此可见人身中亦有道，道付诸人身之中为“性”。道所具有的功能及妙用，人身亦有。

文王依“河图”托八卦演绎六十四卦，大千世界所有事物中的生、克、制、化，成败兴衰、吉凶祸福、生死存亡之情理无所不包。东周时代，老子降生，讲《道德经》，普及人类，将宇宙之间的情理用道德二字概括无遗，被尊称为“哲学之父”。同时期，孔子临世，删诗书，定六艺，规范人类，纲纪万世，人称师表。以上之先圣为什么有这么大的智慧？他们都是遵循了大道自然无为的运动法则，体悟了大道和的属性所然。

常人为什么处在愚昧昏迷中生息？《清静经》中说：“众生所以不得真道者，为有妄心。既有妄心，即惊其神。既惊其神，即着万物。既着万物，即生贪求。既生贪求，即生烦恼。烦恼妄想，忧苦身心，便遭浊辱，流浪生死，长沉苦海，永失真道。”以上一系列文字记载说明，常人在处世中因七情呈狂，六欲肆虐，被“受想行识色”五蕴纷扰，喧宾夺主，侵占灵台，以致本性不能就位，处在昏迷中生息，失去了本性，脱离了大道。

那么用什么方法才能解决这个问题？《清静经》中说：“真常之道，悟者自得，得悟道，常清净矣。”意为绝七情、断六欲，也就是心灭性显，返情归性。这与孔儒讲的“自诚明，谓之性”、“率性之谓道”以及释迦说的“心无挂碍，无挂碍故，无有恐怖，远离颠倒梦想，究竟涅槃”等都是一样的，指绝情去欲，返本归根。依道的自然无为的运动法则及和的属性，方可增加智慧，发挥道之本性的功能和作用。①

三教相通，也表现为儒、道、佛的人生观各有特点，功能互补。儒家的人生观是引导人们积极入世、好学上进、勤奋努力。让人在社会关系中，既能各守本分，以仁相待，以礼相待，做一个谦谦君子；又能在事业上有所作为，建功立业，把立德、立功、立言的“三不朽”作为人生的价值追求。

道家的人生观是引导人们脱离社会、放下烦恼、回归自然，知不知，

① 任法融：《三教同源——在武夷山“道、儒、释三教论坛”上的讲话》，《中国道教》2010年第1期。

为无为，到山清水秀的地方去参玄悟道、习武健身、采药炼丹、医治疾患，追求得道成仙、长生不死。

佛家的人生观是引导人们心无挂碍、脱离苦海、信仰因果、为善积福、涅槃成佛。佛教认为，灵魂不死、三世轮回、善恶报应是一个必然过程。人死去以后，灵魂会离开人体，经过一些过程进入另一个刚刚出生的新生命的体内，该新生命体可以是人类，也可以是动物、鬼、神。只有到达涅槃的境界方可摆脱轮回。佛教徒追求五福临门、人生幸福。“五福”这个名词，原出于《尚书·洪范》，第一福是“长寿”，第二福是“富贵”，第三福是“康宁”，第四福是“好德”，第五福是“善终”。

古今中外，有两种因果观：一是信仰主义的因果观；一是科学主义的因果观。各种宗教的因果观、民间信仰和民俗文化中的因果观，都是建立在神秘信仰的基础上的，在哲学和世界观上属于唯心论。《了凡四训》是宣扬佛教宿命论、因果观的典型。道教也讲因果，认为因果既表现为自作自受，也表现为前人作恶、后人遭殃。如上代人破坏环境，下代人遭受其害。各种唯物论、无神论者也承认因果律的存在，认为因果关系是事物之间普遍联系、相互影响的表现。既有一因一果，也有多因一果；既有必然性，也有偶然性。一些人把信仰主义的因果观、风水观、命理观引入道德教化，虽然能起到独特作用，但其世界观的唯心主义本质是无法否认和掩盖的。

2016 年 6 月，任法融呼吁说，自中共十八大以来，习近平总书记多次号召国人要大力传承和弘扬中华优秀传统文化。道教文化是中华传统文化的重要组成部分，传承和弘扬中华优秀传统文化是当代道教徒应尽的责任。我们要潜心将道教中的“道德”文化进行充分、深入的研究，并对之做出符合时代发展和社会进步要求的阐释，为实现中华民族伟大复兴的中国梦贡献力量，为天下太平、社会稳定、人类健康、文明进步发挥应有的作用。

从以上可以看出，任法融道长是位一生信道、潜心修道、信念坚定、学养高深、爱国爱教、德高望重的领袖级宗教人士。今天所讲也只是从非宗教学者的视角来谈谈对任法融道长的一些了解和认识，有不当之处还请任道长及诸位学人海涵。

The Connection of Heaven, Earth Man and Confucianism, Buddhism and Taoism

—Moral Ideology of Ren Farong

Kong Runnian

Abstract: This paper studies the thought and experience of Ren Farong, the former president of Chinese Taoist Association. The connection of Confucianism, Buddhism and Taoism is the core of his thought. It's very important to study the morality of religious people and can promote the integration of religious morality and secular morality, as well as the realization of social harmony.

Keywords: Confucianism; Buddhism; Taoism; Ren Farong

“身先于心”命题与“成人”

朱鲁子*

【摘　要】“成人”有三种含义：生理上成人；社会性成人；精神上或心理上成人。只有第三种意义上的“成人”，才是第24届世界哲学大会提出的“学以成人”的“成人”之真义。这种意义上的“成人”，是轴心时代先知圣人的一个普遍事实。“成人之道”，是他们为我们后人留下的辉煌精神遗产；“成人之道”就是精神觉醒，即“开悟”的大智慧。遗憾的是，这种大智慧并没有普惠大众，“成人”成了一个“巴别塔”工程。理论上的原因是：“开悟”是一个难以操作的“定性化”概念。我们必须进行理论创新，以让先知圣人的大智慧普惠众生。我们将基于科学的现代人生哲学及其“精神青春期”理论所提出的“身先于心”命题，尝试为世人“共享智慧”而普遍“成人”提供理论支持。

【关键词】现代人生哲学　“精神青春期”　“共享智慧”

2018年8月于北京召开的第24届世界哲学大会提出了“学以成人”的主题。但哲学家对究竟怎样“学以成人”，却众说纷纭、莫衷一是。事实上，“成人”是距今2500年前后的轴心时代的所有先知圣人的既成事实，也是他们对世人的一个美好愿景（所谓“普度众生”）。可遗憾的是，大众

---

* 朱鲁子（1961～），男，山东胶州人，南开大学哲学院副教授、硕士生导师，哲学博士，研究方向为现代人生哲学、美学、宗教学。

因没有共享他们的智慧而在“成人”之道上搁浅了，“成人”成了一个“巴别塔”工程。我们认为，今天，如果世人能够共享轴心时代先知圣人的智慧，则人人可以“成人”。问题的关键是：怎样“共享智慧”？

我们认为，除了彻底的理论创新之外，别无他法。我们将基于科学的现代人生哲学[①]及其“精神青春期”[②]理论所提出的“身先于心”命题，尝试为世人“共享智慧”而普遍“成人”提供理论上的支持。

一 第一轴心时代的辉煌和遗憾

如果我们把德国思想家卡尔·雅斯贝斯在《历史的起源与目标》（1949）一书中明确提出的指称公元前500年前后（公元前800年至公元前200年）同时出现在中国、西方和印度等地区的精神文化突破现象的“轴心期”（Axial Period）概念即“轴心时代”称为“第一轴心时代”；那么，21世纪可能出现的世界性人类精神文化突破现象则可称为“第二轴心时代”。这几乎成为学界共识。[③] 21世纪，全球化已经成为现实，特别是以互联网和人工智能为标志的人类社会的划时代进步和思想理论界的诸多精神探索的成果无不表明，第二轴心时代呼之欲出。其实，第二轴心时代是完成第一轴心时代的未竟事业罢了。

因此，第一，我们当明确第一轴心时代的未竟事业是什么；第二，我们须确证达成第二轴心时代的必要条件（硬件），特别是应该确立一个能够完成第一轴心时代未竟事业的一般性思想精神原则（软件）。只有如此，才能表明第二轴心时代现实地到来了。我们的研究表明，达成第二轴心时代的硬件——生产力和生产关系也已具备，而那个标志第二轴心时代到来的一般性思想精神原则，则非从第一轴心时代开辟出来的由“定性化”的

① 张进峰、李睿：《人生哲学：“成为人”与“完成人”——对朱鲁子先生人生哲学系统探索的一个简要分析》，《中共太原市委党校学报》2017年第2期。

② “精神青春期”概念是基于现代人生哲学及其“精神青春期”理论所创造出来的一个概念。参见朱鲁子《现代人生哲学：人的宣言——人，要认识你自己》，清华大学出版社、北京交通大学出版社，2007；朱鲁子《精神青春期——开悟，创造，不朽》，武汉出版社，2015。

③ 王志成著，段丽萍编《走向第二轴心时代》，宗教文化出版社，2005。

“开悟”概念升级换代的“定量化”的“精神青春期”概念，以及由它引申、提炼出来的“身先于心”命题莫属。那么，何谓“身先于心”？我们把人的生物性生理的成熟（“生理青春期”及时到来）先于、早于社会性心理的成熟（“精神青春期”迟迟不来）这个现象，称为“身先于心”。

众所周知，第一轴心时代为我们留下了辉煌的精神遗产，其文明之光璀璨无匹，光耀千古，但也留下了莫大的遗憾。

（一）第一轴心时代的辉煌遗产——“成人之道”

所谓辉煌遗产，其真正所指，就是由第一轴心时代的先知圣人创造出来的不朽文明经典所包含的微言大义或大智慧。那么，这微言大义或大智慧是什么呢？一言以蔽之：成人之道，即成为“人”的途径或方法。以此观之，第 24 届世界哲学大会的主题——“学以成人”，可以说把准了时代的脉搏。遗憾的是，会上人们对“成人”的理解并不深入，提出的方案也并不可行。

首先，我们需要弄清楚“成人”的含义是什么，“成人之道”所说的“成人”是何种意义上的“成人”。

广义上的“成人”，有三种含义：1. 生理上成人——只要达到“生理青春期”（《黄帝内经》“天癸”理论所说的“女七男八的倍数”），可以结婚生子了，就是“成人”；2. 社会性成人——年满 18 周岁，成为法律意义上的“公民”，能够遵守社会道德规范，履行社会义务，即“成人”；3. 精神上或心理上成人——“开悟”，即达到“精神青春期”，能够像轴心时代的先知圣人那样生育、创造出不朽的精神儿女，就是“成人”。

真正意义上即狭义上的“成人”，当然指的是第三种意义上的。因为，第一层意义上的“成人”，是自然赋予人的，人人皆然。第二层意义上的“成人”，是社会要求于人的，就是说，你一旦进入社会，就必须接受社会的“形塑”而“社会化”，成为“社会人”，否则，你就不可能在社会中存在。只有第三层意义上的“成人”，才是与人自己息息相关的，即这种意义上的成人，与自然、社会（他人）没有必然关系，完全是自己“选择”的结果（“我欲仁，斯仁至矣”）。

轴心时代的先知圣人所谓的成圣、成佛、真人、至人等，毫无疑问是第三层意义上的"成人"。诸轴心时代文化经典所蕴含的微言大义或大智慧，无不是告诉人们，怎样才能成为第三层意义上的"人"。在他们看来，只有在第三层意义上"成人"，才是人的终极目的和使命。

那么，个体怎样才能在第三层意义上"成人"呢？

其实，所有的先知圣人无不把"成人"的路径或方法指向"明心见性"、"悟道"、觉醒、觉悟、"眼睛明亮了"、走出无明、"破知障"、"认识你自己"（"知道自己无知"），概括为一个最有代表性的概念就是"开悟"。雅斯贝斯所说的那个"超出一切不同信仰的全人类的共有之物"即诸轴心文明的"最大公约数"，就是精神的彻底觉醒——"开悟"。

人只有首先"开悟"，才能"成人"。"开悟"是"成人"的一个必要条件。故"开悟"就是"成人之道"。[①]

（二）第一轴心时代的最大遗憾——大智慧不能普惠众生

事实是，第一轴心时代只有少数人实现了"开悟"（彻底觉醒），从而走出"身心分离"而达成"身心合一"，成为真正意义上的"人"（真人、至人、圣人、神人、佛）。一句话，第一轴心时代的辉煌精神成果——"成人之道"并未为世人所共享。"成人之道"就是大智慧。

正如雅斯贝斯所说，少数人获得的成就并没有传授给大众，人性潜力的顶峰和芸芸众生之间的鸿沟变得异常之大。尽管个人的变化间接地改变了大众，人性整体进行了一次飞跃，但个别贤哲实现的最高思想潜力及其实际表达并没有成为共同的财富……当这一时代丧失其创造力时，中国、西方和印度这三个文化区就出现了教条僵化和水平下降……[②]换言之，轴心时代先知圣人所创造出来的大智慧并没有普惠大众。

（三）造成第一轴心时代遗憾的原因

造成第一轴心时代遗憾的原因当然是多方面的。从历史唯物主义的哲学角度来说，其主要原因无非是生产力的低下和生产关系的落后，以及成

---

① 朱鲁子：《轴心时代的阐释》，南开大学出版社，2011，第167～199页。

② 〔德〕卡尔·雅斯贝斯：《历史的起源与目标》，魏楚雄、俞新天译，华夏出版社，1989，第10页。

人理论的不彻底。1. 生产力低下。科学技术不发达，交通、通信技术落后；语言文字混乱、不统一（《圣经》巴别塔寓言之“巴别”），人类没有能力从生理性的基本需要中解放出来。2. 生产关系落后。诸轴心文明地区大一统政治制度对人的个性的阻碍和扼杀，即缺乏一个使人得到全面发展的整体社会氛围。① 3. 理论不彻底。“开悟”仅是一个笼统的“定性化”概念，缺乏普遍理性的可理解性，处于笼统的“如人饮水”“事后诸葛亮”的水平，难以普及。

璀璨的第一轴心时代文明功亏一篑。

二 开启人类未来新时代的必要条件

遗憾即契机。第一轴心时代的遗憾就是第二轴心时代的神圣使命——人人“成人”“人皆为尧舜”。这无疑是第一轴心时代所有先知圣人的夙愿。

那么，怎样才能完成这一神圣使命呢？

原因即条件。造成第一轴心时代遗憾的主要原因就是走出遗憾的必要条件，即发达的生产力、先进的生产关系、彻底科学的“成人”理论。

应该说，今天，除了第三条科学的“成人”理论尚悬而未决之外，其他的基础性硬件——生产力和生产关系等都已具备。1. 生产力已然高度发达。全球化已经成为现实，特别是以互联网和人工智能为标志的人类社会的划时代进步，“共享经济”“共享经济成果”也已来到了现实中。2. 生产关系先进。市场经济和由它造成的全人类的一体化，彻底终结了大一统的专制政治制度，民主政治已经成为世界潮流，这就为人的全面发展道路扫清了障碍。

万事俱备，只欠东风。关键是第三条——关于“成人”的理论。我们必须确证，当下关于“成人”的理论也是彻底科学的。

现代人生哲学有非常明确的理论目标——“造人”，使人“从‘石墨’

---

① 中国（秦始皇帝）、印度（孔雀王朝）和西方（古希腊与罗马帝国），几乎同时兴起了主要靠征服起家的强大帝国。

到‘金刚石’”。[①] 现代人生哲学及其“精神青春期”理论所提出的“精神青春期”概念，是一个超越、扬弃了“定性化”的“开悟”概念的“定量化”概念，特别是由“精神青春期”概念升级换代为具有内在张力和自我实现功能的“身先于心”命题，直接把“成人”理论推向了普遍的彻底科学的高度。

三 现代人生哲学及其“精神青春期”理论

为了把第一轴心时代的伟大文明成果让世人共享，亦即把第一轴心时代只有少数人成为真正意义上的“人”的事实普遍化、世俗化到众生身上，就需要我们“抱持反思的理性态度”，“消灭独占真理的权利……反对独占真理的要求”，找出一个“超出一切不同信仰的全人类的共有之物”[②]，即造成轴心文明的“最大公约数”，并使之升级换代。不过，雅斯贝斯自己并没有完成这个任务。

如前所述，这个“最大公约数”就蕴藏在第一轴心时代的诸轴心文明中，我们曾确认它是个体精神生命的觉醒即“开悟”，亦即现代人生哲学所用的概念——“精神青春期”。

（一）现代人生哲学理论模型和“精神青春期”概念的提出

现代人生哲学“要旨”开宗明义，它是一套使人“从‘石墨’到‘金刚石’”——成为真正的人的理论。在《圣经》中，可以使人永生的“生命果”高于“智慧果”。“精神青春期”概念是现代人生哲学结出的一颗“人吃了可以不死”的“生命果”。

现代人生哲学用“汉语言”揭秘了“巴别塔”天机[③]，用“烧透”的

---

① 朱鲁子：《现代人生哲学：人的宣言——人，要认识你自己》，清华大学出版社、北京交通大学出版社，2007，第1~5页。

② 〔德〕卡尔·雅斯贝斯：《历史的起源与目标》，魏楚雄、俞新天译，华夏出版社，1989，第27页。

③ 朱鲁子：《现代人生哲学：人的宣言——人，要认识你自己》，清华大学出版社、北京交通大学出版社，2007，第16~27页；另参见朱鲁子《“巴别塔”寓言的“汉语言”阐释》，《山西大学学报》（哲学社会科学版）2014年第2期。

"砖"——自发性、自觉性、自然性，和"强力黏合剂"即"石漆"——唯物辩证的方法，根据人的生理与心理同构的思路，建构了一套个体与类同一的"现代人生哲学理论巴别塔"的理想化模型：

自发的自发性形态——婴儿时期——原始社会早期

自觉的自发性形态——幼儿时期——原始社会中期

自然的自发性形态——童年时期——原始社会晚期

精神青春期——生理青春期——人类青春期

自发的自觉性形态——少年时期——古代社会——古典（第一）轴心时代

自觉的自觉性形态——青年时期——近代社会

自然的自觉性形态——中年时期——现代社会——现代（第二）轴心时代

精神更年期——生理更年期——人类更年期

自发的自然性形态——老年早期——自由王国早期

自觉的自然性形态——老年中期——自由王国中期

自然的自然性形态——老年晚期——自由王国晚期①

从现代人生哲学理论巴别塔可知，"精神青春期"是个体人生从自发性形态向自觉性形态过渡、飞跃的一个中介环节，也就是说，如果没有达到"精神青春期"，个体是不可能发生精神生命的质的转型的。

其实，人类各大文明所提出的"开悟"概念，其具体所指就是"精神青春期"：佛教之"盲人摸象"寓言，就是赤裸裸的"开悟"，更不用说它的"知障""无明"概念了；老庄哲学的梦醒之喻，孔子所说的"四十而不惑"和儒家经典里所说的"解蔽"，无不与"开悟"同义；苏格拉底的"我知道自己无知"，与佛教的破"知障"不二，更不用说那句名言——"认识你自己"了；在《圣经》旧约中关于亚当、夏娃吃"智慧果"和被赶出伊甸园无缘吃"生命果"的故事中，那个"生命果"才标志着人的眼

① 朱鲁子：《现代人生哲学：人的宣言——人，要认识你自己》，清华大学出版社、北京交通大学出版社，2007，第 27～59 页。

睛真正“睁开了”，即“开悟”，并有了接续“生命”的能力，而那个“智慧果”，实为生理意义上的“禁果”，它仅仅构成一个“知障”罢了……综上表明，所有轴心文明的最终成果无不指向“开悟”二字。

“精神青春期”就是精神生命的觉醒或“开悟”，它是人的精神生命的一次璀璨的日出或绽放，它就是“超出一切不同信仰的全人类的共有之物”，人类精神文明的一切果实，都是达成“精神青春期”的个体创造出来的。于是，第一轴心时代的秘密一目了然：公元前800年至公元前200年，天时地利人和，诸轴心区都如雨后春笋般涌现出了光耀千古的圣贤——达成“精神青春期”的个体，正是他们创造、“生育”了空前绝后的轴心文明。

（二）“精神青春期”概念的阐释

诞生于现代人生哲学的“精神青春期”概念是想象力和类比推理的结果。

顾名思义，“精神青春期”指的是：精神和生理类似，也有一个“青春期”。不同的是，精神的这个特点受或许是“身在此山中”等因素的影响，长期以来并未被我们人类的精神之光照亮，即它并没有被我们人类自觉地、准确地意识到。“精神青春期”这个概念于21世纪才迟迟地随着现代人生哲学的诞生而进入人类的自觉意识。

生理青春期是一个自然现象，这是《黄帝内经》“天癸”理论早已指出过的（女七男八的倍数。由于人类的无知，现代社会发生了一定的变异），也是经验事实。它说的是，人到了某一个年龄节点，就自然而然地拥有生育能力，且这种能力会持续一个相当长的阶段，直到生理上更年期的到来才终结。因此，它不仅是个体的人开始拥有肉体生命创造力的一个节点概念，还是一个区间概念。

与生理青春期类似，“精神青春期”是一个标志个体的人在某一个生命的节点就开始拥有生育精神儿女即创造精神文明的能力，且这种能力也会持续一个相当长的阶段，直到“精神更年期”的到来才终结。因此，“精神青春期”也具有“节点”和“区间”的双重性质。

与生理青春期不同的是，“精神青春期”不是一个“自然现象”，它并不必然地出现在所有人的生命过程之中，特别是当人类尚未自觉地意识到它时。事实上，人类中，只有极个别的得天独厚的个体如先知圣人（轴心时代涌现出一大批）等天才人物才偶然或必然地拥有了它。因为，就像生理青春期的到来需要个体物质性的生命能量（激素）的积聚达到一个临界点一样，“精神青春期”的到来同样需要个体精神性的生命能量（精神激素）的积聚达到一个临界点。而这个精神性的生命能量——精神激素的多寡是因人而异的：它与后天的教育有关，与先天的遗传关系不大。绝大多数人，只能在“生理青春期”到来的同时进入一种类似于“精神青春期”的“类精神青春期”状态，穷其一生也达不到这个临界点。① 换言之，芸芸众生只能延续单一的生命——肉体生命（这种意义上的“不朽”，是生物性意义上的，仅仅复制了 DNA 罢了）；而先知圣人，却能够在延续肉体生命之外，再延续第二种生命——精神生命（是为柏拉图“灵魂不朽”或近似于儒家“三不朽”）。

这里讲的是“精神青春期”概念尚未被人类意识到的情况下的自然现象。而一旦“精神青春期”概念为人类所意识，那情况就可能发生质的变化，使我们的现实生命产生“未到而先达”的事半功倍的效果。因为，人类会有意识地探讨并设计、创造达到“精神青春期”临界点的客观条件，从而使之变得可控，就像对核聚变和核裂变的控制那样。

一旦上述情况成为现实，那么，人类群体的精神创造力将被点燃，即一个亿万人普遍“开悟”、觉醒，“人皆为尧舜”的时代——第二轴心时代就开始了。

对被“精神青春期”理论武装起来的个体来说，生命觉醒意义上的“精神青春期”的到来与否，也是“如人饮水”，心知肚明的。就像生理青春期的到来会产生一种难以言喻的快感，这与知道自己从此拥有了生育能

---

① “生理青春期”到来的同时，必然伴随个体精神生命的初步觉醒，如，《圣经·创世记》2：17 所说的“善恶树上的果子”，就兼有“禁果”和“智慧果”的双重含义。不过，这时的精神觉醒，仅仅是浅层的醒悟，还不是“开悟”或“精神青春期”；在社会化过程中，个体通过生活经验和知识学习，一般会形成一种基于生理性基本需要的比较牢固的世界观、价值观、人生观等意识形态或信仰，这是一种类似于“精神青春期”的“类精神青春期”。事实上，这种浅尝辄止的“类精神青春期”是未经反思的，它正是阻碍人的精神彻底觉醒的、应该被彻底扬弃和超越的刚愎自用、自以为是、冥顽不化的“智慧果”，它就是使人愚昧无知的“知障”。参见朱鲁子《精神青春期——开悟，创造，不朽》，武汉出版社，2015，第 15～16 页。

力类似，“精神青春期”的到来，会使我们体验到一种无师自通而一通百通、圆融无碍的畅快感和“天上地下，唯我独尊”的庄严神圣感以及“永生”意义上的不朽感，用一句话表示：“我是人了!”但不同的是，它是“有准备”的、“事半功倍”的、“心想事成”的。①

（三）“精神青春期”概念和“开悟”概念的比较

我们已然知晓，除了生产力低下、生产关系落后等关键性原因之外，理论上“开悟”概念本身的致命缺陷是造成轴心时代最大遗憾的直接原因。而“开悟”概念的致命缺陷，就是它是一个难以操作、难以实践的“定性化”概念。

众所周知，说到“开悟”的时候，人们常说的一句话是“如人饮水，冷暖自知”，这完全是“事后诸葛亮”。因此，佛祖拈花，只有迦叶微笑，而其他弟子，只能莫名其妙地瞎猜；即便是受圣人孔子亲教的“三千”弟子，其中仍有不少人不得其真传。悲乎！芸芸众生不能“共享”圣人之智慧!

只有超越“开悟”概念的“定性化”局限，以“定量化”的概念取而代之，世人才有可能“共享”轴心时代的伟大文明成果。而这个“定量化”的概念，我们早已拈出，它就是“精神青春期”。

“精神青春期”概念因其自身所含有的“生育”“创造”之性质，人们（成年人）可以普遍地、轻而易举地通过“联想和想象”领会其含义，而不用像佛陀弟子那样“瞎猜”“拈花”其微言大义。因而，它是一个可以为世人“共享”的“定量化”的概念——科学概念。但是，尽管“精神青春期”是一个“定量化”的科学概念，但它毕竟是个“概念”，大多数“概念”所具有的局限性，它也具有。而所有的“概念”都有一个共性——“抽象性”。

欲真正开启第二轴心时代，就需要我们在理论上进一步彻底化，从抽象的“概念”走向具有自我实现功能或康德意义上的“绝对命令”的“命题”。只有“命题”，才具有自我实现的内在强制力量——实践力。

① 朱鲁子：《精神青春期——开悟，创造，不朽》，武汉出版社，2015，第1~10页。另参见论文《我是怎样提出“精神青春期”概念的》，《太原师范学院学报》（社会科学版）2013年第4期；《“精神青春期”——一个教育哲学范畴》，《哲学进展》2013年第2卷第3期；《论“精神青春期教育”》，《太原师范学院学报》（社会科学版）2012年第4期。

在“精神青春期”概念的助力下，众生走出“身心分离”，走向“身心合一”，即成为真正意义上的“人”，“身先于心”恰逢其时地来到了我们面前。“身先于心”这个命题，是“精神青春期”概念结出的一颗硕果，是对第一轴心时代所有圣贤洞见到的人的“身心分离”现象深层的本质揭示，它直接把“精神青春期”概念推进到一个具体的可操作的层面，是个体普遍走出“身心分离”通达“身心合一”的加速器。

四　“身先于心”命题的提出和意义

“身先于心”无疑是一个颠覆常识的命题。

（一）“身先于心”命题的提出是时代的必然要求

人类先天就是“身心合一”的（这不需要论证），“身心合一”就是身心平衡。不过，“身心分离”即身心平衡的被打破却是一个经验事实，是人类的一种“宿命”。人生的所有问题和麻烦、灾难皆源于“身先于心”，一如《圣经·创世记》所说的人类始祖偷吃“智慧果”犯了“原罪”、《庄子·应帝王》中倏、忽二帝给“浑沌”开窍是好心办坏事、马克思所说的“私有观念的产生”是万恶之源。因为“身先于心”，即人的生理先于心理成熟，故而生理对“食、色”等的基本需要，就成了必须被优先满足的优势需要。如此，“心”就被“身”“物”牢牢地拴住了，即所谓“役于身”“役于物”。这是所有先知圣人，特别是庄子之洞见。这个事实早已为人类先知（主要集中在第一轴心时代）普遍地意识到，且他们都为后人指出了走出“身心分离”不幸人生的具体路径——各种“救世”的宗教的或哲学的理论和实践方法。①

离苦得乐，幸福人生几乎是所有时代中的所有人的终极渴望，当今时代尤为突出（当今时代，人类遭遇了空前的灾难——自然生态的破坏和身体普遍所受的各种病痛的折磨）。这个愿望的达成，有赖于人的身心合一。而自然性和社会性的“成人”，并不能从根本上完成人的这个终极需要。因

① 其实，哲学基本问题——思维与存在的关系问题，就来源于“身心分离”。近代哲学的唯物论、唯心论、二元论等都是对这一问题的回答。遗憾的是，这些回答几乎都“无的放矢”了。

此，走出、超越"身心分离"而达成"身心合一"，重新找回被打破了的身心平衡（如孟子所说"求其放心"）就是人的一个不得已的选择、一个不得不如此的"绝对命令"。或者说，走出"身心分离"而走向"身心合一"，不仅是人的宿命，还是一种使命。

但遗憾的是，历史上，先知们为人类所指出的走出"身心分离"的路径基本上是经验性的、个别的，其思想精华往往隐藏在神秘的、浩如烟海的语言文字丛林中而难得彰显，若非他们的"亲传弟子"则缺乏普遍领悟的必然性。是故，人世间不乏各种各样的"救世"理论，然真正得救者——完成"身心合一"的人，寥寥无几。这说明，仅仅认识到"身心分离"的事实是远远不够的，换言之，当代人类迫切需要一种走出"身心分离"的新思维——一种具体的、可操作的、普遍性的新思想。

危机与拯救同在。哪里有需要，哪里就有生产。今天，建立在对身心关系本质洞察基础上的"身先于心"命题的提出，就是对上述时代课题的一个积极回应。①

（二）"身先于心"命题是对"身心分离"洞见的一个深化和超越

"身先于心"命题的提出，把长期以来古圣先贤对人类"身心分离"的洞见提升到了一个科学的高度："身心分离"是横向的、无本质差异的；"身先于心"则是纵向的、有本质差异的。"身先于心"，说的是"身"与"心"不对等了，有"高"有"低"了——一个大，一个小；一个已"成人"，一个未"成人"。

可以期待，"身先于心"这个命题必将为人类所共享而成为一个尽人皆知的普遍常识，必将成为指导所有人走出"身心分离"而走向"身心合一"的一个普遍原则和加速器。

我们应该进一步认识以下几个方面的内容。一是，"身先于心"这个命题，直接指向了"心"相对于"身"的落后性，即成年人在心理精神上都"没有长大"的事实。这样，它就为唤醒、警醒深陷物欲中的自以为是、没

① 关于"身先于心"命题提出的契机、内涵、价值和意义，笔者在《价值论与伦理学研究》（2018 上半年卷）和《东西方研究学刊》2018 年第 7 辑中已发长文进行讨论，并在互联网上发过几十篇文章予以阐释。

有自知之明的当代人，使他们意识、认识到自己心理精神上“没有长大”即心智不成熟、人格不独立的事实提供了理论支持。二是，“身先于心”这个命题使抽象的“身心分离”观念具体化了，从而使作为目的的“身心合一”观念具有了现实的可操作性：因为“心”后于“身”成熟，这就为“心”追赶“身”预留了巨大的空间，从而使“心”有了充分发挥自觉能动性的机会。这就是孟子提出“人皆可以为尧、舜”这一真知灼见的现实和逻辑基础，也是基督“叩门，就为你们开门”、孔子“朝闻道，夕死可矣”、佛教“有求必应”的真理性之所在。三是，由于“身先于心”指的是“身”先于“心”进入了青春期——能够生儿育女的“生理青春期”，这就为“心”努力追赶“身”设定了一个具体的奋斗目标——“精神青春期”（能够生育精神儿女即创造精神文明的标志）。如是，“身先于心”命题则实际上起到了从“身心分离”到“身心合一”的导航器的作用，从而使个体的“身心合一”目标明确，可以事半功倍、心想事成。四是，因为“身先于心”的“先于”指的是生物性的身体一方最先成熟，最先拥有“生育能力”，故它必然含有“大于”“高于”之意。如此，则“小心”必为“大身”所控制和奴役，如小孩必依附于大人、听命于大人。身心越是难解难分、寸步不离，身心分裂就愈益严重。人心愈是为身即物所捆绑——“役于身”“役于物”（实际是为充满“诱惑”和“恐惧”的斯芬克斯女妖所控制），则它离人身就越远——身心分裂越严重；反之，人心愈是从身即物中抽离和剥离出来（真正地回答出了千古人生之谜——“斯芬克斯之谜”），则它离人身就越近——近乎“身心合一”；及至人心完全从物欲中剥离出来，则“身心合一”就达成了。这就是身心的辩证法。当然，这种“身心合一”不是庸俗理解的身心“同一”，而是一种“君子和而不同”“相忘于江湖”意义上的身心双赢互不为对方累赘的“和谐”。五是，“心”一旦追赶上“身”，与“身”并驾齐驱即“身心合一”，那么，人生的所有问题就都将烟消云散、迎刃而解。人便成为真正意义上的“人”——第三种意义上的“成人”。

因为“身先于心”命题为魂不守舍的现代人指明了灵魂的奋斗目标和终极归宿，从而使人终结“身心分离”完成“身心合一”成为可能，故足可以作为即将到来的新时代——第二轴心时代的人类“成人”的理论武器。

（三）共享“身先于心”命题则人人可以“成人”

迄今为止的人类历史，整体上说是一部悲剧史。因为，除个别人之外，人类个体普遍未能解决自身的“身心分离”问题，“身心合一”始终没有达成。因此，不仅“心”长不大，幼稚而无知、弄巧成拙，还大大地害了“身”——疾病缠身。所以老子才说：“天长地久。天地所以能长且久者，以其不自生，故能长生。是以圣人后其身而身先；外其身而身存。非以其无私邪？故能成其私。”这实是告诫世人，“聪明反被聪明误”，“心”不成熟必“事与愿违”。①

这个问题，必须在第二轴心时代得到解决，或者说，不解决这个问题，人类就没有资格说自己进入了第二轴心时代。今天，已有越来越多的人意识到这一点。

如前所述，“身先于心”主要是哲学的、理论层面的命题，同时它也具有实践的品格。因为，人们一旦意识并理解了现代人生哲学及其“精神青春期”理论所提出的“身先于心”命题，也就为他们“共享”（理解、领悟）第一轴心时代先知圣人的大智慧提供了现实的可能，即个体通过属于“为学日益”的“学统”储备的古代圣贤“知识”经“为道日损”的“道统”复活了，化为了自己亲证的“智慧”。因为，这个命题，无非是把历代圣贤早已说过的凝结着大智慧的话语用科学的、普遍性的现代语言说出来，把历代圣贤的大智慧接通罢了。故此，具有自我实现即“绝对命令”功能的“身先于心”命题，将个体迅速地从“身心分离”状态导向“身心合一”。不过，这种意义上的“身心合一”，还仅仅是理论上的，即《大学》之“修身”的前提——由“格物”②而达成的“知致”，它还不是生命实践意义上的“身修”。只有在此基础上经过一个“诚意”“正心”的实践过程，才能最终达成可以“修齐治平”的“身修”。③

---

① 古希腊著名悲剧《俄狄浦斯王》主人公俄狄浦斯“杀父娶母”的故事就是典范。人类所有悲剧的发生，都与此有关。所谓悲剧，都是事与愿违。只有身心合一，人才能心想事成，不谋而成。

② 历代学者多对“格物”二字不求甚解。其实，“格物”就是“学以成人”的“学”罢了。

③ 中国古代文化经典《老子》《庄子》，特别是“四书”中的《大学》等，充满了“成人”的大智慧。遗憾的是，至今，它们并没有为人们所“共享”。

因为“意识即达到，理解即超越”①，故生命实践意义上的“身心合一”必将是“我欲仁，斯仁至矣”“叩门，就为你开门”的。可以期待，即将到来的第二轴心时代，必将是一个“共享智慧”的时代。未来，在“共享智慧”下，人人可以“成人”。

The Proposition of “Body First than Mind” and “to Be Human”

Zhu Luzi

Abstract: There are three meanings of “to Be Human”: 1. To be grown-up physiologically; 2. To be adult at the social level; 3. To be full-grown mentally or psychologically. Only the third sense of “to Be Human” is the true meaning of the “Learning to Be Human” which is proposed by the 24th World Congress of Philosophy. In this sense, “to Be Human” is a universal fact of the prophet saints of the Axis Age; “Path of to Be Human” is a brilliant spiritual heritage that they have left for our posterity. “Path of to Be Human” is spiritual awakening, that is, the profound wisdom of “Satori”. Unfortunately, this great wisdom did not benefit the general public, “to Be Human” became a “Babel Tower” project; The theoretical reason is that “Satori” is a “Qualitative” concept which is difficult to operate. We must make theoretical innovations so that the great wisdom of the prophet saints can benefit all living creatures. We will attempt to provide theoretical support for the “Wisdom-sharing” among the public and universal “to Be Human” basing on the scientific modern philosophy of life and the proposition of “Body first than Mind” proposed by the theory of “Spiritual Adolescence”.

Keywords: Modern Philosophy of Life; “Spiritual Adolescence”; “Wisdom-sharing”

---

① 朱鲁子：《轴心时代的阐释》，南开大学出版社，2011。

人类的道德意识是进步的吗？

——一种以中国先秦时期道德意识的演变为个案的研究

曹元甲*

【摘　要】 人类的道德意识是进步的吗？本文通过对中国道德意识的演变逻辑的梳理发现，答案是肯定的。先秦时期的伦理情感呈现一种由特殊到普遍、由浅层次到深层次、由外部强制到从心所欲的演变规律。在西周初期，作为一种巫术情感的“敬”还没有摆脱禁忌的束缚，还主要是一种对“天”以及由此衍生出来的“德”的敬畏之情。作为一种伦理情感的“孝”则由于囿于氏族血缘的狭小圈层，不具备成为普遍伦理情感的资格。春秋末期，孔子通过对前面二者的改造发展出了“仁”这种伦理情感。《中庸》将“仁”扩充成了一种涵盖所有宇宙成员的伦理情感——诚，孟子则通过设置情境，借助外部突发事件对人的强烈震撼将人的本真情感逼迫出来，从而一劳永逸地找到了人的道德情感本体——恻隐之心。“敬”→“孝”→“仁”→“诚”→“恻隐之心”，这就是先秦时期巫术、伦理情感的逻辑演变过程。

【关键词】 道德意识　伦理情感　道德原则

* 曹元甲，山西大同人，湖北大学哲学学院讲师，研究方向为中国哲学。

一

在中国上古时期，如果要找一种与后世最接近的伦理情感的话，那么这种情感就是“敬”。“敬”即敬畏，包含尊敬、畏惧、崇拜、信仰等情感成分。可能因为这个词最能表达巫师通神时的心理状态，所以不管在殷商卜辞中，还是在周初文诰中都有大量的敬字，甚至到了春秋时期的孔子那里，这种对于神明的畏惧崇敬之情还仍然被保留着。“敬”不仅是巫师对神的一种情感状态，而且也是“德”的内向化或内在化结果。李泽厚就持这一观点，他说：“将此‘与神同在’的神秘畏敬的心理状态，理性化为行为规范和内在品格。这就是由巫术力量逐渐演化[①]成巫术品德。这即是‘德’的内向化或内在化，而最终成为首先要求于政治首领的个体品德力量。”[②]“敬”这种情感特质尽管延续到了周初与“德”对应，甚至被认为是“德”的内在化，但总体来说更多的还是巫术时代的产物，主要表现在巫师通神时或者祭祀时的情感状态，在人与人之间几乎不用。也就是说，“敬”这种情感主要是一种巫术情感而非伦理情感。而最早的伦理性情感是出现在周初的“孝”，它几乎是和“德”这个观念同时诞生的。陈来说：“中国古代最早也最突出的伦理规范应推‘孝’。”[③] 康学伟也认为周代的婚、冠、丧、祭、养老诸礼无不贯穿“孝”的原则和精神。[④]

对“德”和“孝”的关系，历来有不同的解释。侯外庐认为，周人改造了殷人的祖先一元神的宗教，形成了天、帝的一般神与氏族宗主的祖先神相配的宗教思想，这种人神合一的宗教思想势必会衍化为人神合一的伦理思想，于是，“在宗教观念上的敬天，在伦理观念上就延长为敬德。同样地，在宗教观念上的尊祖，在伦理观念上就延长为宗孝”。[⑤] 陈来则从德性与伦理之间的差别来区分德和孝，认为“德性与伦理的区别在于，德性是

① 此处“演化”应为“衍化”。

② 李泽厚：《说巫史传统》，上海译文出版社，2012，第29页。

③ 陈来：《古代宗教与伦理——儒家思想的根源》，生活·读书·新知三联书店，1996，第300页。

④ 康学伟：《先秦孝道研究》，文津出版社，1992，第91页。

⑤ 侯外庐、赵纪彬、杜国庠：《中国思想通史》（第一卷），人民出版社，1957，第94页。

属于个性的一种内在品格，如刚强或宽厚，正直或坚强。伦理则是发生在人与他人间关系的规范”。[1] 侯先生的说法虽正确，但显得太笼统，只显示了二者的对应关系，没有揭示这种关系之间的逻辑关系。陈先生的解释则有以今释古的嫌疑。根据前面我们对“德”内涵的阐释，“德”的这种含义出现得最晚，至少在周初还不是主流含义。其实揭示“德”和“孝”二者关系的最佳方法就是将其与夏商时期的意识形态做一对比，在这种对比中，二者的逻辑关系就会清晰地呈现出来。其实，夏、商、周不仅是三个朝代，更是三种文化，这三种文化分别对应不同的时代精神。简单说就是，“夏道尊命”“殷人尊神”“周人尊礼”（《礼记·表记》）。“尊命”就是信天命；“尊神”就是敬鬼神；“尊礼”就是重人事。相比夏、商的以“命”“神”为本，周则具有强烈的人本精神。周人既不信命也不信神，但崇拜人。这里的人不是一般的人而是圣人。圣人之所以受到崇拜是因为有“德”。因此周人“以德治国”的实质是“圣人治国”“榜样治国”，而圣人治国的方法就是“礼乐”。这就是所谓的“礼乐制度”。礼制其实就是一套等级制度，它的实质就是秩序和等级，其功能主要是别内外、定亲疏、序长幼、明贵贱。如此一来，整个社会就秩序井然、条理分明了，这就是所谓的“伦”，用一整套原理将其贯通下来的就是所谓的“伦理”，体现伦理法则的制度就是“礼法”，体现伦理法则的情感就是“孝”。从这里我们就能看出来，“德”这种观念之所以能落实是因为“礼乐制度”的可操作性，而“礼乐制度”之所以能顺利施行，是因为“天下一家”。换言之，整套制度的运行就是建立在血缘关系的基础之上，而体现血缘关系的核心理念就是“孝”。

“孝”是先秦伦理观念的第一块基石，也是我们将要探讨的先秦伦理情感的逻辑起点。《说文》曰：“孝，善事父母者，从老省，从子，子承老也。”金文“孝”字上部像个戴发伛偻老人，唐兰认为就是“老”之本字，“子”搀扶之，会意[2]。《尔雅·释训》曰：“善父母为孝。”什么叫“善”？只有物质上的供养而没有情感上的敬爱能算孝吗？不能。所以孔子说：“今

① 陈来：《古代宗教与伦理——儒家思想的根源》，生活·读书·新知三联书店，1996，第300页。

② 转引自周法高等编纂《金文诂林》（第十册），香港中文大学，1975，第5287页。

之孝者，是谓能养。至于犬马，皆能有养。不敬，何以别乎？”（《论语·为政》）这就将“孝”与“养”区分开来了。当然，如果只有情感上的敬爱而行动上不表现出来，也算不得孝。所以《孝经》说：“孝，蓄也；蓄，养也。”如果仅此而已，仍然不是完整意义上的孝。也就是说，做子女的尽管在父母生前做到了敬爱、蓄养，但在父母去世之后不管不顾、不闻不问，同样是不孝。所以，孝常常和居丧与祭祀联系在一起。如《论语·泰伯》曰：“子曰：禹，吾无间然矣。菲饮食而致孝乎鬼神，恶衣食而致美乎黻冕，卑宫室而尽力于沟洫。”在孔子看来，和蓄养、敬爱相比，居丧、祭祀更能考验一个人孝心的纯度，因为父母在世时的蓄养、敬爱可能存有一定的功利目的，父母去世之后的居丧和祭祀则没有了这方面的嫌疑，从而体现一种更加纯粹的道德情感。关于这一点，我们从《论语·阳货》中孔子与其弟子宰我那段众所周知的对话，以及孔子事后的态度就可以看得十分明显。

“孝”除了是一种子女对父母的特殊伦理情感之外，同时还可以通过孟子的“老吾老以及人之老”这种推己及人的方法，推广为整个晚辈对长辈的伦理情感，进而最终扩展为整个家族的伦理情感。这种扩展之所以成为可能，与中国古代特有的社会组织有密切的关系。侯外庐根据马克思在《资本论》中对东西方古代社会的不同形态（“亚细亚的古代”和“古典的古代”）的区分指出：“‘古典的古代’是从家族到私产再到国家，国家代替了家族；‘亚细亚的古代’是由家族到国家，国家混合在家族里面，叫做‘社稷’。”① 因为整个社会组织建立在以血缘为纽带的家族基础之上，所以从作为家族伦理情感的孝扩展为整个社会的伦理情感就是很自然的了。但“孝”这种伦理情感毕竟囿于家族成员之内，更重要的是，它是一种建立在生理基础之上的自然情感，层层扩展下去势必会变得稀薄而淡漠，以至于最终起不到维系社会秩序、黏合社会关系的作用。另外，它还有一个副作用，那就是尽管这种情感已经成了强弩之末，但人们为了表现得合乎伦理，于是便会表演这种情感，情感一旦成为表演的对象势必会导致虚伪。在《论语》一书中，孔子就一再对“乡愿”表示不满，可见在当时“乡愿”

① 侯外庐、赵纪彬、杜国庠：《中国思想通史》（第一卷），人民出版社，1957，第 11 页。

这种现象是十分普遍的，而导致这种普遍流行的“乡愿”之风的直接原因就是“孝”这种伦理情感所表现出来的局限性。正是在这个意义上，孔子才对其加以改造，进而提出了一种新的伦理情感范畴——仁。

二

“仁”字出现得较晚，至少古文字学家在甲骨文和铭文中都没有发现这个字。有的学者推断，“仁”字最晚出现在东周后期，至早在齐桓公建立霸权以后。[①] 至于晚出的原因，学界各有解释。[②] 因为和主题关系不大，有关这方面社会学的研究我们暂且搁置一边，我们关注的是“仁”和“孝”这两种伦理情感之间的逻辑联系。从哲学角度看，如果说“孝”这种情感只局限在家族成员之间的话，那么“仁”这种情感就已经突破了这个局限，而普遍适用于人和人之间。“孝”之所以在先，是因为“孝”这种情感更加自然、更加直观；而“仁”之所以晚出，是因为“仁”这种情感不是出于人的自然生理本能，而是经过反思以后建构起来的，与“孝”相比自然没那么直观和自然。第一次将“仁”这种伦理情感铸成一个哲学范畴的人是孔子。

在孔子那里，“仁”字出现的频率很高，有109次，但并没有一个确定的含义。在大多数场合下，他只规定了仁的外在表现或达到仁的方法，如“克己复礼为仁”“为仁由己”“仁者其言也讱”等。邓晓芒认为，孔子真正实质性地对“仁”的规定只有三条。第一条是“己所不欲，勿施于人”（《论语·颜渊》），并认为这是孔子对“仁”最核心的规定。第二条是“爱

① 侯外庐、赵纪彬、杜国庠：《中国思想通史》（第一卷），人民出版社，1957，第93页。

② 陈来认为，“孝”和“仁”依据周代两种不同的生活共同体，即以父系宗族为主的共同体和以农村公社为主的共同体。后者的伦理规范即“仁”。他说：“由此我们可以认为，从超越个体家庭而着眼在共同体内的内部关系来看，‘礼’是居住在都邑的父系宗族团体的原理，故礼不下庶人。而‘仁’更是农村公社乡里出入的原理。这当然不是否认‘礼’还有文明、文化的意义，也不是说‘仁’对宗族团体无意义。仁的原理同样对世系的宗族团体有意义，但无法成为其第一原理，只有仁的特殊化的表现‘孝’才能成为宗族团体的重要准则。在西周时代，农村公社对互助伦理的要求还不可能有思想家为之代表和申明，从而，也就不可能上升为‘仁’的普遍性原理来表现。这些就是‘仁’的原理在西周还不能提出来或仅有一些萌芽还不能发展的基本原因。”转引自陈来《古代宗教与伦理——儒家思想的根源》，生活·读书·新知三联书店，1996，第315页。

人”（《论语·颜渊》）。第三条是“夫仁者，己欲立而立人，己欲达而达人”（《论语·雍也》），这是对第一条的正说，即不但己所不欲勿施于人，而且己之所欲也要施之于人，“这两条一反一正，都被看作仁的最重要的规定”。[①] 第二条规定了仁的性质是爱“人”；第一条和第三条从正反两个方面规定了如何爱人，也就是所谓的“忠恕之道”。但是这个“人”究竟指谁？是所有人还是特定范围的人？孔子都没有说明。不过从整本《论语》来看，孔子这里的“人”指的是后者。比如《论语·宪问》：“君子而不仁者，有矣夫，未有小人而仁者也。”《论语·阳货》：“君子学道则爱人，小人学道则易使也。”《论语》里这类“君子”“小人”的对比比比皆是，可见在孔子这里，“仁”这种伦理情感尽管在某种程度上已经突破了“孝”这种只存在于家族成员中的伦理情感，但这并不是普遍的。之所以“仁”这种情感达不到普遍性，原因就在于其基础和根源仍然是“孝”。《论语·学而》：“君子务本，本立而道生。孝弟也者，其为人之本与！”在孔子那里，“仁”还没有从“孝”的影响中完全摆脱出来。“仁”包含“孝”，“孝”是“仁”的一个特殊性规定。问题是，从“孝”是如何过渡到“仁”的呢？答案就是“忠恕之道”，即前面所说的第一条与第三条正反两个方面的规定。《说文·心部》：“忠，敬也。”段玉裁补：“尽心曰忠。”《玉篇·心部》：“忠，直也。”由此可见，“忠”即忠于内心真情实感的意思。《说文·心部》：“恕，仁也。”段玉裁注：“为仁不外于恕，析言之则有别，浑言之则不别也。”徐灏笺：“戴氏侗曰：‘推己及物谓之恕。’”朱熹《四书集注》：“推己之谓恕。”综合以上所说，所谓“忠恕之道”就是根据自己的真情实感推己及人，自己不喜欢的就不要强加给别人，自己喜欢的就分享推荐给他人。这里的关键是真情实感。可见孔子对人的真情实感是极为看重的，有时候这种对真情实感的看重是超过抽象的伦理原则的。关于这一点，《论语》里有以下两个小例子可以说明。

> 叶公语孔子曰：“吾党有直躬者，其父攘羊，而子证之。”孔子曰：“吾党之直者异于是，父为子隐，子为父隐，直在其中矣。”（《论语·

---

① 邓晓芒：《论中国传统文化的现象学还原》，《哲学研究》2016 年第 9 期。

子路》）

子曰："孰谓微生高直？或乞醯焉，乞诸其邻而与之。"（《论语·公冶长》）

第一个例子中，父亲偷了别人家的羊，做儿子的按照道德法则予以揭发，这从道德法则的角度看，儿子做得正确；如果从情感角度出发，父亲偷羊，总是件不光彩的事，做儿子的自然不愿意把这事张扬出去，这是做儿子的真情实感，这种真情实感，在孔子看来就是"天理"，比抽象的道德法则更重要，尽管前者看起来大公无私，但并非出于人情，因此是不真实的，即"不直"。第二个例子中，有人向微生高借醋，微生高没有，他却跑到邻居家里借来再借给别人。微生高的这种行为在孔子看来就不直爽。按说这种尽力满足别人要求的做法，在某种意义上来说是种美德，但他隐瞒了真实的情况，这就是孔子所谓的"不直"。

从这两个例子可以看出，在道德原则和真情实感之间，孔子更看重后者。这并不是说孔子不讲道德原则，而是说他不讲抽象的道德原则。如果一项道德原则和人的真情实感发生冲突，该变通和让路的是前者，也就是说，孔子认为任何一项道德原则都应该建立在人的真情实感的基础上。①这和以康德为代表的西方伦理思想截然相反。在康德那里，道德律令是一项过滤掉所有感性杂质的抽象原则，在它面前，不管你现在的真实情感是愿意还是不愿意，都必须无条件地服从。这在孔子听来是不可思议的。孔子的这个思想影响很大，基本上成了后世儒家伦理思想的一个核心原则。②

从上面的分析中，我们可以看出，在孔子那里，真情实感是我们在伦理活动中或人际交往中推己及人的最高标准，甚至可以说是唯一标准。现在的问题是，一种主观的情感如何能作为一项最高的伦理标准？如果说爱

---

① 如《论语·八佾》："子曰：'人而不仁，如礼何？人而不仁，如乐何？'"《论语·阳货》："子曰：'礼云礼云，玉帛云乎哉？乐云乐云，钟鼓云乎哉？'"

② 在《孟子·尽心上》中记载了一段对话："桃应问曰：'舜为天子，皋陶为士，瞽瞍杀人，则如之何？'孟子曰：'执之而已矣。''然则舜不禁与？'曰：'夫舜恶得而禁之？夫有所受之也。''然则舜如之何？'曰：'舜视弃天下犹弃敝蹝也。窃负而逃，遵海滨而处，终身䜣然，乐而忘天下。'"从这段对话中可以看出，孟子重视人情的思想与孔子是一脉相承的。

是真实情感，难道恨、嫉妒就不是真情实感了吗？如果是，不也可以推己及人了吗？将这样的真情实感扩展开来不就走到“仁”的反面了吗？当然，孔子也意识到了这个问题，所以他对“仁”还做了另一个规定，即“克己复礼”。《论语·颜渊》：“颜渊问仁。子曰：‘克己复礼为仁，一日克己复礼，天下归仁焉。为仁由己，而由人乎哉？’……请问其目。孔子曰：‘非礼勿视，非礼勿听，非礼勿言，非礼勿动。’”这样，那些恶的、负面的、不能在人类共同体中推行开来的情感就被“克”掉了，剩下的就是善的、正面的、能够放之四海而皆准的情感了。如果说真情实感保证了伦理原则的自明性的话，那么克己复礼就保证了推己及人的一贯性，二者相辅相成，缺一不可，共同保证了“仁”的顺利推行。

可是仍然有问题。“仁”之所以能够推行下去，得力于“礼”的克制和约束，也就是说，孔子为了保证“仁”推行的普遍性，牺牲了这种情感的自由性，使这种情感带有某种禁忌成分。即便抛开其禁忌性色彩不谈，单是这种伦理情感的普遍性就仍然值得我们怀疑，因为克制和约束“仁”的“礼”依然是一种并不具有普遍价值的等级制度。更为重要的是，两种类型的真情实感，即善的、正面的情感和恶的、负面的情感之间在逻辑上是什么关系？二者之间是平行的、并列的关系，还是其中一个处于原初地位而另一个是其所派生出来的呢？这些问题孔子都没有给出答案。正是这些问题的悬而未决，再加上“仁”之基础“孝”的局限性以及确保“仁”的普遍性的“礼”的局限性，使“仁”这种伦理情感缺乏全面推广的价值，因而始终没有越出君子的范围扩展成为一种具有普遍价值的伦理情感。有一点必须要说明的是，上述我们梳理出来的只是“仁”的主要规定性原则，其实孔子“仁”的含义比这些远为复杂。在孔子那里，“仁”带有浓厚的神圣味道和神秘气息①。

① 孟武伯问：“子路仁乎？”子曰：“不知也。”又问，子曰：“由也，千乘之国，可使治其赋也，不知其仁也。”“求也何如？”子曰：“求也，千室之邑，百乘之家，可使为之宰也，不知其仁也。”“赤也何如？”子曰：“赤也，束带立于朝，可使与宾客言也，不知其仁也。”（《论语·公冶长》）子张问曰：“令尹子文三仕为令尹，无喜色；三已之，无愠色。旧令尹之政，必以告新令尹。何如？”子曰：“忠矣。”曰：“仁矣乎？”曰：“未知，焉得仁？”（转下页注）

三

孔子思想中的这些问题，我们或许可以从《中庸》和《孟子》那里得到启发，并成功找出解答问题的方法。我们可以绕开它们之中的那些论述“礼”和“孝”的内容①，直接考察其对“仁”这种情感所做的扩充工作（实际上真正给我们启发的正是这一部分内容）。《中庸》《孟子》将孔子的“仁”扩充、发展为“诚”，即一种具有普遍价值的全人类伦理情感，甚至可以说是一种宇宙伦理情感。如《中庸》：“唯天下至诚，为能尽其性；能尽其性，则能尽人之性；能尽人之性，则能尽物之性；能尽物之性，则可以赞天地之化育；可以赞天地之化育，则可以与天地参矣。”《孟子·尽心上》：“尽其心者，知其性也；知其性，则知天矣。存其心，养其性，所以事天也。”《中庸》《孟子》将孔子的“忠恕之道”做了最大限度的扩展：由

（接上页注①）“崔子弑齐君，陈文子有马十乘，弃而违之，至于他邦，则曰：‘犹吾大夫崔子也。’违之。之一邦，则又曰：‘犹吾大夫崔子也。’违之。何如？”子曰：“清矣。”曰：“仁矣乎？”曰：“未知。焉得仁？”（《论语·公冶长》）子曰：“回也，其心三月不违仁，其余则日月至焉而已矣。”（《论语·雍也》）子贡曰：“如有博施于民而能济众，何如？可谓仁乎？”子曰：“何事于仁，必也圣乎！”（《论语·雍也》）子曰：“若圣与仁，则吾岂敢！”（《论语·述而》）从以上的引文中，我们可以很清楚地看到，孔子眼里的“仁”有种不可言说的神秘特质，是一种无法把握的情感本体和很难企及的神圣境界。这种情感既非如休谟、亚当·斯密所谓的经验现象，也不是如基督教意义上的超验情感，但又似乎是二者的杂糅与交融。“仁”这种不可名言、拒绝分析的神秘特征，我认为是受了原始巫术的强大影响，仍然是这个巫术传统的延续和继承。“仁”这种心灵状态和“巫”“圣”的特征极为相似，随时随地处于一种一触即发的敏感通灵状态。从现代汉语“麻木不仁”这个成语中也能窥测出“仁”这种“通”与敏感的特性。由于“仁”这种特性，近代的康有为、谭嗣同曾尝试用“电”“以太”来解释。

① 儒家思想的社会组织根基即以血缘为纽带的宗族制，而其经济基础是自给自足的小农经济，这就从根本上使他们不可能完全摆脱建立在“孝”之上的等级制即“礼”制。作为儒家的继承者，思孟也不例外。《中庸》和《孟子》中就有很多关于“礼”和“孝”的论述。如《中庸·章句》第十七章：“子曰：‘舜其大孝也与！德为圣人，尊为天子，富有四海之内。’”《中庸·章句》第十七章：“非天子，不议礼，不制度，不考文。今天下车同轨，书同文，行同伦。虽有其位，苟无其德，不敢作礼乐焉。”《孟子·梁惠王章句上》：“壮者以暇日修其孝悌忠信，入以事其父兄，出以事其长上，可使制梃以挞秦楚之坚甲利兵矣。”《孟子·滕文公章句上》：“曾子曰：‘生事之以礼，死葬之以礼，祭之以礼，可谓孝矣。’”《孟子·滕文公章句下》：“于此有人焉，入则孝，出则悌，守先王之道，以待后之学者，而不得食于子。”《孟子·离娄章句上》：“舜尽事亲之道而瞽瞍厎豫，瞽瞍厎豫而天下化，瞽瞍厎豫而天下之为父子者定，此之谓大孝。”这样的论述还有很多，兹不一一列举。

己及人，再由人及天，以至于整个宇宙都被涵盖在内。正是看到了这一点，国内不少学者纷纷从《中庸》和《孟子》里寻找与生态伦理有关的思想资源，甚至有些学者直接宣称儒家文化中已经有了成熟的生态伦理思想。① 我们可以这样理解《中庸》《孟子》的“扩充”，即为了获得一种自明的伦理情感基础，不仅要在人类共同体中寻找，而且要在宇宙共同体中寻找，因为适用于整个宇宙共同体的伦理情感必然也同样适用于人类共同体。正是基于这样一种思路，《中庸》和《孟子》将一种自然血缘情感（孝）扩充为了一种对宇宙全体都行之有效的伦理情感（诚）。

“诚”究竟是一种什么性质的情感呢？《中庸》里讲到“诚”的地方很多：

> 诚者，天之道也；诚之者，人之道也。
>
> 自诚明，谓之性。自明诚，谓之教。诚者明矣，明则诚矣。唯天下至诚，为能尽其性；能尽其性，则能尽人之性；能尽人之性，则能尽物之性；能尽物之性，则可以赞天地之化育；可以赞天地之化育，则可以与天地参矣。
>
> 诚者，自成也；而道，自道也。诚者，物之始终。不诚无物，是故君子诚之为贵。诚者，非自成己而已也，所以成物也。成己，仁也，成物，知也。性之德也，合外内之道也，故时措之宜也。
>
> 唯天下至诚，为能经纶天下之大经，立天下之大本，知天地之化育。
>
> 诚则形，形则著，著则明，明则动，动则变，变则化。唯天下至

① 其实，说《中庸》《孟子》中已存在自觉的、成熟的生态伦理思想这种说法是不准确的。萌芽可以，成熟未必。《孟子·梁惠王上》记载了这样一段对话：“臣闻之胡龁曰：‘王坐于堂上，有牵牛而过堂下者，王见之，’曰：‘牛何之？’对曰：‘将以衅钟。’王曰：‘舍之。吾不忍其觳觫，若无罪而就死地。’对曰：‘然则废衅钟与？’曰：‘何可废也。以羊易之。’”齐宣王因看到了牛的觳觫而动了恻隐之心，不忍其就死。这种恻隐之心并非来自某项伦理原则，也不是通过反思得来的，而是人的本心因一时触动的自然反应。这种恻隐之心可以作为生态伦理学的自明的情感基础。但我们不能因此就说孟子已有成熟的生态伦理思想，因为尽管孟子已经发现了这种自明的感情基础，但是没有对其进行反思，更没有将其抽象为一项固定的伦理原则，正是因为这样，才有“以羊易牛”的反应。也就是说，恻隐之心只对眼前的牛有效，而对于看不见的羊就失去了效力。这就是说孟子的思想中有生态伦理思想的萌芽但并不自觉或成熟的原因。

诚为能化。

《孟子》里也有：

诚者，天之道也；思诚者，人之道也。至诚而不动者，未之有也。不诚，未有能动者也。

万物皆备于我矣。反身而诚，乐莫大焉。强恕而行，求仁莫近焉。

从以上所引《中庸》的有关“诚”的论述来看，“诚”即真诚、诚实，是一种最自明的、再也不能被继续还原的真情实感。按照《中庸》的逻辑，天道的本来面目就是“诚”，人只要“思诚”“率性”就能“乐莫大焉”，就能“万物皆备于我”，就能达到与天合一的境界，这就是所谓的“是故诚者，天之道也；思诚者，人之道也”的真正含义。《大学》对“诚”这种情感的自明性特征做了最通俗易懂的解说：“所谓诚其意者，毋自欺也。如恶恶臭，如好好色。”这就是说，“诚”这种情感并没有多么玄虚深奥，只要将自身的情感还原到了“诚”这一维度，在伦理活动中，我们就能表现得像“恶恶臭、好好色”一样自然直接、轻松自如。

老问题又回来了：“诚”可以是真实的、善良的情感，为什么就不可以是真实的、邪恶的情感？也就是说，如何保证“诚”这种真实的、最自明的情感是仁的、善的、正面的，而不是相反的？再换句话说，如何证明前者比后者在逻辑上更在先呢？因为只有证明前者在逻辑上的在先性，才能说这种情感具有普遍性，否则这种保证就是一句大而无当的空话。在这个问题上，《中庸》也没能给出答案。成功解决这个棘手问题的人是孟子。

四

我们都知道，孟子思想的核心是人性本善。可以说他所有的理论均建基于这一核心思想之上。《孟子》一书中有两段话：

恻隐之心，人皆有之；羞恶之心，人皆有之；恭敬之心，人皆有之；是非之心，人皆有之。恻隐之心，仁也；羞恶之心，义也；恭敬之心，礼也；是非之心，智也。仁义礼智，非由外铄我也，我固有之也。（《孟子·告子上》）

人之所不学而能者，其良能也；所不虑而知者，其良知也。（《孟子·尽心上》）

在前一段话中，孟子提出了仁、义、礼、智四端的说法，并强调这四端是“非由外铄”“人皆有之”的。所谓“端”即根，也就是说仁、义、礼、智是人性中最根本、最自明的东西。在第二段话中，孟子又提出“良知”“良能”的概念，可以看作对“四端”的规定。不用经过反思或推理就能获得的知识就是“良知”，也就是说，“良知”是通过直觉获得的知识。所谓“良能”孟子给它的规定是“不学而能”，说明这种能力是先天的，不是通过后天的教育所获得的。所以说它们是“非由外铄”“人皆有之”的。不管是“四端”，还是“良知”“良能”，既然它们是人性中最根本、最自明的东西，那么就是说它们可以为人性中的其他部分的存在提供理由，而它们本身的存在是不需要理由的。这些不需要理由的东西又是如何得到的呢？孟子分别运用打比方和情境想象两种方法来进行论证。

告子曰：“性犹湍水也，决诸东方则东流，决诸西方则西流。人性之无分于善不善也，犹水之无分于东西也。”孟子曰：“水信无分于东西，无分于上下乎？人性之善也，犹水之就下也。人无有不善，水无有不下。今夫水，搏而跃之，可使过颡；激而行之，可使在山。是岂水之性哉？其势则然也。人之可使为不善，其性亦犹是也。”（《孟子·告子上》）

人皆有不忍人之心。……所以谓人皆有不忍人之心者，今人乍见孺子将入于井，皆有怵惕恻隐之心。非所以内交于孺子之父母也，非所以要誉于乡党朋友也，非恶其声而然也。（《孟子·公孙丑上》）

在第一段引文里，孟子是通过与告子的辩论来论证人性本善的。他不同意告子的“水无自性”说而认为水性本下，再根据水性与人性的同构原理，进而得出人性本善的结论。二人尽管观点不同，但论证方式是一样的，都是以水性来类比人性。水性与人性能否同构？水性是不是本来向下？水有本性吗？这样的逻辑前提和论证方式在后人看来，无论是从科学上还是逻辑上来看，都是十分粗糙、独断甚至可笑的。

孟子证明人性本善的第二种方法是设置情境并进行想象。孟子设想了这样一个情境：假如一个人，突然目击一个小孩即将落井，在这千钧一发之际，他的第一反应是什么？毫无疑问，在这一刻每个人都会流露出恻隐之心，这种恻隐之心是一触即发、不假思索的，这种恻隐之心的发起，不是为了讨好乡党朋友，也不是厌恶孩子的哭声，它先于任何反思、目的、理论、顾虑、偏见、判断、喜好、虚荣……，这些东西都是后起的、派生的。也就是说，生活中的是非、善恶、对错、好坏等分别都是后起的、派生的产物，是为了人生活的方便而人为设置、建构起来的东西，在这些“分别”之前、之下，则存在一种绝对的、纯粹的情感，这种情感就是“恻隐之心”，就是“诚”。当人处于“诚”这种情感状态中时，显露出来的就是人的本来面目。人生天地间，每个人的大部分时间被用在日常的功利生活中，人的澄明本性被世俗的功利生活所遮蔽和掩盖，生活中呈现出来的我们，常常是非本真的自己。只有在偶然的突发性事件的冲击和震荡下，人的真实本性才会显现出来，而此刻显露出来的这种存在样态是超功利、超善恶的，但归根结底是善的，是一种绝对的善。日常生活中的善则是相对的善，因为这种类型的善是与恶相对的。这样，孟子就赋予了“绝对的善”即“仁”以心灵本体的地位，从而消解了孔子“克己”与“情直”之间的矛盾。在孔子那里，真情实感中既有善的、正面的情感，也有恶的、负面的情感，为了维护“仁”的纯洁性，必须以“克己复礼”的方式去掉后者。而在孟子这里，真情实感即“诚”中只有仁爱，只有善的、正面的情感，而恶的、负面的情感只是后起的派生情感，它们之间不是并列的关系，在逻辑上是一种递进关系，与后者相比，前者处于更深层、更本原的地位。通过这种方法，孟子不仅证明了人性本善，而且还发现了一种处于人性最深处的，可以包容覆盖整个宇宙的最具普遍价值的伦理情感——“恻隐之心”，这种伦理情感接近西方宗教意义上的宗教情感。

五

综合以上的分析，我们发现，先秦时期的伦理情感呈现一种由特殊到普遍、由浅层次到深层次、由外部强制到从心所欲的演变规律。在西周初期，作为一种巫术情感的“敬”还没有摆脱禁忌的束缚，还主要是一种对“天”以及由此衍生出来的“德”的敬畏之情。作为一种伦理情感的“孝”则由于囿于氏族血缘的狭小圈层，因而不具备成为普遍伦理情感的资格。春秋末期，孔子通过对前面二者的改造发展出了“仁”这种伦理情感。一方面，“仁”不再局限于血缘家族之间，而成了一种普遍适用于社会上层士君子们之间的伦理情感；另一方面，“仁”也在很大程度上摆脱了巫术情感中的禁忌成分。但在孔子那里，仍然还存在君子、小人的区分，这就使“仁”因这种区分和间隔而降低了其成为普遍性伦理情感的可能性。更重要的是，由于孔子没有深入分析“仁”的内部结构，没有厘清混合在真情实感中的两种成分的逻辑层次，这就使“仁”这种伦理情感在由家族成员向非家族成员扩充时，面临根据不足的困境。《中庸》将“仁”扩充成了一种涵盖所有宇宙成员的伦理情感——诚，孟子则通过设置情境，借助外部突发事件对人的强烈震撼将人的本真情感逼迫出来，从而一劳永逸地找到了人的道德情感本体——恻隐之心。“敬”→“孝”→“仁”→“诚”→“恻隐之心”，这就是先秦时期巫术、伦理情感的逻辑演变过程。

Is Human Morality Progressive?

—A Case Study of the Evolution of Moral Consciousness in Pre-Qin China

Cao Yuanjia

Abstract: Is human moral consciousness progressive? Through the analysis of the evolution logic of Chinese moral consciousness, this paper finds that the answer is yes. In the Pre-Qin period, the ethical emotion showed a law of evolution from special to universal, from shallow to deep, from external compulsion to desire. In the early Western Zhou Dynasty, as a kind of witchcraft emotion, "respect" was not free from the bondage of taboos, but mainly a kind of reverence for "heaven" and the derived "virtue" . As a kind of ethical emotion, "filial piety" is not qualified to be a universal ethical emotion because it is confined to the narrow circle of clan consanguinity. In the late Spring and Autumn Period, Confucius developed the ethical emotion of "benevolence" by reforming the former two. *The doctrine of the mean* expands "benevolence" into an ethical emotion covering all members of the universe—honesty. Mencius forced out people's true feelings by setting up situations and making use of the strong impact of external emergencies on people, so as to find people's moral emotional noumenon—the heart of compassion once and for all. "Respect" "Filial Piety" "Benevolence" "Sincerity" "Compassion" this is the logical evolution process of witchcraft and ethical emotion in the Pre-Qin Period.

Keywords: Moral Consciousness; Ethical Emotional; Ethical Principle

叶适功利之学的特色及其启示*

沈子文　余卫东**

【摘　要】 叶适的功利之学具有独树一帜的义利观，其对中庸之道的坚守，显示出他对儒学根本的坚持。叶适主张“崇义以养利”，坚持义利统一论，既反对以义抑利，又反对见利忘义。通过他对朱熹理学和王安石变法的批判，还可以看出其思想有种浓厚的经世思想和民本思想。叶适的思想，对当代精神文明建设和物质文明建设的协调发展，以及重视群众利益的群众路线的发展，都有重要的启示作用。

【关键词】 叶适　义利观　功利之学

义利之辨，是儒家的传统论题。南宋时期，在多数学者都在空谈义理之时，叶适的功利之学为思想界注入了新的活力。这种新的义利观，并没有超出儒家的范畴，不是对儒家的反叛，而是在儒学至德——中庸的观点基础上，对义利观的改良，以试图一扫当时社会浮夸空谈的风气。在叶适对朱熹和王安石的评价中，我们可以看出，叶适功利之学还具有浓厚的经世思想和民本思想，对于当今社会有着重要的启示作用。

---

* 本文系2014湖北大学研究生工作站（哲学学院与湖北省教育考试院联合培养）之阶段性成果。

** 沈子文（1993～），男，湖北武汉人，湖北大学哲学学院2017级硕士研究生；余卫东（1968～），男，湖北长阳人，湖北大学哲学学院教授，博士生导师。

一 叶适功利之学的特色

（一）守儒学根本，以中庸观义利

尽管叶适是二程的后学，其所代表的永嘉学派亦属儒家的一支，但由于其所主张的功利之学与当时正统儒家的义利观有所差别，在当时遭受了不少误解和批评。朱熹曾如此评价道："陆氏之学虽是偏，尚是要去做个人。若永嘉、永康之说，大不成学问，不知何故如此。"① 在今天，很多学者在研究叶适时，并未将其作为儒家的一员，而将其视为儒学的反叛者或革命者。这些看法，多多少少有些片面。通过研究，我们可以发现，叶适对功利的宣扬的前提是守义，叶适对义利观的基本原则是中庸，叶适的功利之学是在儒学框架内的一种改良，而非反叛。

儒家学派创始人孔子在创立儒学时，就将中庸作为最高的道德要求："中庸之为德也，其至矣乎！"②（《论语·雍也》）儒学经典《礼记·中庸》中亦有云："执其两端，用其中于民，其斯以为舜乎？"可见，执两用中、无过无不及的中庸思想在儒学里的重要地位。而儒家先贤孔、孟、荀在义利观方面的言行，也恪守了中庸的原则，没有极端地否定人对于利的合理需求。

孔子虽然提出了"君子喻于义，小人喻于利"③（《论语·里仁》）的观点，确定了儒家重义轻利的义利观，但是并没有因此而完全否定利。在孔子看来，虽然求义比求利更为高尚，但是求利是人本性中的欲望，"富与贵，是人之所欲也；不以其道得之，不处也"。④（《论语·里仁》）孔子认为，面对求利的欲望，并非要全部克制，而是要看这个利是否符合道义，如果不符合道义，是不可以去取得的；但反过来说，如果这个利符合道义，那么是可以被取得的，而且也是符合人求利的天性的。

孟子继承孔子重义轻利的思想，在义和利冲突时，选择"舍生而取

① （宋）黎靖德编《朱子语类》（卷一百二十一），中华书局，1986，第2957页。
② 《论语》，江西人民出版社，2016，第174页。
③ 《论语》，江西人民出版社，2016，第90页。
④ 《论语》，江西人民出版社，2016，第78页。

义”。但是对于利本身，孟子是部分肯定的。对于统治阶级和知识分子，孟子认为应该以义为先，“王！何必曰利？亦有仁义而已矣”①（《孟子·梁惠王上》）；而对于普通百姓，孟子主张保障其物质利益，“制民之产，必使仰足以事父母，俯足以畜妻子，乐岁终身饱，凶年免于死亡”②（《孟子·梁惠王上》）。

荀子在孟子的基础上，进一步肯定了利和欲的合理性。在荀子看来，求利之欲不是国家动乱的罪魁祸首，而是不可灭除的人之天性。“去欲”“寡欲”只会无功而返，“凡语治而待去欲者，无以道欲而困于有欲者也。凡语治而待寡欲者，无以节欲而困于多欲者也。有欲无欲，异类也，生死也，非治乱也。欲之多寡，异类也，情之数也，非治乱也”③（《荀子·正名》）。荀子认为，对待欲和利的正确方法，应该是将义放在前面，用义去引导利和欲，“先义后利者荣，先利后义者辱”④（《荀子·荣辱》）。

从孔、孟、荀的言论可以看出，儒家诞生伊始就持有中庸之观，对于义和利，都是无过无不及地去看待：既不让利凌驾义，也不用义完全否定利。

叶适的功利之学虽被朱熹批评是“专事功利”，但叶适曾多次提出其对利的追求是建立在对义的坚守上的。叶适在早期作品《水心文集》（卷三）中就提出了“崇义以养利，隆礼以致力”⑤的思想，确定了其义利统一论的基调。叶适在晚年进一步提出了“成其利，致其义”的主张，将“成利”作为“致义”的途径，“致义”是“成利”的旨归。所以，叶适的功利之学实际是用中庸的观点来构建一种义利统一论，这实则是儒家“以中庸观义利”思想的回归。

叶适以中庸观义利，还体现在他对朱熹理学和王安石变法的批判上。叶适的功利之学，一贯坚持“执两用中，无过不及”的中庸思想，而朱熹理学和王安石变法，一个是片面的否定“利”，另一个则是为了求利而丧失了“义”。在叶适看来，他们两家是典型的“天下不知其为两也久矣，而各

① 杨伯峻译注《孟子译注》，中华书局，2008，第 2 页。
② 杨伯峻译注《孟子译注》，中华书局，2008，第 13 页。
③ 张觉撰《荀子译注》，上海古籍出版社，2012，第 330 页。
④ 张觉撰《荀子译注》，上海古籍出版社，2012，第 32 页。
⑤ 《叶适集》，中华书局，1961，第 674 页。

执其一以自遂"[①]，偏离了儒学的中庸原则。在叶适对两家的批判中，不仅可以看出叶适对中庸的恪守，还可以看出叶适功利之学的另外两大特色：经世致用和民本思想。

（二）尚经世致用，倡务实不务虚

"经世致用"一词，虽直到明清之际才被王夫之、黄宗羲、顾炎武等提出，但是儒家思想从诞生之日起，就是一种谋求改变世界的"入世哲学"，有浓厚的经世思想。儒家先贤曾不遗余力地游历各国，传播儒学，其目的不是空谈道德性命以自夸，而是安定动乱的社会、恢复崩坏的礼乐。儒学经典《礼记·大学》中，将"修身、齐家、治国、平天下"看作有机联系的整体，要求儒者既要提升自身修养，又要在现实世界建功立业。

然而到了南宋，朝廷偏安江南，怯战绥靖以苟且偷安；儒者空谈义理，自夸道德而政事尽废。当时盛行的朱熹理学宣扬"存天理，灭人欲"[②]，推崇董仲舒的"正其谊不谋其利，明其道不计其功"的思想。朱熹的义利观实际上是一种主张以义抑利，只要义、不要利，将义和利对立起来的义利观。

叶适对这种观点如此评价："'仁人正谊不谋利，明道不计功。'此语初看极好，细看全疏阔。古人以利与人，而不自居其功，故道义光明。后世儒者，行仲舒之论，既无功利，则道义者，乃无用之虚语尔。"[③] 叶适认为，古人所谓的"不谋利不计功"是指（因义得利后）将利让与他人，自己不居功，这样才是道义光明。而后世儒者，即以朱熹为代表的理学家，在推崇、实行董仲舒的"不谋利不计功"时，完全不讲功利，因此道义就成了无用的空谈。

叶适认为，空谈误国，实干兴邦。叶适强调"务实而不务虚，择福而不择祸"[④]"谋功计较，一事一物皆归大原"的原则。在政治上，他主张礼臣恤刑，君民一体；在军事上，主张精兵强兵，抵抗外敌；在人事上，主

---

① 《叶适集》，中华书局，1961，第732页。
② （宋）黎靖德编《朱子语类》（卷一百二十一），中华书局，1986，第207页。
③ 叶适：《习学记言序目》，中华书局，1977，第324页。
④ 《叶适集》，中华书局，1961，第617页。

张淘汰冗官，考察实效；在经济上，主张士农工商，各尽其用。叶适这一系列主张，都是富国强民的有效措施，体现了叶适注重实效的特点，也说明叶适为拯救南宋国家之危做出了巨大的努力。

（三）为百姓谋利，重民利轻官利

在国家危难之际，广大士人也为定倾扶危做出了各种尝试。宋神宗时期，王安石发动变法，试图改变国家积贫积弱的局面。王安石变法在一定程度上改变了宋朝积贫积弱的局面，充盈了国库，但是变法也使百姓利益受到了不同程度的损害。王安石变法作为朱熹理学的反面，改革求利以图国家富强。但其因为求利之方法，损害了百姓利益，丧失了道义的正当性，也遭到了叶适的反对。

在叶适看来，“利”虽然重要，但是其前提是要符合“义”的要求，仁义是求利的出发点，也是求利的归宿。而判断求利是否符合仁义的标准，就要看所求之利是为百姓“理财”的民利，还是为权贵“聚敛”的官利。叶适认为，“理财”的关键特征是不能损害民众的利益，既要让国库充盈，也要让百姓衣食无忧，“取之巧而民不知，上有余而下不困，斯其为理财而已矣”；而王安石的变法，被叶适认为是“取诸民而供上用”的“聚敛”，叶适对王安石的变法持否定态度，曾多次批判：“理财与聚敛异，今之言理财者，聚敛而已矣，”①“王安石大挈利柄，封桩之钱，所在充满。”通过对王安石变法的批判，进一步说明了叶适的功利之学，对于功利的追求是心系百姓的，是有原则的。

叶适反对王安石变法为统治阶级聚敛谋取“私利”，但是对广大百姓的“私利”，是给予充分肯定的，“有己则有私，有私则有欲，而既行之于事矣，然后知仁义礼乐之胜己也，折而从之”。②

叶适区别对待了统治阶级的“私利”和广大百姓的“私利”，其根本原因还是在于一个“义”字。自财富来源看，统治阶级的“私利”是通过苛捐杂税聚敛而得，没有道义上的正当性；而广大百姓的“私利”是辛勤工作劳动所得，天然具有道义上的正当性。但是长期以来，广大百姓的“民

---

① 《叶适集》，中华书局，1961，第657页。

② 《叶适集》，中华书局，1961，第223页。

利”被扣上“私利”的帽子，被剥削压制；而统治阶级以“公利”的名义横征暴敛，以满足自己的“官利”。后来明清之际的浙东学派思想家黄宗羲如此总结道，“以为天下利害之权皆出于我，我以天下之利尽归于己，以天下之害尽归于人”，“使天下之人不敢自私，不敢自利，以我之大私，为天下之大公”。叶适在南宋之时，就能窥见其中奥秘，不以传统的利之公私来分辨利是否符合义；而以“民利”“官利”来分辨是否符合义，体现了其思想的超前性。

二　叶适功利之学的当代启示

（一）精神和物质，协调共发展

叶适的功利之学，主张“崇义以养利”，要求义和利相互促进，和谐发展。放在当代，也就是要求精神文明建设和物质文明建设协调发展。

在改革开放之前的一段时间，中国社会曾被“左”的思想束缚，求利成为禁忌。当时社会的精力被大量投入阶级斗争中，鼓吹“越穷越革命，越穷越先进，越穷越光荣”，喊出“只算政治账，不算经济账”的口号。那时的人们空谈主义而不言利。然而这样的结果就是，物质文明建设速度大为减慢，阻碍了生产力的解放和中国社会的发展。

1987 年，邓小平同志提出“贫穷不是社会主义”，后来又提出了社会主义的本质“是解放生产力，发展生产力，消灭剥削，消除两极分化，最终达到共同富裕”的论断。随后，物质文明建设突飞猛进，改革开放取得了惊人成就。

改革开放到了今天，物质文明建设已经获得巨大进步，但是精神文明建设稍显不足。习近平总书记多次强调邓小平同志提出的“坚持物质文明和精神文明两手抓，两手都要硬”，就是要强调精神文明建设和物质文明建设要相互促进，协调发展。其内涵与“崇义以养利”“义利双行”是相通的。

（二）重民本思想，走群众路线

叶适对“民利”的肯定，体现了他的民本思想。这种民本思想，在当代社会有很高的价值和意义。在叶适看来，“民利”是百姓辛勤劳作的成果，追求“民利”是百姓自然本性的抒发，获得“民利”是百姓生存发展的前提，因此，保障百姓之利，具有天然的正当性。

中国共产党自成立以来，一直坚持走群众路线，坚持为人民服务，将一切行动的出发点和落脚点放在中国最广大人民的根本利益上。在党的七大上，毛泽东指出：“共产党人的一切言论行动，必须以合乎最广大人民群众的最大利益，为最广大人民群众所拥护为最高标准。”① 在毛泽东之后，党的历届领导人也在不断强调群众路线的重要性，将群众路线作为党的生命线和根本工作路线，要求把维护群众合法利益作为坚持群众路线的重要内容。

叶适是以封建官员和新兴富商的身份来提出民本思想的，与当今提出群众路线、“三个代表”重要思想的中国共产党有阶级立场的不同，提出的动机也并不一样：一个是为了维护封建统治和自身阶级利益；另一个是代表最广大人民群众的根本利益。但是，两者对“民利”的保障，对“民生”的重视，是相互印证而统一的。对于当今社会，强调民本思想，维护群众利益，走群众路线，是实现中华民族伟大复兴的必由之路。

The Characteristics and Enlightenment of Ye Shi's Utilitarian Study

Shen Ziwen, Yu Weidong

Abstract: Ye Shi's utilitarian study has a unique righteousness and benefit, but its adherence to the middle shows his fundamental adherence to Confucianism. Ye Shi advocated "advocating virtue to foster profits" and adhered to the theory of unity of righteousness and profit, which opposed both righteousness and ungrateful. Through his criticism of Zhu Xi's Confucianism and Wang Anshi's transformation, it can also be seen that his thought has a strong thought of the clas-

① 《毛泽东选集》（第三卷），人民出版社，1991，第 1096 页。

sics and the people-oriented thought. Ye Shi's thought has important enlightenment to the construction of contemporary spiritual civilization and the coordinated development of material civilization construction, and the mass line which attaches importance to the interests of the masses.

Keywords: Ye Shi; Righteousness and Benefit; Utilitarian

劳思光基源问题研究法探析*

刘　淞　高乐田**

【摘　要】 劳思光在整理哲学史时所用的“基源问题研究法”是他本人所提出的并且颇具特色的哲学史研究方法。他认为该方法综合了系统研究法、发生研究法以及解析研究法的优点，能够更加真实、系统及客观地去做哲学史的研究。掌握“基源问题研究法”对把握劳思光的《新编中国哲学史》有重要意义。本文主要叙述了“基源问题研究法”的内容，并对此方法进行了得失分析。

【关键词】 劳思光　基源问题研究法　设准

劳思光（1927～2012），祖籍湖南长沙，是当代汉语学术界最具影响力的哲学家之一，其著作以《新编中国哲学史》三卷四册影响最为深远，出版以后被港台大专院校广泛采用为指定教材。“基源问题研究法”是他所提出的并在《新编中国哲学史》中使用的哲学史研究方法，也是他哲学研究方法论的特点所在。

* 本文系2014湖北大学研究生工作站（哲学学院与湖北省教育考试院联合培养）之阶段性成果。

** 刘淞（1994～），女，湖北大学哲学学院2017级硕士研究生；高乐田（1964～），男，湖北大学哲学学院教授，湖北省道德与文明研究中心研究员。

一 基源问题研究法提出背景

劳思光在《新编中国哲学史》中认为，胡适与冯友兰所编写的《中国哲学史》分别有其不足之处，他认为胡适的《中国哲学史》几乎完全没有“哲学”的成分，而冯友兰的《中国哲学史》较胡适来说，虽有哲学的成分，但仍然没有接触到中国哲学的特性。

劳思光认为，我们之所以没有一部好的中国哲学史，是因为写中国哲学史所需要的条件太多，而且关于哲学史的方法，也有许多争讼未决的问题，这影响了哲学研究者从事这一工作的兴趣。[①] 在探讨劳思光的哲学史研究时，我们应先了解劳思光关于哲学史的基本观点，再把握他所研究哲学史的方法。

（一）书写哲学史的条件

在劳思光看来，哲学史应该是事实与理论的统一。一部哲学史，虽是“史”，但也必然涉及“哲学”。当一位学人在写哲学史时，他不仅要叙述事实，而且要解释理论。叙述事实是史学的工作，解释理论就必须有确定的理论基础与解析方法。这种基础与方法就是写哲学史的必要条件；不能满足这些条件则写出来的可能是“史”，但不能算“哲学史”。[②] 哲学史的主要任务是展示以往的哲学思想。哲学史不但要叙述哲学家的言论及思想，还要找出各家思想间的关系，这就是哲学思想的发展问题。因为要叙述哲学家们的思想言论，所以就需要整理剖析各家的理论思想。但不论是统观思想发展还是剖析思想理论，都需要对哲学问题本身有深切感悟，对理论能够明确掌握。所以，劳思光认为，在整理哲学史时需要有以下三点意识：①能够把握哲学思想的发展；②可以剖析哲学思想理论；③对哲学理论本身要有深切感悟和明确掌握。

（二）哲学史的特征

依照上文的说法，哲学史应当是“史”与理论的结合，哲学史的功能

① 劳思光：《新编中国哲学史》（卷一），台北三民书局，2010，第4页。

② 劳思光：《新编中国哲学史》（卷一），台北三民书局，2010，第2页。

则是描述人类智慧的发展。内在的心灵境界，外在的文化成果，都要统摄于此。[①] 哲学史实现这样的功能则需要有以下三个特征：第一是事实记述的真实性；第二是理论阐述的系统性；第三是判断原则的一贯性。[②] 这就说明哲学史的理论必须尽量契合原著，不失真，这是所有与“史”有关的工作必须满足的条件；不能只零星地记载言论，而要建构一个清晰的理论脉络，这是一切涉及哲学理论工作必须满足的条件；哲学史需要一个统一的理论设准，一贯的判断原则，这也是哲学工作需要满足的条件。

劳思光认为，基源问题研究法可以较好地满足哲学史需要的这三个特征。

二　哲学史方法论

基源问题研究法是劳思光在整理中国哲学学说时所用的方法，他在《新编中国哲学史》第一卷中提到四种哲学史的研究方法：系统研究法、发生研究法、解析研究法、基源问题研究法。在对研究方法进行对比说明后，他认为基源问题研究法可以更好地满足哲学史事实记述的真实性、理论阐述的系统性、判断原则的一贯性的特征。

（一）系统研究法

劳思光认为，系统研究法就是将所叙述的思想做系统的陈述的方法，如果单就哲学史来说，系统研究法有它的长处，它注重叙述哲学家原本的思想理论脉络，可以将思想体系完整地呈现。但是在以下三种情形下，这种研究方法会出现问题。

第一种，一个哲学家在建立自己理论的时候都有一定的理路，但不免有一些歧出的观点，特别是当他发现并去补救时，这常常暗示了他哲学思想的下一步发展。但是研究者如果只采用系统研究法，那么可能会造成这个哲学家的思想的缺失，甚至可能会影响其在哲学史上应有的地位。

第二种与第一种正好相反。有些哲学家可能在某一哲学问题的研究上

① 劳思光：《新编中国哲学史》（卷一），台北三民书局，2010，第 13 页。
② 劳思光：《新编中国哲学史》（卷一），台北三民书局，2010，第 13 页。

具有卓见，但在其他问题上所见浅薄。在这个时候，研究者可能会给这个哲学家的思想进行一些补充，甚至在不知不觉中改变了前人的思想，这样会造成哲学思想失实的问题。

第三种是劳思光认为最为严重的问题，这个问题可能会导致哲学史书写的失败。有些用系统研究法来研究哲学史的人在书写哲学史时，完全以自己的思想系统来叙述他人的思想，结果就是在他所写的哲学史中，除了与他思想相近的哲学家可以得到公平的叙述之外，其余的哲学家可能会变成贬抑的对象。这样的研究者常常由于与别家思想的隔膜，而在叙述时完全抹杀这些人在哲学问题方面的影响及贡献。①

劳思光肯定了系统研究法可以完整呈现一个理论，但是也有以上三个缺点需要注意，其中他认为最严重的最后一点，则是由没有一个统一的理论设准和一贯的判断原则而造成的。

（二）发生研究法

所谓“发生研究法”，是一种特别注重历史方面的真实性的研究方法，它着眼于一个哲学家的思想如何一点点发展变化，再依照其发生的程序做一种叙述。这种方法所做出的哲学史非常详尽，用它来研究哲学史，需要做的工作十分繁重。因为研究者须对每一位哲学家的思想资料都要尽可能详细收集，这样所耗费的时间精力是十分惊人的，再将其整理编写成哲学史，这几乎不是一个人可以办到的事情。但是，耗费时间与精力的巨大并不足以成为这个研究法的缺点，尽管需要消耗大量的时间精力，但编写出一部详尽的哲学史依旧是可能的事情，只不过工作繁重，我们无法说这种方法不可用。

事实上，这种研究法的缺点在于，如此的研究结果每每不能完整呈现一个理论，而只是记述一大堆资料。尤其是当人们用这个方法来写哲学史时，很容易得到一种不可喜的结果，即研究者不能把握哲学问题的发展脉络，小处虽见精辟，大处则是一片朦胧，毫无所得。②

劳思光认为，如果一个研究只用发生法，那么结果只能是一串事实，这个研究没有一个完整的理论系统，也无法判断这个理论的内在价值与文化

---

① 劳思光：《新编中国哲学史》（卷一），台北三民书局，2010，第7页。

② 劳思光：《新编中国哲学史》（卷一），台北三民书局，2010，第8页。

意义。

（三）解析研究法

劳思光认为，用解析法来研究哲学史是比较客观的。因为当用解析法来研究时，其实研究者的主要工作只是解析以往哲学家所用的词语及论证的确切意义；在解析过程中，其只需整理别人的思想，并不需要去表达自己的感受，甚至在材料方面，其也不必自己去找什么特殊材料，只要运用当前所公认的材料就行了。[①] 通过这样的研究方法，研究者极少可能提出自己主观性的意见，因为其逻辑规律不是主观意见的产物，所用的资料也不是通过主观选择得来的，这样可以保证此研究法得出的哲学史的客观性。

其实运用解析研究法，原本只能研究一本书和一个人的理论思想。比如研究康德，"我们用解析法时，就一定先研究康德所用词语的意义，再整理他的一个个论证本身的结构以及彼此间的逻辑关系。这样，我们确可以得着许多精确而客观的结论"。[②] 从这里我们可以看出，解析研究法的优点在于它的客观性，但是这种解析法也有一定的缺点，就是它所得出的可能是一些零散的理论，但哲学史的研究需要一个贯串的观点，需要一个完整清晰的脉络。劳思光在这里提到了"解析"和"综合"一组词语，从这组对举的词语中可以看出：解析的研究不能担任综合工作。[③]

从劳思光对解析研究法的表述中可以看出，劳思光对哲学史真实性与系统性有很高的要求，虽然解析研究法可以很客观地呈现哲学理论，但是它在系统性方面有所欠缺。所以，尽管劳思光认为解析研究法是前三种研究法中能够做到比较客观的方法，但它依然不是完美的哲学史研究方法。

（四）基源问题研究法

劳思光所提出的基源问题研究法，是以逻辑意义的理论还原为始点，以史学考证工作为助力，以统摄个别哲学活动于一定设准之下为归

① 劳思光：《新编中国哲学史》（卷一），台北三民书局，2010，第 10 页。
② 劳思光：《新编中国哲学史》（卷一），台北三民书局，2010，第 10 页。
③ 劳思光：《新编中国哲学史》（卷一），台北三民书局，2010，第 10 页。

宿的。[①] 所以在运用基源问题研究法时，我们需要注意以下三点：理论还原、史学考证、设准。劳思光也在《新编中国哲学史》中大致描述了基源问题研究法的基本步骤。

第一步，确定基源问题。在整理哲学理论时，我们需要对其有一个基本了解，劳思光认为一切个人或学派的总脉络，在根本上都是对某一个问题的回答，而这个问题就是基源问题，找到这个问题，就可以掌握一部分的理论总脉络。

每一个理论学说都有它的基源问题，对这个问题的不断解释及基源问题的不断演变构成了哲学史中的发展阶段。虽然每个学说都有自己的基源问题，但是需要我们在材料中不断地去反溯，才能找到这个基源问题，也就是理论还原。

掌握基源问题，虽然是以解析工作为主，但是也会涉及考证的问题，因为我们所考据的资料都是客观的，不会影响到理论还原的客观性，而理论还原也不会影响原本资料的真实性。这个工作其实与“发生研究法”相似，但是不会有“发生研究法”的弊害，因为其最终需要归于一个基源问题，所以不会让理论变成零散的片段。

第二步，展示相关理论。展示基源问题相关理论，其实就是通过展示的过程，对基源问题所衍生的问题进行探索，这样每一个问题的回答就形成了最终理论的一个部分，最后一层层的理论构成一个系统的整体。在若干次展示之后，我们便可以将各家各派的理论展示出来，这样我们最终得出的理论既有了真实性，也有了系统性。

第三步，建立一套设准进行全面判断。在上文中我们可以明确，劳思光认为哲学史应具备事实记述的真实性、理论阐述的系统性、判断原则的一贯性三个特征，在第一、二步，我们做到了真实性与系统性，接下来，我们需要建立一套可以进行全面判断的设准，以保证判断原则的一贯性。

三　理论设准

在整理工作中，劳思光通过建立一套理论设准来保证判断原则的一贯

① 劳思光：《新编中国哲学史》（卷一），台北三民书局，2010，第14页。

性，他所用到的设准可以分为以下四组[①]，在这里我们进行简单的说明。

（一）价值根源之设准

价值根源的设准就是对价值根源的可能归宿的列举，在劳思光现用的设准之下，价值根源的归宿有以下三种可能。

①归于绝对主体，可简称为归宿于“心”；

②归于形上意义的自然，可简称为归宿于“天”；

③归于经验意义的形躯我，可简称为归宿于“形躯”。[②]

如果价值根源问题归宿于“心”，必肯定内在之理，因为价值与理不离，如果用更准确或严格的语言来表达，应该是“自觉心”[③]。

如果价值根源问题归宿在“天”，这种情况可能有数种形态，劳思光用设准的方法，对天进行划分。第一种如董仲舒至宋代周张哲学，都是假设了一个天道或外在之本然理序，以此为宇宙基础，然后为人的自觉行为的规范。如所谓的“圣者法天”等这一派，劳思光为其命名为“宇宙论中心之哲学”。第二种形态是“自然天”，劳思光认为这个形态表现在老庄的理论之中。第三种形态就是将天人格化，成为一种最高的权威意志，即“意志天”，劳思光认为希伯来宗教一般表现于此。

如果是归宿在“形躯”，劳思光认为这是一切享乐主义和功利主义的路数。

这一组设准，劳思光用来处理各种涉及价值问题的本性的哲学问题。

（二）自我境界之划分的设准

劳思光将自我境界划分为三种，可以作为自我的三种状态：

①认知我（cognitive self）；

②德性我（moral self）；

③情意我（aesthetic self）。

---

① 劳思光：《哲学问题源流论》，香港中文大学出版社，2013，第5页。以下四组设准均引用自此书。

② 劳思光：《哲学问题源流论》，香港中文大学出版社，2013，第6页。

③ 劳思光在书中解释说，“自觉心”不是一个分类，而是指特性，并非还有一个“非自觉心”。“自觉心”就是心的特性。

认知我，指的是做纯思考活动的自我和有经验感受的自我。前者可以称为“逻辑我”，后者包含知识的意义与行为的意义，一切心理活动都属于这类。人作为一个经验的存在，大多数都处于这个境界。

德性我，是就价值自觉而言。人在经验生活中虽然大部分都只处于认知我的境界，但是也有一些“应该”或“不应该”的自觉，德性我的境界就是处于自觉的境界。当自我处于这个境界时，日常活动就变成了价值决定的活动，这个活动就衍生出了价值意义或者道德意义。

情意我，则是指一个纯生命意义的自我。情意我要求超越因果系列，由此显出一种价值的决定，但此决定不能与“应然自觉之决定”齐观。[①] 情意我有主宰性，另外，认知活动没有方向性，而情意活动具有方向性，心理迎拒只是一个事实，情意的迎拒可以自行决断。

（三）价值自觉之二形的设准

从德性我来看，它的特征表现为普遍性之迎拒，在这里可以称为价值自觉，在价值自觉这一层面的活动中，可以分为两种形态：

①超越内在之主宰；

②超越外在之主宰。

价值之主宰必然是超越的，这里的超越指的是超越条件系列。在条件系列中无价值问题发生，故若有价值，则价值必在条件系列外寄根。就价值活动来说，做价值活动之主宰必超越条件系列，此是价值自觉之二形所同者。但二形之中之主宰，则或为内在，或为外在。[②] 内在与外在，都是就自觉心来说的。如果自觉心可以自我主宰，并不将主宰力外射，则是纯粹道德心，这个主宰是超越内在者；相反，自觉心把主宰力外射，寄托在某一个外物的存有，则是宗教心，这个主宰是超越外在者。劳思光认为，前者的代表是中国儒家之道德心，后者的代表是希伯来教义里的权威神。

超越外在和超越内在的区别，可以看作主宰和自觉心的直通或者间离。这种直通或者间离，表现在归宿这一方面，也有不同之处，即“人人可为

① 劳思光：《哲学问题源流论》，香港中文大学出版社，2013，第10页。

② 劳思光：《哲学问题源流论》，香港中文大学出版社，2013，第12页。

圣，而无人能成神”[①]。在我们讨论道德心与宗教心时，这个问题最容易被看出。

（四）世界意义之设准

对世界的态度可以是“肯定的态度”，也可以是“否定的态度”。这里的“肯定”“否定”都是价值意义上的，肯定世界的态度是肯定“世界之有”是有价值的，否定世界的态度是认为“世界之有”是没有价值或是罪恶的。

以上四种设准为劳思光研究哲学史提供了一套全面判断的标准，为其哲学史的一贯性做出了保证。

四　基源问题研究法得失探究

确定基源问题、展示基源问题相关理论以及设准构成了劳思光整理哲学史所提出的基源问题研究法，他认为此方法可以达到哲学史所要求的真实性、系统性与客观性。由以上关于基源问题法的探究，我们可以看出，基源问题法的确达到了研究哲学史所需要的三个标准。

理论还原是基源问题研究法的基础，有了它我们的基源问题研究法才可以一步步展开。确定基源问题虽然与发生研究法相似，但是可以避免发生研究法的不足，不会影响材料的真实性。发生研究法容易重视小处而忽略整体的真实性，基源问题的确定要求层层推导，既着眼小处也顾全整体。史学考证也为哲学史的系统性做出了保证，它通过分析基源问题衍生出来的重重问题，达到一个系统的完整与全面性。一个统一的设准，可以让我们在写哲学史时有一个统一的、一贯的判断标准，使判断更为客观公正，不掺杂私人情感。

但是，基源问题研究法是否真的如劳思光所说是研究哲学史较为更好的方法，也值得我们探讨。

首先，劳思光认为基源问题研究法满足整理哲学史的条件：真实性、系统性和具有统一判断标准。但是“具有统一判断标准”这一点，本就是

① 劳思光：《哲学问题源流论》，香港中文大学出版社，2013，第 12 页。

劳思光自己提出的，所以我们无法判断劳思光是否是为了说明基源问题研究法的优越性而特意提出这一点。

其次，劳思光是在与其他三种研究法的对比说明下来证明基源问题研究法的好处的。但是，研究哲学史是否只有这三种方法，除了基源问题研究法之外是否还有其他更加完备的研究哲学史的方法，这些都值得我们思考。

最后，劳思光所提出的四组设准是否适合用在所有的哲学史研究中，是否不同的哲学史都只有这一套设准可用，答案存疑。而且劳思光对于设准的解释也并不十分完整，在做哲学史研究时这些设准也并不能完全涵盖所有的情况，他用这些设准在整理一些学派的哲学史时也有模棱两可之处。这些设准似乎也无法满足价值评价的功能，在更多时候仅仅是做了一个分类。

总体来看，劳思光所提出的基源问题研究法的确是整理哲学史的一个行之有效且比较完备的方法，它克服了其他研究方法的局限，综合其优点，使整理出的哲学史更加真实、系统且客观。劳思光的基源问题研究法也为今后的哲学史研究工作提供了新的思路。

On Sze-kwang Lao's "Fundamental-question Method"

Liu Song, Gao Letian

Abstract: The "Fundamental-question method" which was applied in the Sze-kwang Lao's process of construing the history of philosophy is a distinctive research method of philosophical history which proposed by himself. Lao believed that this method absorbed the advantages of systematic approach, phylogenetics approach and analytical investigation and also would be so helpful to complete more authentic, systemic, and objective research. Mastering the "Fundamental-question method" is highly meaningful for readers to understand *Newly Organized Chinese History* from Lao. This paper mainly describes the content of "Fundamental-question method", and analyzes its advantages and disadvantages.

Keywords: Sze-kwang Lao; Fundamental-question; Postulate

西方价值与伦理

论托马斯自然法思想的近代意义*

强以华　陈胜龙**

【摘　要】尽管托马斯是中世纪宗教哲学家，但在他的自然法学说中包含了诸多西方近代资产阶级哲学家所需要的因素，这些因素既包含了内容方面的因素（例如人人平等的思想），也包含了形式方面的因素（例如世俗权利应该受到限制的思想）。当西方近代资产阶级思想家根据自己的需要吸收了他的自然法中的相关因素，并用它们来推进西方近代资本主义发展时，托马斯的自然法思想就具有了近代意义。

【关键词】托马斯　自然法　资本主义

尽管托马斯的宗教思想不是宗教改革后的宗教思想，亦不属于新兴的资产阶级的意识形态，但是他的宗教思想特别是他的自然法思想依然具有近代意义，也就是说，依然通过影响西方近代哲学，特别是近代的自然法思想对西方近代资本主义的发展起到了促进作用。这种促进作用既体现在他的自然法思想的内容方面，也体现在他的自然法思想的形式方面。因此，若能厘清托马斯的自然法思想对西方近代资本主义发展的促进作用，那就

---

* 本文系2014湖北大学研究生工作站（哲学学院与湖北省教育考试院联合培养）之阶段性成果。

** 强以华（1956～），男，湖北大学哲学学院教授，博士生导师，湖北大学高等人文研究院研究员，研究方向为伦理学与西方哲学；陈胜龙（1994～），男，湖北大学伦理学专业研究生。

能够进一步认清托马斯自然法思想的近代意义。

一　托马斯的自然法思想

为了探讨托马斯·阿奎那（Thomas Aquinas）自然法思想对西方近代资本主义发展的促进作用，我们有必要先行概括性地讨论一下托马斯的自然法思想。托马斯的自然法思想是在西方古代自然法思想的基础上发展起来的。从源头上说，这些思想源自奥古斯丁的自然法思想，甚至源自斯多葛派的自然法思想乃至亚里士多德的潜在形式的自然法思想。

托马斯关于“法”的思想内容丰富，他对“法”下了这样一个定义，“法是人们赖以导致某些行动和不做其他一些行动的行动准则或尺度”①。在《神学大全》中，托马斯对法进行了分类和讨论。他先后讨论了六种法，其中，最主要的“法”包括四种：神法、永恒法、自然法和契约法（人法或人的法律）。在上述四种法中，神法是一种适用于特殊范围的法。托马斯告诉我们，神法是上帝的启示，它是源自上帝启示的神圣法律，是记录在《圣经》中的上帝的法，因此，它表现为教会的法律。美国政治哲学家萨拜因正确地指出了托马斯的神圣的法律的重要性，认为“所谓神圣的法律，它实质上指的就是启示。上帝通过《圣经》或教会给予作为选民的犹太人的一部特殊的法典，或通过《圣经》或由教会提出的有关基督教道德或立法的种种特殊规定，就是例子”②。当然，“启示促进理性但决不破坏理性”③，它使人的理性以更高级的形式参与到永恒法之中。除了神法之外，在剩余的三种法中，从永恒法到契约法（人法或人的法律），形成一个从根据再到根据所决定的法律的层层递进的关系。契约法也被称为人法。人法也是一种特殊的法律，它只调节人这一类生物的生活，是专门应用于人的法律。人法由负责管理社会的那些人来制定和颁布，并且合乎理性，以人们的公共利益为价值指向。但是，人法的合理性源自它对自然法的遵从，

① 《阿奎那政治著作选》，马清槐译，商务印书馆，1982，第104页。

② 〔美〕乔治·霍兰·萨拜因：《政治学说史》（上册），盛葵阳等译，商务印书馆，1990，第301页。

③ 〔美〕乔治·霍兰·萨拜因：《政治学说史》（上册），盛葵阳等译，商务印书馆，1990，第301～302页。

也就是说，源自它是以自然法作为自己的根据的法，尽管它是人制定的法，但它应是自然法在人类生活中的具体体现。那么，自然法又由何而来呢？根据托马斯的观点，自然法经由人性源自永恒法，用他自己的话说就是自然法产生于人的“自然理性的光辉”，而人的“自然理性的光辉”则是“神的光辉”在人身上的印记，“神的光辉”就是永恒法。托马斯告诉我们，永恒法就是上帝的统治计划，是“上帝对于创造物的合理领导，就像宇宙的君主那样具有法律的性质”[①]，它来源于上帝的意志和智慧，是上帝的永恒的法规，“这一法律……完全是人类所不能理解的，尽管它并不因此而同人类的理性无关或抵触”[②]。正如人法的合理性源自自然法的合理性一样，自然法的合理性源自永恒法的合理性。上帝给人以理性，让他天生具有自然法并且决定人的人法。因此，人的“法律不外乎是由那统治一个完整社会的‘君王所体现的’实践理性的某项命令”[③]。

在托马斯的“法”的理论中，自然法是一种重要的法，它沟通了永恒法和人法。一方面，它作为以永恒法为根据的法，具有永恒法的诸多重要特征。尽管托马斯的自然法思想源自西方古代的自然法理论，包括斯多葛派的自然法理论乃至亚里士多德的特殊形式的自然法理论；但是他却是通过基督教，特别是教父奥古斯丁的自然法理论来接触这些自然法理论的。这就是说，托马斯自然法理论的直接来源更多的是奥古斯丁等基督教哲学家的自然法理论。奥古斯丁也把自然法与永恒法联系了起来，他的永恒法就是上帝的命令，是“上帝用完美的秩序创造并安排万物的法律，使恶人得苦难，善人得幸福的法律”[④]。重要的是，奥古斯丁为永恒法规定了三个特征：其一，永恒不变；其二，它是万物完美的秩序，并且具体体现为“低级事物服从高级事物的秩序”；其三，它先验地存在于人的心中。其中，第一个特征表明永恒法是一个超越了时空的永恒不变的绝对命令，因此，它无论何时何地都普遍有效；第二个特征表明永恒法具有善的内涵，完美的秩序是上帝之善的体现，因此，永恒法作为自然法以及人法的根据也为

① 《阿奎那政治著作选》，马清槐译，商务印书馆，1982，第106页。

② 〔美〕乔治·霍兰·萨拜因：《政治学说史》（上册），盛葵阳等译，商务印书馆，1990，第301页。

③ 《阿奎那政治著作选》，马清槐译，商务印书馆，1982，第106页。

④ 〔古罗马〕奥古斯丁：《论自由意志》，成官泯译，上海世纪出版集团，2010，第81页。

自然法以及人法的合理性提供了最终的根据；第三个特征表明永恒法首先表现为人的先天的本性，它通过人的先天的本性决定由人所组成的社会，且这种决定通过自然法的形式表现出来。自然法作为以永恒法为根据的法，它也具有自然法的三个特征。在此方面，托马斯全部接受了奥古斯丁的观点，所以，在他那里，自然法作为以永恒法为根据的法，像永恒法一样乃是一种先天地存在于人的本性之中并且具有善的性质的永恒不变的“法律”。另一方面，自然法作为决定人的法律的法，决定人类在立法时的推理路径，并进而决定人的法律的合理性。他说：“人类的推理也必须从自然法出发，仿佛从某些普通的、不言自明的原理出发似的，达到其他比较特殊的安排。这种靠推理的力量得出的特殊安排就叫做人法，如果我们已经提到的为一切法律所必具的其他条件被遵守的话。”① 这就是说，尽管人的法律最终决定于永恒法，但是，它作为世俗社会的法律，直接决定它的依然是源自人的先天本性的自然法，自然法也直接决定人的法律的合理性。

托马斯告诉我们，通过自然法把永恒法和人法贯通起来的共同的东西是“理性”。其实，由永恒法所决定的贯穿于永恒法、自然法和人法的“法”的善的性质是合理性，其实也就是说它合乎理性，托马斯也将其称为“正义”。这里，善、合理性、正义、理性其实都是一个意思，所以，托马斯把这三种法（此外，还包含了神法）都称为“理性法”。萨拜因说：“他的四种法律是理性的四种形式，它们显示在宇宙现实的四个层次之中，但始终依然是一个理性。”② 因此，托马斯说：“人类行为的准则和尺度是理性，……理性是人类行为的第一原理。”③ 萨拜因指出，托马斯这种崇尚理性的思想若是追踪溯源，可以一直追溯到亚里士多德。他说：“最重要的是，亚里士多德把希腊智力生活的新眼光带给了中世纪，并使中世纪人相信，理性是一把钥匙，一定可以打开认识自然界的大门。”④ 因此，正如自

① 《阿奎那政治著作选》，马清槐译，商务印书馆，1982，第 107 页。

② 〔美〕乔治·霍兰·萨拜因：《政治学说史》（上册），盛葵阳等译，商务印书馆，1990，第 301 页。

③ 《阿奎那政治著作选》，马清槐译，商务印书馆，1982，第 104 页。

④ 〔美〕乔治·霍兰·萨拜因：《政治学说史》（上册），盛葵阳等译，商务印书馆，1990，第 293 页。

然法把永恒法和人法沟通起来进而让人法直接决定于自然法一样，在“法”与“理性”的问题上，自然法的理性把上帝的理性和人法的理性沟通了起来，进而让人法的理性直接决定于自然法的理性。

需要特别说明的是：托马斯自然法中的有些内容在其之前的自然法中就已存在；但是，就对西方近代资产阶级思想和资本主义发展的促进作用来说，托马斯的自然法思想却有特殊的意义。其一，正如萨拜因所说：“自然法最为充分的发展发生在经院哲学时期。”① 其中，托马斯的自然法思想最有代表性。所以，塞缪尔·弗莱施哈克尔说：“在亚里士多德之后的自然法传统中最重要的人物是托马斯·阿奎那……”② 他的这一说法正确地指出了托马斯自然法思想在西方自然法思想发展史上的重要地位，它把古代的自然法思想进一步系统化了，从而为后来的自然法思想发展奠定了基础。其二，托马斯的自然法在时间上更接近西方近代社会。所以，托马斯的自然法思想对西方近代早期资产阶级哲学家的影响也更直接。

二 托马斯自然法的内容对于西方近代资本主义发展的促进作用

在简单概括了托马斯的自然法思想之后，我们再来探讨托马斯自然法思想对于西方近代资本主义发展的促进作用。首先探讨他的自然法思想在内容上对西方近代资本主义发展的促进作用。在本文中，内容指的是托马斯自然法内容的价值指向和它的某些具体内容。

第一，从自然法内容的价值指向来说，托马斯自然法促进了资产阶级对于社会价值目标的规定。托马斯从“人”和“神”两个角度论证了人类建构社会的目的。“人”的角度是指遵循亚里士多德思想的角度。我们知道，亚里士多德把人看作政治动物，并且指出人作为政治动物存在一个由潜能到现实的过程，它的实现就是人类社会的建构。托马斯像亚里士多德

① 〔英〕杰弗里·托马斯：《政治哲学导论》，顾肃等译，中国人民大学出版社，2006，第134页。

② Samuel Fleischacker, *A Short History of Distributive Justice* (Cambridge: Harvard University Press, 2004), p. 20.

一样，认为“人天然是个神话的和政治的动物”[①]。从人天然就是政治动物的角度说，人天然地适合社会生活。托马斯说：“……我们就显然看出，人天然是个社会的和政治的动物，注定比其他一切动物要过更多的合群生活。”[②] 因此，合群的社会生活就是人的目的。那么，具体来说，这个目的具有什么样的指向，指向的是一种什么样的生活呢？托马斯指出，上帝给人以理性，理性在自然界给予人类的生活资料十分有限的情形下，可以帮助人克服因生活资料十分有限而造成的困难。也就是说，理性能够告诉人们只有通过结成社会并在不同人之间实行社会分工才有可能生产数量更多、品种更全的生活资料，从而满足生活需要，过上幸福生活。所以，作为政治动物，人追求的合群的社会生活其实就是具有公共幸福的生活。托马斯据此提出了国家政权的目的问题。在他看来，每个私人都有不同的利益，为了人们在社会中能够团结起来实现公共幸福，就需要某种控制力量，通过它来确定秩序，以便安排好社会这个统一体。这种力量也就是作为国家政权的统治力量，它的目的就是公共幸福。但是，他又指出，当一个事物（例如一个社会）向着某一目的（例如公共幸福）被安排的时候，还会存在方向正确或者错误的问题，这就是说，尽管国家政权的应有目的是促进公共幸福；但是，实际上的政治统治有可能妨碍甚至有害于它的应有目的——公共幸福。那么，我们如何才能确保政治统治能够实现国家政权（同时也是人和社会）的应有目的即公共幸福呢？托马斯认为，那就必须按照自然法进行统治，把自然法作为契约法（人法）的基础。“神”的角度是指遵循宗教（基督教）思想的角度。在托马斯那里，上帝是至上的善，他为了体现自己的善，便怀着善的目的创造了包括人类以及人类社会在内的全部世界，因此，社会应是善的社会，社会的善体现的是上帝的善，这种善在人类社会中的表现是公共的善，这种公共的善也就是人们的公共幸福。因此，世俗的国家和王权应该与上帝的天国保持一致。对于世俗的国家和王权来说，它的正义就是实现并体现了上帝的善意的公共的善或公共幸福，它的具体表现就是根据体现上帝神法的自然法来进行统治，把自然法作为人法的统

---

① Norman Kretzmann and Eleonore ed., *The Cambridge Companion to Aquinas* (Cambridge: Cambridge University Press, 1999), p. 217.

② 《阿奎那政治著作选》，马清槐译，商务印书馆，1982，第 44 页。

治根据。所以，托马斯说：“严格说来，法律的首要和主要的目的是公共幸福的安排。”① 我们知道，西方近代资本主义的发展指的是资产阶级为了自己的阶级利益夺取政权建立资本主义社会并发展资本主义社会的活动过程。但是在形式上，资产阶级自称代表全民利益，也正因为如此，他们把自己要推翻的封建社会称为专制社会，而把自己要建立的社会称为民主社会，顾名思义，民主社会就是全民做主的社会。既然资产阶级把自己要建立的社会称为全民做主的社会，那么，在形式上，它也是以全民利益或者公共幸福为目的的社会。西方近代资产阶级的启蒙思想家主要是资产阶级的自由主义思想家，他们把自然法作为自己建立资产阶级民主社会的立论根据，他们的自然法理论也受到了托马斯自然法理论的影响，并且在价值上指向社会的公共幸福。

第二，从自然法的具体内容来说，托马斯自然法的人人平等的内容影响了近代资产阶级，并促进了西方近代资本主义的发展。如前所述，托马斯的自然法理论直接承接的是奥古斯丁的自然法理论，并经由奥古斯丁的自然法理论承接了斯多葛派的自然法理论。自然法是斯多葛派中的一个重要的思想。早期斯多葛派认为，宇宙自然中存在一种支配万物的神的法律，它决定宇宙万物的过去、现在和未来的发生和发展，也通过自然法决定人类的成文法。不仅如此，自然法的公正与正确也决定了成文法的公正和正确。自然法就是理性法，它源自上帝的理性。根据绝大多数斯多葛派哲学家的观点，上帝是理性的上帝，既然所有的人都是上帝创造的人，那么所有的人也必然是理性的人。他们论证说，全部宇宙作为理性的上帝所创造的世界，它是一个有理性的体系，也是一个和谐的整体，这样一个理性的、和谐的整体就是“世界国家”，所有的人都是这个“世界国家”中的具有共同理性的公民即“世界公民”。从“世界国家”和“世界公民”出发，斯多葛派引出了人人平等的思想。这就是说，既然人都是在“世界国家”中遵循自然法或理性法的具有理性的“世界公民”，那么，他们也就应该拥有相等的公民权利，希腊人和外邦人、上等人和普通人、富人和穷人、主人和奴隶，都是平等的人。“人与人之间唯一的本质区别就是有智

① 《阿奎那政治著作选》，马清槐译，商务印书馆，1982，第105页。

慧的人和愚蠢的人之间的区别，也就是上帝可以引导的人和上帝必须拉着走的人之间的区别。”[①] 更进一步，斯多葛派甚至认为，奴隶制度是不合理的制度，因为它违反了自然法的制度。克里西波斯认为，没有任何一个人生来就是奴隶；潘尼提乌指出，自然法要求各国的成文法认可人的平等权利。因此，个人与个人的区分不那么重要了，国家与国家的区分也是如此，这样便会增加和谐。既然世俗国家只是“世界国家”的一部分，且世俗公民也只是“世界公民”的一部分，那么，只有遵循了自然法的理性的国家才能被看作正义的国家。正如斯多葛派把上帝的法律看成自然法的根据并且从自然法中推出人间法律的正义性，再从自然法和人间法律推出人类平等一样，包括教父哲学在内的基督教哲学也如此主张。斯多葛派的世界国家与古罗马的万民法，以及基督教的上帝之城都是世界国家，它们也都遵循自然法，坚持自然法基础上的人人平等。正如萨拜因所说：“……无论基督教徒还是斯多葛派都可以相信自然法，相信世界受神意的统治，相信法律和政府有切实维护正义的义务，并相信所有的人在上帝心目中完全平等。”[②] 毫无疑问，这些思想都对托马斯产生了十分深刻的影响。尽管托马斯的宗教哲学属于当时官方的意识形态，从而使他在现实社会中也承认人具有不同的等级，甚至承认某些奴隶（具有罪恶的人、战俘等）存在的某种合理性，但是，从起源上说，他的自然法的思想同样包含了人人平等的内容，不仅如此，他还比前人更为系统地论证了关于上帝是人人平等的根源的观点。尽管人人平等的思想在托马斯之前的自然法理论中就以这样或那样的形式存在，但是对于促进西方近代资本主义发展来说，托马斯作为近代之前在时间上最接近近代的自然法思想的代表，其自然法中的人人平等的内容具有特殊的作用，它更直接、更系统地为西方近代资产阶级的人人平等的思想提供了理论基础，并且促进了西方资本主义的发展。

---

① 〔美〕乔治·霍兰·萨拜因：《政治学说史》（上册），盛葵阳等译，商务印书馆，1990，第188页。

② 〔美〕乔治·霍兰·萨拜因：《政治学说史》（上册），盛葵阳等译，商务印书馆，1990，第222页。

三 托马斯自然法的形式对西方近代资本主义发展的促进作用

在从内容方面探讨了托马斯的自然法思想对西方近代资本主义发展的促进作用之后，我们再从形式方面来探讨托马斯的自然法思想对西方近代资本主义发展的促进作用。在本文中，形式指的是托马斯自然法理论中的从永恒法到自然法再到人法的层层决定形式，以及自然法理论在托马斯整体哲学中的论证形式。

第一，托马斯自然法在形式方面对西方近代资本主义发展的促进作用表现在它对君主权力的限制方面。在托马斯的自然法理论中，存在一种层层决定和层层服从的关系，即永恒法决定自然法再由自然法决定人法，同时人法应该服从自然法并且自然法应该服从永恒法。这里的"决定"与"服从"除了具有其他的意义之外，还存在"道义"上的意义，即永恒法源自上帝的"善"与"理性"，所以，永恒法是"善法"与"理性法"，它经由自然法（或人的"自然理性的光辉"）所决定的人法就是正义的法，根据人法所建立的社会就是正义的社会，即以人的公共幸福为目的的社会。仅就一种思想理论的社会作用，特别是在托马斯所生活的社会中的作用而言，托马斯的这种围绕三种"法"、基于"道义"的层层决定与服从的关系既支持统治者（托马斯时的封建统治者，下同）的统治，又限制统治者的统治。从支持的角度说，这种层层决定与服从关系中的"服从要求"客观上支持统治者的统治。其实，早在托马斯之前的诸多自然法理论中，就存在通过自然法强化世俗统治者的统治权的现象。萨拜因指出，当早期斯多葛派把现实社会看成神所统治的世界国家的一个部分时，就隐含了加强希腊化时期的国王地位的因素，"从亚历山大开始，希腊化了的国王就被列入希腊各城市的诸神之中"，"这样，对于'围绕在一位国王身边的神圣性'的信仰便以某种形式进入了欧洲人的思想并以这种或那种形式一直保存到现代"①。教父哲学继承了斯多葛派世界国家和人间国家的思想，在此过程中，教父

① 〔美〕乔治·霍兰·萨拜因：《政治学说史》（上册），盛葵阳等译，商务印书馆，1990，第185页。

哲学进一步强化了国家的地位。因此，斯多葛派强调顺从命运，顺从命运不仅包含了对自然法的顺从，也包含了对世俗法律（人法）的顺从。出于同样理由，在基督教那里，人在被要求服从上帝以及上帝在人间的代表教会的同时，也被要求服从世俗政权的统治。圣保罗曾说："在上有权柄的，人人当顺服他，因为没有权柄不是出于上帝的。凡掌权的，都是上帝所命的，所以抗拒掌权的，就是抗拒上帝的命，抗拒必自取刑罚。"[①] 萨拜因说："圣保罗的话成为公认的基督教的教义，而市民的服从义务则成了任何负责的教会领袖都不能加以否认的、公认的基督教美德。"[②] 托马斯系统化了圣保罗的这种基督教教义，他在通过自然法贯通天国与世俗国家从而捍卫教权的至上地位的同时，也力图借助教权与王权的协调来为世俗的王权和法律辩护。从限制的角度说，这种层层决定与服从关系中的"决定性质"客观上限制着统治者的统治。这就是说，人们既可以用王权来自教权或世俗的权力来自自然法乃至永恒法的说法来论证世俗权力（王权）的合法性，同时，人们也可以借助自然法的"善"和"理性"性质，或借助自然法的根据——永恒法的"善"和"理性"性质来限制世俗政权（王权）和世俗法律（人法）。早在奥古斯丁那里，他就在指出世俗政权奠基于上帝的最高权威的同时，又提出永恒法用以限制世俗政权的权力，并且，他还特意强调："只有正义的法律才能称之为法律。"[③] 因此，在奥古斯丁那里，以及在基督教的哲学中，神化皇帝已成为不可能的事情。奥古斯丁以及其他基督教在此方面的相关思想深刻地影响了托马斯。托马斯把自己哲学的主要任务规定为在维护教权无上的权威的基础上把教权与王权调和起来，反过来说，就是通过调和教权与王权最终确立教权的权威。从某种意义上来说，教权的权威其实就是永恒法和自然法的权威。他认为，既然自然法和人法相互统一，那么，教权和王权就不会冲突。教权帮助人们得救和王权帮助人们实现共同的幸福有异曲同工之妙，所以，教会和国家在本质上是一致

---

① 转引自〔美〕乔治·霍兰·萨拜因《政治学说史》（上册），盛葵阳等译，商务印书馆，1990，第 224 页。

② 〔美〕乔治·霍兰·萨拜因：《政治学说史》（上册），盛葵阳等译，商务印书馆，1990，第 224 页。

③ 转引自〔英〕杰弗里·托马斯《政治哲学导论》，顾肃等译，中国人民大学出版社，2006，第 136 页。

的，他甚至因此而主张教会不要随意干涉世俗的权威。但是，在托马斯那里，教会最终还是应该高于王权，王权必须接受教权的限制。所以，永恒法和自然法是规定世俗的政权和法律，为世俗的政权和法律的合理性提供根据，也就是说，世俗的政权和法律必须接受永恒法和自然法的限制。托马斯的这种借助自然法的性质来限制世俗政权（王权）和世俗法律（人法）的思想应该影响了西方近代资产阶级哲学家，他们出于发展资本主义的需要，指出封建专制政权是违背了自然法的政权，所以，应该推翻这种政权，代之以新的基于自然法建立起来的自由、平等的政权，这就是新兴的资产阶级政权。

第二，托马斯自然法在形式方面对西方近代资本主义发展的促进作用还表现在对经验的理性的调和方面。“科学”与“民主”是西方近代资本主义所推崇的两个重要概念。一般来说，发展资本主义存在一个由物质层面逐渐走向精神（制度）层面的过程。新兴的资产阶级先是要解放生产力，力图通过知识从自然界获得更多的物质生活资料，这种知识主要是科学知识；但是在封建专制社会中，解放生产力并通过科学知识获取物质生活资料的意图被封建专制社会限制着，于是资产阶级为了完成解放生产力并通过科学知识获取物质生活资料的任务，便需要进一步把“用资产阶级的政权代替封建专制政权”作为另一个任务，这个任务也就是要建立资产阶级的民主社会。因此，“科学”与“民主”便成了西方近代资产阶级追求的两个价值目标，发展科学与追求民主也便成了西方近代资产阶级的两个时代任务。为了实现这两个价值目标，完成这两个时代任务，西方资产阶级思想家首先在西欧各国先后开启了启蒙运动，新兴的资产阶级哲学乃是这一启蒙运动的中坚力量。英国的资产阶级革命让整个世界进入了资本主义时代，因此我们首先应该关注的是为英国资产阶级革命摇旗呐喊的近代英国的早期哲学，特别是近代英国早期的资产阶级自由主义思想家的哲学。在这些思想家的哲学中，一方面，我们可以看到与发展“科学”相关的哲学理论，那就是经验论哲学；另一方面，我们又可以看到与发展“民主”相关的哲学理论，那就是近代的自然法哲学。然而，从逻辑上来说，英国近代早期哲学在理论上存在内在矛盾，即他们的与发展“科学”相关的经验论哲学的立足之点是后天的“经验”，在此方面，他们（主要是洛克）还与唯理论哲学家（如笛卡尔）展开了激烈的争论。同时，他们的与发展“民主”相关的自然法哲学的立足之点却是先天的“原则”，在此方面，他们又与唯理论哲学家（他们把先天的原则作为立论基础）站在了同一战线。因此，从立论的出发点说，英国早期资产阶级哲学在理论上存在经验论和唯理论两个相互矛盾的出发点。但是，尽管英国早期的哲学家在经验论和自然法之间存在立论出发点的内在矛盾，使英国早期资产阶级哲学在为英国资本主义的崛起提供理论支持时存在准备不足之嫌，但是，它们的“仓促”上阵类似于“及时雨”，有力地推动了英国资本主义的崛起和资产阶级革命的完成。在此方面，在托马斯的哲学，特别是自然法学说影响了包括英国资产阶级哲学家在内的近代资产阶级哲学家的大背景下，他的哲学既包含了具有经验色彩的认识论，也包含了具有先验色彩的自然法的现象，也应该影响了英国的早期哲学家。若是追本溯源，西方近代哲学中的经验论与唯理论的对立可以追溯到中世纪唯名论与实在论的对立，并且，它还可以进一步追溯到古希腊时期亚里士多德哲学与柏拉图哲学的对立。尽管亚里士多德哲学具有在经验与理性之间动摇的性质，但是，他的理论偏好（重视基于经验的实证性研究，例如他曾游历了很多地方并实地考察了几百种有关鸟兽虫鱼等的动物）和研究条件（马其顿王室给他的实证研究提供了诸多帮助）使经验性研究在他的哲学中占有重要地位，以至于莱布尼茨在认为自己的哲学源自柏拉图的传统的同时，也把作为自己的理论对手的经验论者洛克的哲学视为源自亚里士多德传统的哲学[①]。托马斯是实在论者（这与唯理论者相关），但他又因全面接受了亚里士多德潜能与现实的学说，从而也接受了亚里士多德对于经验的重视。正是因为如此，他的实在论才表现为一种温和的实在论，“温和”意味着他的哲学带有经验论的色彩。这种“温和”或经验论色彩与他的实在论同时出现，使他的哲学同时包含经验论的内容和先验论（它是唯理论或实在论的表现形式）的内容，其中，他的自然法理论就属于先验论的内容。托马斯在本质上是一个实在论者，因此他不可能很好地兼容经验论和先验论；但是他的这种融经验论和先验论于一体的做法应该影响了英国早期哲学家们的思想。正是因为如此，英

① 参见〔德〕莱布尼茨《人类理智新论》（上册），陈修斋译，商务印书馆，1982，序言。

国早期哲学家也把经验论与自然法同时纳入自己的哲学体系，尽管他们这样做造成了自己理论的内在矛盾，但满足了英国资产阶级为更快地发展英国资本主义而加快发展“科学”与“民主”的“急需”，从而促进了英国资本主义的发展。

总体来说，托马斯的哲学，特别是他的自然法学说从内容和形式两个方面影响了西方近代资产阶级的理论，从而间接地促进了西方近代资本主义的发展，体现了他的哲学特别是自然法学说的近代意义。

On the Modern Significance of Thomas's Thought Natural Law

Qiang Yihua, Chen Shenglong

Abstract: Although Thomas is a medieval religious philosopher, his natural law doctrine contains many factors that can be needed for western modern bourgeois philosophers. These factors include both content factors (such as the idea of equality for all) and formal factors (such as the idea that secular rights should be limited). When western modern bourgeois thinkers absorbed relevant factors in their natural laws according to their own needs and used them to promote the development of modern capitalism, Thomas's natural law thought had a modern meaning.

Keywords: Thomas; Natural Law; Capitalism

快乐：需求的满足与欲望的节制

——伊壁鸠鲁的快乐主义

张晓丹　罗兴刚*

【摘　要】伊壁鸠鲁将“快乐”视为人生的最高价值，认为其是一种没有痛苦、烦扰的身心状态，因此追求快乐就要满足快乐的需求。但人们在追求快乐时要区别于享乐主义，要用理性节制欲望。欲望分为自然而必要的、自然但不必要的与既不自然也非必要的。需求与欲望有根本的区别，只有自然且必要的欲望才是需求。简单地去满足欲望会带来痛苦，痛苦的消除也不是快乐。真正的快乐是应当遵循德性的指导，既满足需求又要节制欲望，使心灵获得安宁，这才是最高的善。

【关键词】伊壁鸠鲁　快乐主义　伦理学

对于人类来说，快乐一直是非常重要的伦理学课题。关于什么是快乐，怎样才能获得快乐的问题，早在古希腊时期的哲学家伊壁鸠鲁就已经给出了明确的回答。伊壁鸠鲁认为，快乐和欲望有一定的关系，人类的本性决定了其身体和精神会产生各种各样的欲望。满足欲望，无疑成为人们追求快乐和幸福生活的目标。虽然欲望的满足能够给人们带来快乐，然而并非

* 张晓丹（1984～），女，吉林长春人，东北师范大学哲学学院2018级硕士研究生；罗兴刚（1978～），男，辽宁铁岭人，东北师范大学哲学学院副教授、硕士生导师，研究方向为伦理学。

所有的欲望都值得人们追求。伊壁鸠鲁主张要先把欲望分类，对欲望进行理性的节制，然后再审慎做出辨别和取舍。

一　需求与欲望的区别

叔本华在《人生的智慧》中写道，“伟大的幸福教育家伊壁鸠鲁正确而美妙地把人的需要划分为三类”① ——自然而必要的欲望、自然但不必要的欲望、既不自然也非必要的欲望。伊壁鸠鲁在对欲望进行分类时，特意强调了是否“自然”和是否“必要”的关系。自然且必要的欲望是人类身体的自然欲望，包括对衣食住行等各方面的需求。这是维持人的生命和健康所必须具备的物质基础，其目的是消除肉体的痛苦。换句话说，这类欲望如果没有被满足，人很快就会死去。比如，人在饥饿、口渴的时候，会产生吃饭、喝水的欲望。当这类欲望得到满足，身体会在根本上产生极大的快乐。自然而必要的欲望是身体健康存活的基本所需，与其说是欲望，不如用“需求”一词表达更为恰当。

研究伊壁鸠鲁的快乐主义，要结合他所处的时代背景。公元前4世纪，古希腊的城邦共和体系面临瓦解，当时的人们对社会十分不满。长年的战乱使民众的生活变得颠沛流离，居无定所。人们对死亡非常惧怕，因而无法追求到快乐、自由和幸福的生活。人们要避免让身体挨饿、受冻、受伤，仅素淡的饮食、保暖的衣服、安全的住所就可以满足其需求。按照本性生活的人从不会感到贫穷和痛苦，那么，人若仅满足自然的需求就会感到快乐吗？举个简单的例子，当一个人感到饥饿的时候，为了能填饱肚子维系生命，找到果腹的食物吃下去便会感觉到无与伦比的满足和快乐；如果当人没有出现饥饿感，只是到了就餐的时间，为了完成吃饭这个行为而进食，他还会感到快乐吗？显然不会，他会感到抵触、厌烦，甚至是无奈；或者当他在饥饿的时候对牛肉有强烈的欲求，可如果没能吃到牛肉，欲望未被满足，他依然还是不会感到满足和快乐。人的饥饿感带来的需求是维持生命的本能，而对珍馐美味垂涎三尺的渴求则变得复杂，满足它不仅仅是填

---

① 〔德〕叔本华：《人生的智慧》，韦启昌译，上海人民出版社，2014，第41页。

饱肚子的肉体需要，更是上升为精神世界的欲望快感。

食物、水和衣服是人类生存的自然需求，那么美味的食物、浓醇的美酒和华美的服饰则可以被视为人类生存所追求的欲望，即伊壁鸠鲁划分的自然但不必要的欲望。“肚子并不像大众所想象的那样难以满足；真正难以满足的是关于口腹之欲难以餍足的错误信念。”① 现代人的生存需求是很容易被满足的，人们却纷纷表示幸福感不强烈，甚至觉得庸碌无为、毫不快乐。需求被满足并没有获得快乐，是因为人们对于“快乐”的追求早已经从“需求”的满足上升到对“欲望”的满足。

二　欲望的满足会带来痛苦

自然但不必要的欲望指的是人对于奢侈的宴饮、癫狂的性欲的追求。当人们过度地追求生活所需，超出限制，想疯狂地占有时，心灵就会为欲望所控制。伊壁鸠鲁认为，满足身体健康的自然需求就会获得快乐，在此基础上如果继续渴求食物、奢侈狂欢、纵欲情色等就会招致身心的痛苦。“快乐并不是无止境的宴饮狂欢，也不是享用美色，也不是大鱼大肉什么的或美味佳肴带来的享乐生活。”② 把有限的需求变成无限的追求，这将给人的生活带来极大的压力，既有损身体的健康，又会使人在精神世界里迷失自我，完全感受不到快乐及生命的意义，只把自己当成了要满足欲望的工具。

对于癫狂的性欲，伊壁鸠鲁认为情爱是徒劳无益的，这并不能够给人带来真正的快乐。人们对性欲的需求与对食物和水的需求不同，它并不是生存所必需，但却是生命繁衍所必需。性欲是动物繁衍后代所具有的交配本能，因为人类的聪慧高于动物，所以人会因情欲而引发崇拜、追求、羞愧、悲欢、恐惧等情绪。虽然伊壁鸠鲁认为没有任何快乐的本身是坏的，但要是超出自然欲望的需要，且因过度享乐而产生比快乐还多的痛苦时，

① 〔古希腊〕伊壁鸠鲁、〔古罗马〕卢克来修：《自然与快乐：伊壁鸠鲁的哲学》，包利民等译，中国社会科学出版社，2004，第 49 页。

② 〔古希腊〕伊壁鸠鲁、〔古罗马〕卢克来修：《自然与快乐：伊壁鸠鲁的哲学》，包利民等译，中国社会科学出版社，2004，第 33 页。

则这种快乐当然是不可取的，这“浪费了自己的精力，并因过度劳累而导致自己的身体虚亏。此外，他们还要听从另一个人的差遣过日子”[①]。人们为获得性欲的满足去主动追求虚幻的爱情、冠以婚姻忠诚的契约、担负起抚养子女的责任等，压力也随之而来。于是“性欲的满足对于人来说，就成了长时痛苦和短时快乐的源泉”[②]。爱情的背叛、婚姻的离弃、生活的重压、人际关系的繁杂等这些则是短时快乐所背负的长时痛苦的代价。“自然的财富是有限度的和容易获得的，所看重的财富却永无止境，永远无法把握。”[③] 自然但不必要的欲望对人们获得快乐幸福的生活是没有帮助的，相反，却给身体和心灵带来了诸多害处。人们的满足感总是隐含在某种欲望的实现之后，人类的贪婪本性导致其过分追逐“不必要”的欲望，如此循环往复，无论他们拥有多么雄厚的资产，赢得多么崇高的地位，或者是获得那些无限制的欲望所追求的东西，其实都无法获得真正意义上的快乐。

一些现代人对“快乐”的追求已经衍变为娱乐、消遣和享乐。认为纯粹的感官快乐——这就是快乐本身——能让人感到新鲜、刺激和满足，却未曾思考过“感官的快乐本身也只在于持续的渴求，一旦目标达到，快乐也就消失了”[④]。为了增加快乐，人们的欲望变得越来越多，且需要被满足的程度也变得越来越强烈。于是，“奢侈品”便层出不穷地涌现出来：精美的食物、香醇的美酒、华贵的服饰，以及超出人类生存所必需的各种各样的精致商品。人们过分地追逐金钱、奢华、美色，酗酒、赌博，盲目地占有物质，沉浸在肉体的快感和刺激中，但这些依然没有给人们带来真正的快乐，甚至引发了虚荣、不安、冷漠、厌倦、无聊、麻木、焦虑、抑郁等一系列的痛苦情绪。伊壁鸠鲁认为，既不自然也非必要的欲望是虚妄的，是不值得追求的。当人在满足了前两类欲望之后，其贪婪的本性、虚荣的攀比心和害怕失去、面对死亡的恐惧感滋生了对第三类欲望的追求，由此引发了一系列无尽的痛苦。“当身体由于匮乏而产生的痛苦全都被消除了以

---

① 〔古希腊〕伊壁鸠鲁、〔古罗马〕卢克来修：《自然与快乐：伊壁鸠鲁的哲学》，包利民等译，中国社会科学出版社，2004，第188页。

② 〔德〕叔本华：《叔本华哲言录》，韦启昌编译，上海人民出版社，2016，第131页。

③ 〔古希腊〕伊壁鸠鲁、〔古罗马〕卢克来修：《自然与快乐：伊壁鸠鲁的哲学》，包利民等译，中国社会科学出版社，2004，第39页。

④ 〔德〕叔本华：《叔本华哲言录》，韦启昌编译，上海人民出版社，2016，第48页。

后，身体的快乐就再也不会增长了，只能在种类上变换花样。”①

在自然的欲望得到满足之后，人们开始追求既不自然也非必要的欲望，即对个人的财富、权力、地位、名誉的角逐。这不再是单纯满足人活着所需的必然条件了，而是上升为对生活质量的过度欲求。为此人们变得争权夺利，为达到自己所谓的“快乐”而不择手段——欺骗、虚假、不公、凶狠、暴力、杀戮、战争，崇尚享乐主义、拜金主义。人们用物欲来填补内心的空虚，并且在扩大资本财富的同时对大自然进行过度采掘，肆意捕杀珍稀动物。人们从最初追求真实的身心快乐，转变为对外界物质的索取和掠夺。享受虚妄的快乐是要付出代价的，人从快乐的主人转换身份，变成快乐的奴隶，并开始漫长的痛苦历程。由此可见，这类欲望的满足不能够让人们获得真正意义上的快乐。

三　痛苦的满足不是快乐

“任何一种幸福状态，任何一种满意的情感，就其品格而言乃是否定的。也就是说，它包含痛苦的解脱，而痛苦却是生命的肯定因素。”② 如果痛苦和快乐是两种相对应的状态，那么消除痛苦人就能获得快乐吗？人类快乐和痛苦的形式不论怎么变换，引领人们去追求快乐和消除痛苦的基础就在于收获身体的健康和心灵的宁静。生命的痛苦要面对的是身体疾病与欲求不满、琐碎的压力和死亡。

伊壁鸠鲁认为，人类的许多痛苦来源于人们对于死亡的恐惧，这种恐惧是扰乱心灵的最主要部分。人类对于死亡产生恐惧的主要原因是：身体因疾病的困扰而不得已要忍受痛苦的煎熬，同时因为对美好生活的贪恋，人们不愿意舍弃美食、美貌、财富和权力等。在伊壁鸠鲁生活的那个战乱的年代里，死亡随时都会降临到人的身上，即便是现今社会，厌恶死亡、恐惧死亡仍是大多数人最真实的想法。伊壁鸠鲁主张要让人理解从生到死只是一个自然过程，死亡只是一个结果。如果说人一出生就埋下了死亡的

① 〔古希腊〕伊壁鸠鲁、〔古罗马〕卢克来修：《自然与快乐：伊壁鸠鲁的哲学》，包利民等译，中国社会科学出版社，2004，第40页。

② 〔德〕叔本华：《叔本华论说文集》，范进等译，商务印书馆，1999，第418页。

种子，那么要想使人生的过程获得快乐和幸福，就要正确地认识死亡和人类的关系。“每一种积极的快乐都建立在需求之上，也就是说建立在痛苦之上。”[①] 因此，伊壁鸠鲁得出结论，所有快乐的真正目的在于从痛苦中获得自由。他认为如果肉体的享乐能把我们从对更高权力、死亡和痛苦的恐惧中解放出来，那么我们就没有理由拒绝肉体的享乐。伊壁鸠鲁这种看淡生死的态度对于人们缓解死亡的恐惧是有帮助意义的，然而这并不应该被曲解为“活在当下”的享乐主义，因为人们对死亡的恐惧而去放纵欲望、失去理智、为所欲为；也不应该被曲解为生与死是一回事，“一旦出生了，就尽快进入冥府之门”[②]；更不应该认为人活着没有什么意义，带着这样的消极心态虚度光阴，浪掷青春。父母赋予我们自然的生命，应该要积极去面对生活，享受生命。生命的意义在于其过程，追求身体健康、心灵无纷扰的快乐生活应该是所有人的人生目标。

欲望得不到满足，人就会痛苦，得到满足后又会觉得无聊，人生就如同钟摆一般在痛苦和无聊之间摆动。人们为了寻找快乐和幸福，常常把需求寄希望于身外之物，比如自己的财产、地位、家庭、爱情、子女、朋友等方面。得不到的时候拼命追求，虚幻的假象使自己感到满足和快乐。然而一旦失去了这些东西，或者说对这些东西的幻象破灭，那么这种快乐也就随之瓦解，消失殆尽。于是人们就不停地许愿、树立新的目标，变换各种享乐的方式以证明自己的快乐和幸福。当然，人们在生活中会产生各种各样的身心需求，并且很容易受到外界的诱惑和干扰，因此把自己真正的快乐和生命的意义盲目地置身于人潮之中。伊壁鸠鲁主张理性地辨别这些欲望，认清哪些是自然的，哪些是必要的，哪些是空虚的。在享受因满足欲望而产生的快乐时，理性的节制是非常重要的。既然素淡的饮食就能给人带来健康，那么奢侈的宴饮就是毫无意义的，“就像水对于已经倒满水的杯子毫无意义一样”[③]。当我们看到别人所拥有的，不要盲目地羡慕、嫉妒

① Oswald J. Reichel, B. C. L., and M. A. Stoics, *Epicureans and Sceptics* (London: Longmans, Green and CO., 1870), p. 447.

② 〔古希腊〕伊壁鸠鲁、〔古罗马〕卢克来修：《自然与快乐：伊壁鸠鲁的哲学》，包利民等译，中国社会科学出版社，2004，第 32 页。

③ 〔古希腊〕伊壁鸠鲁、〔古罗马〕卢克来修：《自然与快乐：伊壁鸠鲁的哲学》，包利民等译，中国社会科学出版社，2004，第 54 页。

和焦虑，要能明智地选择、辨别，使自己不会因受这些欲望的打扰而感到自卑、压抑和痛苦。人们也不会为了满足这些虚幻的欲望而疲于奔命、费尽心机，让身体备受病痛的折磨，没能活出自己生命的意义。

伊壁鸠鲁始终让肉体的快乐服从于心灵的快乐，认为肉体的快乐没有精神的快乐更为深刻，肉体的痛苦一定比精神的痛苦更容易消除。饥饿、寒冷、病痛这些痛苦，稍许的满足就会有很强的快乐感，然而精神上的空虚、恐惧、无聊则是欲壑难填的。无休止的欲望如同毒品一般侵蚀着细胞和神经，上瘾似的无法自拔，越陷越深。诚然，人的身体是自由的，可是灵魂却被欲望绑架裹挟，每一个选择和决定，都是受到虚幻欲望的驱使，使人如同丢了魂的行尸走肉，只是机械地完成一个又一个目标。

四　快乐要满足需求节制欲望

伊壁鸠鲁认为，快乐是幸福生活的开端，追求快乐的目的是“免除身体的痛苦和灵魂的烦恼”[①]。人们在有限的生命里选择简单的物质生活方式，从而在精神世界里保持清醒的理性以达到灵魂的宁静，驱除对死亡的恐惧。伊壁鸠鲁把追求快乐看作一个发展的过程，“我们一定不能违反自然；要想实现必要的欲望和肉体的欲望，我们就要服从自然，如果这些欲望是无害的话；如果它们是有害的，就要严加克制”[②]。伊壁鸠鲁的快乐主义显然是包含肉体快乐和精神快乐两个方面的，他不排斥肉体的快乐，并且认为精神的快乐是依赖于肉体的快乐，甚至高于肉体的快乐的。伊壁鸠鲁后来被很多学者误解为享乐主义者或禁欲主义者，意图是获得快乐而放纵或刻意限制自己的行为、压抑自己的欲望。但实则不然，对伊壁鸠鲁来说，快乐不是身体的状态，而是思想的状态。肉体上的快乐是短暂的，而且会产生许多令人不安的情绪。只有精神上的享受才是纯洁的、不可侵犯的。精神上的痛苦也比肉体上的痛苦要严重得多，因为肉体只是感到一时的痛苦，而灵魂却能感到过去和未来的痛苦。

---

① 〔古希腊〕伊壁鸠鲁、〔古罗马〕卢克来修：《自然与快乐：伊壁鸠鲁的哲学》，包利民等译，中国社会科学出版社，2004，第 32 页。

② 王晓朝：《希腊哲学简史——从荷马到奥古斯丁》，上海三联书店，2007，第 229 页。

伊壁鸠鲁的健康状况一直都不好，常年遭受疾病的折磨，甚至晚年时有很多年都不能站起来。在临终书信里伊壁鸠鲁写道："结石症和胃病一直折磨着我，它们的痛苦大得无以复加。"① 但疾病的折磨丝毫没有削减他的快乐，伊壁鸠鲁用哲学的沉思和极大的勇气去承担和面对疾病所带来的痛苦。公元前270年伊壁鸠鲁逝世，他对待死亡的态度平静从容，纵使身体承受巨大的病痛，在去世之前，他仍然洗了个澡，喝了杯酒，劝解身边的学生们不必伤心难过，叮嘱学生们要记住他的嘱托，要继续关心哲学的善意。伊壁鸠鲁的一生都过着最简朴宁静的生活，不参与政治，甚至轻视政治活动。在当时看来，伊壁鸠鲁选择隐居生活，这样做其实是"为了自己内心的平静，而不是为了反抗"②。他在花园里讲学，全身心地从事学术工作，不做其他事，不追求名望、财富和地位，"他以面包度日，就是最有力的实践证明"③。

"我们认为独立于身外之物的自足是重大的好，但并不因此就只过拮据的生活。"④ 伊壁鸠鲁所追求的是理性、节制、平衡而不过激的快乐。古希腊人有四种传统美德，即爱智、公正、节制、勇敢。伊壁鸠鲁的快乐主义就融合了这四种美德，并使之成为人们当时道德生活的准则。如果快乐是人类生活的目标，那么拥有美德去追求快乐则成为必要的途径。"厄运很少能去击垮贤人，因为理性的过去、现在、将来都一直指导他追求生活中真正重大的目标。"⑤ 伊壁鸠鲁把哲学定位为治疗人类心灵疾病的"药"，他要找出人类欲壑难填的最本质原因。伊壁鸠鲁认为"即使是肉体上的痛苦，也不至于严重到使智者的幸福蒙上阴影"⑥。在有限的生命中，快乐永远不会终结。只有通过智慧安慰我们肉体存在的局限性，才能产生一个完整的生命本身。智慧让我们可以自由地追求快乐，而不会过于急切或过于迟钝。

---

① 〔古希腊〕伊壁鸠鲁、〔古罗马〕卢克来修：《自然与快乐：伊壁鸠鲁的哲学》，包利民等译，中国社会科学出版社，2004，第37页。

② Geert Roskam, *Live Unnoticed on the Vicissitudes of an Epicurean Doctrine* (Leiden · Boston, 2007), p. 66.

③ 〔英〕伯特兰·罗素：《西方哲学史》，刘常州译，江西人民出版社，2017，第95页。

④ 〔古希腊〕伊壁鸠鲁、〔古罗马〕卢克来修：《自然与快乐：伊壁鸠鲁的哲学》，包利民等译，中国社会科学出版社，2004，第33页。

⑤ 〔古希腊〕伊壁鸠鲁、〔古罗马〕卢克来修：《自然与快乐：伊壁鸠鲁的哲学》，包利民等译，中国社会科学出版社，2004，第39页。

⑥ Oswald J. Reichel, B. C. L., and M. A. Stoics, *Epicureans and Sceptics* (London: Longmans, Green and CO., 1870), p. 450.

伊壁鸠鲁指出：快乐并不是放荡的快乐，也不是感官的享受，而是身体免于痛苦、灵魂归于平静的自由。无论是合法的激情或非法的放纵，还是餐桌上的欢乐，都不能使生活幸福。只有清醒的头脑才能区分行动和不行动的动机，战胜一时的虚幻欲望。只有这样，美德的必要性才能在伊壁鸠鲁的快乐主义中得到确立。

伊壁鸠鲁的快乐哲学认为“快乐”是唯一的善，他强调人们在物质生活方面要知足、适度；在精神生活方面要明智、审慎。所有这一切中的首要的和最大的“好”是明智，所以明智甚至比哲学更可贵。快乐的生活离不开德性，如果缺乏理性，没有沉思，那么一个人也不可能过上快乐的生活。“不是美德本身使一个人快乐，而是由行使美德的行为而产生了快乐。”[①] 美德本身并不是目的，只是达到目的的一种手段，而目的就是快乐幸福地生活。但是，它的意义是如此的确定和必要，以至于既不能没有快乐而产生美德，也不能没有美德而产生快乐。伊壁鸠鲁主张人们应该学习哲学，过一种沉思的生活，感受快乐带给身心的幸福感。“无论青年人还是老年人，都应当学习哲学。”[②] 学习能提高自身的修养，使人们变得成熟和睿智，从而引领人们善用理性的思维获得内心的宁静与人生的快乐。“因为快乐并不是在学习之后才来到，相反，学习和快乐一道前进。”[③] 伊壁鸠鲁的快乐就是在和学生们讨论哲学时，用内心丰盈的喜悦来抗衡身体病痛的折磨，即便在面对死亡时还能保持幸福，这就是哲学带来的“善意”。

伊壁鸠鲁的快乐主义追求的是无痛苦和无纷扰的宁静状态，人们追求快乐是为了驱除痛苦。然而快乐并不总与狭义的肉体痛苦相包含，快乐也与欲望有关。享受快乐既要有物质享受，也要有精神享受，伊壁鸠鲁更注重精神的快乐。人们一味地追求物质享受，并不能得到精神快乐的满足。伊壁鸠鲁认为，最自然的快乐是像婴儿的快乐一般，快乐的本身不应该复杂，这种欲望不高的需求是人们都可以实现的快乐。“出自完全健康和良好

---

① Oswald J. Reichel, B. C. L., and M. A. Stoics, *Epicureans and Sceptics* (London: Longmans, Green and CO., 1870), p. 454.

② 〔古希腊〕伊壁鸠鲁、〔古罗马〕卢克来修：《自然与快乐：伊壁鸠鲁的哲学》，包利民等译，中国社会科学出版社，2004，第 30 页。

③ 〔古希腊〕伊壁鸠鲁、〔古罗马〕卢克来修：《自然与快乐：伊壁鸠鲁的哲学》，包利民等译，中国社会科学出版社，2004，第 46 页。

体魄的宁静与愉快的脾性，清晰、活跃、深刻和正确的理解力，温和、节制有度的意欲及由此产生的清白良心——所有这些好处，是任何地位、财富都不能替代的。”① 所以，对于人来说，内在精神的拥有才是最关键的快乐。现代人把对快乐的追求当成了享乐主义的拥趸者，误以为不停地满足自己日益膨胀的物质需求，便可以满足精神上的欲望，即获得身心的快乐。于是，当人们满足了生存基本需求的物质之后，就开始迷失在消遣、娱乐、酗酒、赌博、吸毒、滥交等一系列行为当中。人们不再关注身体的健康、家庭的责任、良好的品德与修养，这导致社会出现奢靡、贪腐、欺骗、造假、低俗等一系列现象。人们贴上“快乐”的标签，过着自私、麻木、丑陋且扭曲的生活，实则并没有感到真正的快乐，相反却产生无聊、无趣、颓废、抑郁的消极情绪。“财富除了能满足人的真正、自然的需求以外，对于我们的真正幸福没有多大影响。相反，为了保管好偌大的财产，我们会有许多不可避免的操劳，它们打扰了我们舒适悠闲的生活。”②

对欲望的节制并不代表伊壁鸠鲁排斥欲望，他只是告诫人们不要沉湎于欲望，人们应该主宰快乐，不是为了快乐而变成欲望的奴隶。伏尔泰说过：“只有真正的需求，才会有真正的快乐。”丰富的物质、纷繁的商品已经不再仅是现代人满足生存的需要，而是变成了自身对生活品质的追求，甚至是彼此间攀比、维系人际交往的资本。金钱财富的积累、豪华宴饮的狂欢、纵情性爱的享乐、焦虑不安的情绪，让人们越发经受价值与目标、生存与意义、自由与责任等问题的困扰。我们必须对每个欲望都问这样的问题：如果我获得了欲望的对象，我会怎么样？如果我没有获得的话，又会怎么样？伊壁鸠鲁认为，“简单生活也有一个度，不注意这个度的人所犯的错误和陷入奢侈生活的人所犯的错误一样大”③。人生最快乐的是精神思想方面的乐趣，这一点是现代人所缺失的且很难领悟得到的，可以“享受生活，但要深思熟虑”④。所以，伊壁鸠鲁的快乐主义主张拥有节制、理智、

① 〔德〕叔本华：《人生的智慧》，韦启昌译，上海人民出版社，2014，第7页。

② 〔德〕叔本华：《人生的智慧》，韦启昌译，上海人民出版社，2014，第9页。

③ 〔古希腊〕伊壁鸠鲁、〔古罗马〕卢克来修：《自然与快乐：伊壁鸠鲁的哲学》，包利民等译，中国社会科学出版社，2004，第49页。

④ 〔挪〕奎纳尔·希尔贝克、〔挪〕尼尔斯·吉列尔：《西方哲学史：从古希腊到当下》，童世骏等译，上海译文出版社，2016，第112页。

淡泊的品格，它会使人达到一种身心平衡、怡然自得的理想中的快乐境界。伊壁鸠鲁对快乐哲学意义的定位，在现今社会依然对人类有很大的启示和治愈作用。

Pleasure: the Satisfaction of Needs and the Temperance of Desire

—Epicurean Hedonism

Zhang Xiaodan, Luo Xinggang

Abstract: Epicurus regarded "pleasure" as the highest value of life, and it is a state of mind and body free from pain and disturbance. Therefore, to pursuit pleasure is to meet the needs of pleasure. But it is must be distinguished from hedonism when people pursue pleasure, while they must use rational moderation to control desire. Desire is divided into natural and necessary, natural but unnecessary, and neither natural nor necessary. There is a fundamental difference between needs and desires. Only natural and necessary desires are needs. Simply satisfying desires will bring pain, and the elimination of pain is not pleasure. True happiness is to follow the guidance of virtue, to satisfy the needs and to control the desires, to make the soul peace, and to be the highest good.

Keywords: Epicurus; Hedonism; Ethics

科学不确定性、无知与气候责任*

陈　俊　盛盼奥**

【摘　要】 气候责任的认定主要取决于国家或个体行动者的行为与气候变化的事实之间是否能建立起科学的因果关系。气候科学某种程度上的不确定性使对气候责任的认定变得异常复杂。气候科学不确定性的存在可能会导致人们在某些方面的“无知”，但是，在面对全球变暖这样高风险、高概率的环境危机时，忽略由世界上绝大多数的科学家所做出的深思熟虑的判断则是严重的错误。不管人们是否实际预见他们行为的后果，只要科学知识在理论上揭示人们应该预见自己行为的危害，那么，这样的行为就是有过错的，因而是要承担责任的。基于此，我们主张应该把预防原则作为应对像气候变化这样存在不确定性的问题的一个基本原则。

【关键词】 全球气候变化　科学不确定性　气候责任

在我们打算付出巨大代价来减缓气候变化之前，我们必须知道多少关于气候变化可能引起的危害的科学信息？在我们能为由气候变化所引起的伤害承担道德和赔偿责任之前，我们需要在多大程度上知道自己的行为所

---

* 本文系2014湖北大学研究生工作站（哲学学院与湖北省教育考试院联合培养）之阶段性成果。

** 陈俊，（1976～），男，湖北孝感人，湖北大学高等人文研究院、中华文化发展湖北省协同创新中心研究员，湖北大学哲学学院教授，研究方向为政治哲学、环境伦理学；盛盼奥，（1993～）女，安徽合肥人，湖北大学哲学学院2017级研究生，研究方向为科技伦理学。

可能引起的后果？在多大程度上，科学不确定性会影响我们的道德判断？并且，在科学不确定的状态下，什么样的政策工具可以得到辩护？这些问题已然成为当前全球气候政策制定中争论的核心问题之一。

一 科学不确定性与道德责任：一个预备性说明

按照《联合国气候变化框架公约》所提出的“共同但有区别的责任原则”，一个国家在应对气候变化中所应承担的道德责任主要取决于对它在引起气候变化的过程中应该承担的因果责任的评估，同时这种道德责任也决定了一个国家在全球气候治理中所应承担的减缓负担的程度，以及一个国家在赔偿被气候变化伤害的受害者时所应支付的费用的大小。一个国家所应承担的因果责任的大小很容易被确定，只要根据每个国家的历史排放量就可以直截了当地评估出来，因为这样的历史数据基本上是确定的。因此，只要我们承认温室气体的排放是气候变化的原因，并且，只要测度出了一个国家的历史排放量，那么，我们就可以根据各个国家排放到大气中的温室气体的多少来评估其各自的道德责任。

温室气体排放作为一种人类生存的必要活动，我们可以鉴别出其在道德意义上的两种不同类型——生存排放和奢侈排放。① 人们一般认为，人们不应该为其生存排放承担道德责任，但是应该为其奢侈排放承担责任，因为前者是人类生存的必要活动，是无法选择的，但是后者在相关的意义上被认为是自主选择的行为，因而是应受到惩罚的。对于这样的观点，在道德上没有太多的异议。但是一旦我们进行更为细致的分析，比如，在人类认知的有限性和气候科学不确定性的条件下根据历史排放量来讨论气候责任时，就会出现十分复杂的情形，过去比较确定的过错归因模式将变得模糊起来。② 而这种情形的出现，给各种气候怀疑论者以极好的借口来反对对温室气体排放的管控。

根据历史排放（过错）来确定气候责任是非常复杂的，原因主要有

① Henry Shue, *Climate Justice: Vulnerability and Protection* (Croydon: Oxford University Press, 2014), pp. 47 - 67.

② 史军：《自然与道德：气候变化的伦理追问》，科学出版社，2014，第 86 ~ 88 页。

两个。

第一，相关的气候科学知识在气候责任认定中到底应该扮演什么样的角色，以及在什么样的条件下应该扮演这种角色是存在争议的。在某些情形下，比如，当人们对他们的行为的伤害性后果“一无所知”能被证明是合理的时，他们就可以因为这种“无知”而免于被追究道德责任。但是，如果他们“应该”预见自己的行为会引起伤害性后果的话，那么，他们的行动就会被认为是有过错的，从而他们就应该为自己所造成的后果承担责任，不管他们事实上是否确实已经预见到了。在确定国家的历史排放责任时，这个问题因此也就提出了国家是否应该为所有自己历史上的奢侈排放，或者是部分的奢侈排放而承担赔偿责任的问题。如果相关各方事实上并不知道他们所有的或部分的历史排放可能会导致环境的破坏，而且，除非能被证明他们应该已经预见到了这种伤害，那么，根据人们普遍接受的责任认定原则，他们历史排放的某些部分必定可以豁免其要承担的基于过错的赔偿责任。这样就出现了一个十分复杂的道德问题，即造成气候变化及由此带来伤害的“无知”是否能豁免一个人的过错并为这种豁免提供辩护呢？

认知问题的复杂性主要涉及建立排放行为与可预期的气候变化危害之间的因果关联过程中“科学不确定性”的作用问题。鉴于气候变化可能带来的影响以及在引起变化的原因的判断上确实存在一定程度的科学不确定性①，那么，在这种情况下，一个国家能借故说，因为缺少关于引起气候变化及其影响的充分证明，所以他们不知道自己的行为会引起气候问题，并要求豁免责任吗？或者换句话说，在气候变化的科学基础被完整地建立起来并被广为所知之前，一个国家应该为其奢侈排放承担责任吗？如果不必承担责任，那么我们在什么情况下能准确界定对气候变化的原因及其影响的无知是合理的？关于气候科学的某些方面继续存在的科学不确定性问题是否能为过去或当前引起气候变化的行为辩护呢？

第二，准确获知行动者的动机是一个相当困难的工作。这个问题通常与行动者对他们行为的可能后果的认知有关联，但也有区别。一个人可能在并非故意的情况下引起了伤害，或者是他故意打算引起伤害，但实际上

① 葛全胜等：《气候变化政治共识的确定性与科学认识的不确定性》，《气候变化研究进展》2010 年第 2 期。

伤害并没有发生。这种动机和结果之间的分离使对过错的指认变得更加复杂。在缺少动机的情况下建立因果联系，这对于气候变化的道德责任的指认而言是更为突出的问题，因为大部分温室气体排放行为很可能并非在故意引起气候变化的情况之下进行的。更具争议的是，那些阻挠全球气候协议达成的人可能也不是蓄意要引起全球性的气候灾难，他们只是真诚地相信所谓“气候变化”只是某些人“制造”出来的一场骗局。为了国家的利益，他们会主张应忽视气候变化的“事实”，不要理会国际社会的警告，继续按照自己的方式发展经济。在此，这些行动者能够获得把他们的行动与伤害性的后果联系起来的相关信息，但他们选择忽视这些信息，或者是公开质疑这些信息的准确性，因此，他们仍然会以可能引起伤害的方式行动，尽管他们并非故意。行动者能为既非故意引起而又未预见到的伤害承担赔偿责任吗？尤其是如果这个伤害性的后果是由想阻止另外的伤害（比如国家变得贫穷、因经济下滑而出现的大量失业）的目的而造成的。鉴于我们在识别一个人的“动机”上的困难，我们能否有把握地知道公开表达的动机是否真诚，而且我们是否能通过他们相关的行动推断出相反的结论，如果我们不能有把握地知道一个行动者的意图，那么，一个人的动机和意图能被用来作为指认过错和评估责任的判决性因素吗？

以上的简短分析使我们认识到，气候科学认知的不确定性的存在使对气候责任的认定变得异常复杂。如果一个气候治理协议要在道德上具有说服力，如果我们试图要使气候责任的分配更加符合正义的要求，我们就必须把这些问题厘清。

二 温室气体排放、无知与气候责任

在气候问题的讨论中，我们要问的一个重要问题是：在什么样的情况下，个人或集体要为他们所引起的气候问题承担道德责任。在国际社会努力应对气候变化的过程中，事实上存在一些人和国家极力怀疑：人类的温室气体排放行为与他们所带来的影响之间是否存在因果联系。这使一些人和国家并未觉得应该为自己的排放行为承担道德和赔偿责任。与此同时，人们的确常因各种不同的日常行为引起气候变化问题，但他们在很大程度上对这些行为的后果一无所知。那么，这种“无知”能成为减少那些人或国家的气候责任的理由吗?

一般而言，因果责任与道德责任之间的区别取决于行动者的心理状态，包括行动者对自己行为的有害后果的认知和其行动的动机。一个人通常是在一定的动机下行动，并通常能根据一般人都能知晓的常识预见自己的行为后果。但有时候，人们应该为一个后果承担因果责任，并不一定意味着要承担道德责任。道德责任的指派关键取决于造成一个坏结果的行动本身是否有过错。我们可以从两种情形出发来对过错的归因进行考察。

承担因果责任并不意味着就要承担道德责任的第一种情形是：对于那些通常无法避免的行为或者后果，人们不必承担责任，正所谓“应当蕴含着能够”。因此，除非人们能被合理地期望限制呼出二氧化碳，否则我们不能说所有的温室气体排放行为都要承担道德责任。对于满足人的基本生理需要而不可避免的行为不可能被认为是在道德上有错的，因此，没有人应该为这种行为所造成的伤害承担赔偿责任。[①] 这个主张意味着，人们被要求不从事某个行为，其前提是：在正常情况下，这样的要求对于他们来说是能做到的。既然某些排放是因人的生存而不可避免地产生的，那么向大气中进行“生存排放”就不意味着过错或者要承担赔偿责任，因此，这些行为只是产生了因果责任，而非道德责任。虽然因呼出二氧化碳而责备一个人是荒谬的，但也不能说所有的个人排放都是无过错的。人们必须为由自己的奢侈排放而引起的伤害承担赔偿责任，因为这些排放是可以避免的，进行这样的排放完全是个人自主选择的结果，因此，他们不仅要为气候变化的产生承担因果责任，而且还要进一步为此承担道德责任。在这里，不同的排放水平需要承担不同的责任，分出这一区别就需要在这些排放之间设置某种阈值，在阈值之内的排放就被认为是没有过错的，一旦超出这个阈值就构成了一个道德上的过错，就要因此承担道德责任和赔偿责任。

个人不用为他所引起的坏结果承担道德责任的第二种情形是：如果人们引起的某种坏的结果是源于某种“合理的”无知，那么，他们也不应该被要求承担道德责任。尽管联合国政府间气候变化专门委员会的科学评估

---

① Henry Shue, *Climate Justice*: *Vulnerability and Protection* (Croydon: Oxford University Press, 2014), pp. 47 - 67.

报告反复强调，化石燃料的燃烧、改变土地的使用模式与气候变化有密切的关联，这一点已广为人知，但还是有很多人并不认为他们每天的污染行为与全球气候变化存在因果关系。虽然这种普遍的“无知”不一定是真实的，但是，对“无知”这个事实的确认确实使我们对道德责任的指认变得复杂起来。人们由这种普遍的“无知”所造成的有害影响在绝大多数情况下并非源自个人的恶意行为，而是人们遵守被广泛接受的社会规范的结果，这些社会规范并没有禁止这些行为。我们可以让一个人或国家为他们并不认为是错误的行为或坚信并没有违背已有的道德规范的行为而造成的有害后果承担道德责任吗？一个人能够因为一个常见的、法律上并未禁止的，或者甚至被鼓励的行为而被认为有错吗？虽然我们不能说“无知”并非总是一个指认错误的决定性条件，但是通常在日常道德实践中，人们确实把“无知”作为原谅一个人的错误，或者豁免一个人的责任的理由。在气候变化语境下，这一点还需要我们做进一步的考察。

意外事件就是那些我们在做决定时不能合理地预见其后果的事件。通常人们并不会让一个人为某个意外事件所引起的坏结果承担道德责任。但这并不意味着他不用承担因果责任，因为事实上确实是他引起了坏的结果，只不过他们不用为这种非故意的后果而被指责有过错。但是，“不能预见”又是什么意思呢？如果有些人说他们不能预见其行为可能会引起某些坏的结果，而一个理性和审慎的人能预见，那么这些坏的结果就不再被认为是由意外引起的，而只能被界定为是由于“疏忽”而产生的结果。疏忽行为与意外行为就存在这种道德上的区别，尽管它们两者都应归入“无知”行为之列。然而在评估这两种行为时，一个相关的问题是：人们在做决定时“应该”知道或预见什么，而不是事实上他们知道或预见什么。因此，一个“无知”是否是合理的，就需要在纯粹的意外事件和疏忽行为之间做出区分。从法哲学的角度看，人们应该为他们的疏忽行为承担责任。所以，我们反对把无论什么样的“无知”行为都看作不受责备的观点。按这个标准，只要人们能合理地被认为能预见他们的后果，而不管他们实际上是否已经预见，行动者都要为他们的行为承担道德上的责任。

接下来的一个问题是，这里的“合理地”指的是什么意思？根据一个理性、审慎的人应当能合理地预见什么来界定一个行为是否是疏忽行为，这实际上是根据一个特定社会所流行的社会规范来界定“合理地预见”的标准，从而进一步界定什么是疏忽行为。但是，流行的社会规范会随着文化价值观念以及人类的科学知识的更新而发生变化。比如，一个重视环保的国家的公民认为，开大排量的 SUV 会对气候变化造成影响，但是一个“理性的”美国人可能并不认为这样的行为是错误的，这取决于他们不同的生活价值观念。美国人的生活一直以来就是建立在一种高碳的消费文化的理念之上的，他们的价值观是用大房子、豪车和海边度假来衡量的，他们的社会规范不仅不禁止这样的高碳行为，而且还鼓励这样的行为。在这样的情形下，我们能说单个的美国人的行为是一种鲁莽的疏忽行为，从而要他们为引起气候变化承担道德责任吗？

再比如说，我们会认为一旦越过某个安全排放的阈值，那么继续向大气中排放温室气体就会开始引起伤害，这样的行为就是有过错的。因此，在某个特定的点上，行为“一旦有害”就开始引起伤害了。可是，什么是“一旦有害”？这个界定取决于科学知识的状况。但往往我们的社会规范可能并不能与科学知识的进步保持同步，即我们的社会规范往往滞后于我们应该要承担责任的事实基础。因此，依赖社会规范来界定合理的无知和评价过错与责任是一种存在风险的评价方式，因为在某种“无知”行为被科学知识认为会引起伤害之后，人们还会遵循已有的社会规范而故意地允许伤害行为的不断发生。等到限制高碳生活方式的社会规范赶上气候科学的减排要求时，太多的危害已经发生了，并且补救起来将更加困难。所以，与其把责任的评估建立在对行为有无过错的（是出于合理的无知，还是疏忽）界定上，我们不如把这种评估建立在当前人类可获得的科学知识的基础之上。也就是说，不管人们或某些“审慎”的人是否应该理解他们行为的后果，只要科学知识界定了一个可能会造成某种后果的行为，我们就可以说，这样的行为就是有过错的，因而是要承担责任的。

当然，某些合理无知的概念对基于历史排放的国家责任的评估也具有指导意义。现在，致力于推动绝大多数国家进行减排的《里约环境与发展宣言》签署已有二十多年，并且联合国政府间气候变化专门委员会已经先后发布了五个关于气候变化的科学评估报告，我们可以肯定地说，气候变化的事实已经为绝大多数人所获知。在此情形下，还以“无知”为借口逃避减排义务将完全是不合理的。尽管现有的气候科学在某些方面确实存在不确定性，这可能会导致人们在某些方面的“无知”，但是，在面对全球变暖这样高风险、高概率的环境危机时，忽略由世界上绝大多数的科学家所做出的深思熟虑的判断则是严重的错误，并且，合理地讲，这是一种鲁莽的行为。现在既然每个国家的政府已经知道他们的哪些政策会造成某种后果，那么，任何继续说自己是无知的国家都只能被认为是故意的，因而不能豁免其因持续的奢侈排放行为或政策而应承担的道德责任，以及因引起伤害而应承担的赔偿责任。

三　科学不确定性、欺骗与气候责任

如果把“无知”是否合理的理由建立在相关科学知识的基础上，那么现在的问题是，假设我们并不能为过错的指认提供确定性的科学知识，那么，情况又将如何？或者是，假设这样的科学知识确实存在，但是却被某些人蓄意隐瞒或篡改，以欺骗公众，那么，在这种情况下，一个国家或个人应该因自己的“无知”而免除责任吗？既然科学家对气候变化的原因和结果不太确定，那么就没有哪个外行可以被合理地预期知晓自己的行为与后果之间的因果关系。正因如此，有人可能会认为，在这样的情况下，对气候变化的原因和结果的无知的指责就不再是合理的。

在确定基于过错的赔偿责任时，科学不确定性问题确实会影响我们对什么是合理的“无知”的评估。当某些后果仍不能被必要的确定性知识决定性地证明是源于他们的行为时，我们就不能合理地期望人们能预见他们的行为是有害的。因为我们不能期望外行能根据大众媒体对气候变化的报道来准确理解气候这种自然现象。尽管不支持“气候问题是存在争议”的专家比支持的专家要多，但是，还是有某些气候怀疑主义者挑战关于气候变化的主流观点，并主张应该免除外行人的过错。[①] 鉴于专家们对气候变化的真实情况持有不同的意见，那么对普通外行来说，把他们的温室气体排放行为看作完全无害的就有几分道理了。

---

① Jim Giles, “Scientific Uncertainty: When Doubt Is a Sure Thing,” *Nature* 8 (2002): 476 - 78.

气候科学确实是一个十分复杂的研究领域，它要借助巨大的数据收集网络、先进的计算机模型、精心组织，以及得到充足资金支持的研究人员持续的努力才能获得比较全面客观的数据。联合国政府间气候变化专门委员会的第一份科学评估报告是在花费了十多年的时间，收集了全球几千名有声望的科学家已公开出版的科研成果，并对这些成果进行客观分析和同行评议的基础上形成的。这份报告代表了当今世界对气候变化问题研究所取得的最高成就，并获得了广泛的科学共识。气候是一个具有高度复杂过程的结果，并且，用于预测未来气候模式的数学模型依赖于大量的变量和可能的情形。因此，它实际上是一个在证据区间内以及在一定概率水平上对可能的原因和结果之间关系的一种预测。虽然联合国政府间气候变化专门委员会试图努力得出基于共识的结论，但是，一些关键性的不确定性因素仍然存在，有些分歧在评估报告中也有所体现。应该说，这种分歧和不确定性对于像气候科学这种长跨度的预测科学来说，是一种可接受的现象。

即便如此，我们认为，关于气候变化的几个基本事实并不存在合理的不确定性。大气中的二氧化碳浓度已经从工业革命前的280ppm上升到现在的383ppm，而绝大多数的增加是发生在1950年以来的这段时间。数据观测表明，整个20世纪是近一千年中平均地表温度最高的一个世纪，20世纪90年代则是20世纪最热的十年。这些事实是毫无争议的。科学不确定性只会影响到对全球气候变化的内容和影响程度的评估，不会影响到对全球气候变化是否存在以及引起变化的基本原因的判断。科学家们预计全球地表平均温度在1990～2100年间会升高1.4～5.8℃，而比较一致的看法是升高3℃，预计这个全球变暖的幅度在近1万年的时间里是史无前例的。虽然最糟糕的气候影响被预计在将来才会显现出来，但全球的气温和天气模式确实已经被改变了。气候变化的后果包括越来越多的极端天气的出现、农作物产量的不断减少、日益严峻的水资源短缺，以及随着日益严重的资源稀缺和生态环境的恶化而导致的军事冲突、政治动荡、经济衰退和社会矛盾等。①

在气候变化的基本事实确凿无疑的情况下，还会有人怀疑气候变化的存在，一个很重要的原因是有些人在人为“制造”不确定性，以此达到阻

① 联合国政府间气候变化专门委员会：《气候变化2007：联合国政府间气候变化专门委员会第四次评估报告》，2007。

止或延迟对温室气体排放进行管控的政策措施的实施。出于政治和经济利益的考虑，某些政客和利益集团利用大众媒体蓄意隐瞒一些科学事实，或是歪曲和放大气候科学中尚不确定的部分，甚至有些利益集团通过资金来操纵某些科学研究机构做出虚假的科学数据。正如有些学者所揭示的，美国的大众媒体已经公开地给予那些气候科学共同体中的反对派以极大的支持[①]。通过怀疑行为与伤害之间的因果关系以达到延迟和取消政策管控实施目的的最典型的例子就是烟草工业所进行的把戏。作为一种策略，烟草工业就一直在否认吸烟与对健康的不利影响之间存在任何因果关系，尽管从内到外的所有知识都确认这种关系。正是因为烟草工业利益集团操纵某些研究机构依靠并不存在结论性的证据，得出吸烟与健康之间不存在关联这样的结论，才使许多国家的政府对烟草进行管控的政策因为缺乏“足够”的科学依据而迟迟未能推行，这其中也不乏政府本身也涉足隐瞒科学事实的可能。在很多国家，许多被烟草伤害的人所提请的赔偿诉讼也因为这样的理由被驳回：一是因为吸烟并不十分确定对健康是有危害的，所以因果责任不能成立；二是吸烟者应该知道那些被广泛传播的关于吸烟会对健康造成风险的信息，因此他们会自我决定是吸烟还是戒烟，所以即使受到伤害，那也是吸烟者自愿选择的结果；三是吸烟者已死去，因此，缺乏合法的依据起诉烟草的生产者。在这种情况下，科学知识的“不确定性”就成为烟草利益集团阻止进行烟草管控的第一道防线。

在当前的气候变化讨论中，如同在烟草管控中的例子一样，极力强调科学不确定性往往也是为了“管控”大众媒体和公众对气候变化问题的关注，以达到延迟或阻止温室气体排放管控政策实施的目的。烟草工业不断地呼吁要对吸烟及由此造成的对健康的不利影响之间的因果关系进行研究，这在表面上看，烟草工业似乎摆出了一副积极关心公众健康的姿态，殊不知，他们暗地里会让这种研究无限期地进行下去，且积极向公众和政府游说，并声称，在确定的科学依据被找到之前，最好是对烟草管控持谨慎态度。美国政府及其石油利益集团在气候变化问题上也是利用的这种手段。

① Richard Wolfson and Stephen Schneider, "Understanding Climate Science," in Stephen H. Schneider, Armin Rosencranz and John O. Niles, eds., *Climate Change Policy: A Survey* (Washington, D. C.: Island Press, 2002), p. 41.

比如，2002年美国总统的政府经济年度报告就指出："我们不确定自然波动对全球变暖的影响，我们不知道未来的气候会有多大的变化。我们不知道气候变化发生的速度有多快，甚至不知道我们的某些行动会如何影响它。最后，很难确定地说为了避免危险，全球变暖的水平到底必须控制在什么样的水平上。"① 同样的，一份由共和党政治顾问向时任美国总统小布什提交的关于赢得"环境对话战役"的备忘录就建议："即使公众应该相信科学问题已经被解决了，但他们对全球变暖的看法也会发生相应的变化。因此你需要使科学确定性问题成为辩论中的首要问题。"②

总之，"制造不确定性"的最终目标就是要尽可能地阻止实施对温室气体排放的管控政策，而阻止这一管控政策得以实施的最为隐秘的办法就是诋毁全球变暖这一结论的科学基础。提议进一步研究像吸烟和气候变化这样的问题本身并无不当之处，而且审慎地对待重大问题的决策也应该是政府的一种美德。但如果它完全是为了阻止或延缓对那些基于合理的科学事实而被证明存在严重危险的问题采取有意义的政策措施的推行，那么，这样的提议就在某种意义上变成了一个阴险的欺骗行为。无论出于什么目的，欺骗行为都是一种错误行为，实施欺骗的人因此要承担道德责任，如果对他人造成伤害，那么，还要承担赔偿责任。

现在我们回到要讨论的主题，我们关心的是，当这些行为可能部分源于欺骗行为"制造"的科学不确定性而导致的"无知"时，哪些人或国家要为他们的温室气体排放行为承担过错责任。既然在欺骗行为中，过错的指认要从被欺骗者那里部分地或全部地转移给欺骗者，那么，这种过错的转移是否能降低被欺骗者应为他们的排放行为而承担责任的程度呢？也就是说，由于被欺骗而相信"确实"存在科学不确定性时，一个人或国家能否合理地说他们不应该为气候变化的出现承担道德和赔偿责任？如果是这样的话，那么这又对各国基于气候变化而应承担的责任的评估意味着什么呢？前两个问题不能被很容易地回答，因为它们在很大程度上取决于这些

① Andrew Gumbel, "U. S. Says CO_2 Is Not a Pollutant," *The Independent*, *Online Edition*, August 31, 2003.

② Chris Mooney, "Blinded by Science," *Columbia Journalism Review* 6 (2004), http://www.cjr.org/issues/2004/6/mooneyscience.asp.

问题中的某些环节的特定事实。人们当然可以想象一些情形，即因被欺骗而去干有害之事的人应该为他所做之事完全免于承担任何形式的道德责任，但人们也可以同样地想象另外的情形，即把相当大部分的过错都归咎于被欺骗者。但是，对第三个问题的回答，我们可以非常确定地说，对温室气体排放的国家责任的评估不可能会因为源于欺骗的无知而被减少。大多数国家都有足够的力量和研究机构来帮助政府正确地辨认事实的真相，以及核查其在公共政策中所使用的知识的真伪，如果我们很容易地豁免一个国家因“无知”或“被欺骗”而需承担的道德和赔偿责任，那么，就会产生严重的道德风险，这会鼓励各国政府采取消极的态度来应对气候变化，甚至会鼓励他们“乐意于”保持被欺骗的心态而故意装成无辜者，从而逃避责任。

四　科学不确定性、预防原则与气候治理

不确定性会继续在气候科学中存在，但是面对紧迫的环境问题，我们不能就此止步不前。这就需要我们有一个正确的态度来回应这种不确定性。在此，我们主张应该把预防原则作为应对像气候变化这样存在不确定性的问题的一个基本原则。

预防原则作为一种伦理规范主张：即使在没有充分的科学把握的情况下，巨大的环境风险也可以成为采取预防性或补救性行动的辩护理由。虽然这个原则并没有一个普遍性的构想，但是我们可以在 1992 年发布的《里约环境与发展宣言》（以下简称《宣言》）的第十五条原则中找到构成预防原则的主要因素：“为了保护环境，各国应根据它的能力广泛采取预防性措施。凡有可能造成严重的或不可挽回的损害的地方，不能把缺乏充分的科学确定性作为推迟采取防止环境退化的费用低廉的措施的理由。”[①]《宣言》所描述的原则断言：在预防性措施被实施之前，充分的科学确定性的证据标准是不需要的。也就是说，为了采取预防性的措施，我们应该要求那些倡导环境保护政策的人提供一个无懈可击的证据，或建立充分完备的证据，这是不必要的。已经有越来越多的人开始支持这个原则，这部分是因为，

① 《里约环境与发展宣言》，百度百科词条，http://baike.baidu.com/。

我们很难在环境伤害事件中建立起因果关系。所以，鉴于大多数环境伤害事件包括极其复杂的因果链条，我们应该把举证责任指派给反对在气候问题中采取预防原则的人。也就是说，反对的人必须拿出足够的证据来证明，气候变化不会产生灾难性的后果，否则，即使是在缺乏完备的气候科学的情况下，为了人类未来的命运，国际社会也应该采取积极的措施来应对气候变化。

从某种意义上讲，预防原则只是对社会风险规避的一种承诺，在一个风险社会中，要求社会要采取必要措施避免让其成员遭受严重的且不可逆转的伤害。但是，个人的风险规避往往仅被看作一种不同的人所持有的不同偏好，有一些人为了更大的收益而下赌注去冒险承担潜在的巨大的损失，另一些人为了保证最小的损失则宁愿获得较小的收益。这个原则可以被看作在制定公共政策时，要求社会最大限度地规避风险。但是，从更广泛的意义上讲，它也呈现更多的规范性含义，它会反对某些规范而支持另一些规范，正如蒂姆·海沃德所描述的："这个原则包含有这样的一个假设，即支持普通公民拥有保护自己免受环境伤害行动伤害的权利，并且把举证的责任推到新技术、新的活动、过程的倡导者身上，要他们证明这些活动不会构成严重的威胁。"① 预防原则强化了这样的一种观念，即公众有权使自己免受环境恶化所带来的伤害，并且拒绝为了获得眼前的经济利益而牺牲环境稳定的长期利益的做法，同时也降低了把科学不确定性当作推迟或规避对像温室气体排放这样的危害环境的行为进行管制的借口的可能性。

预防原则在某种意义上是对科学不确定性的一个伦理回应，它在容忍风险的存在以保护污染者的利益与将风险降到最低以保护污染受害者的权利这两者之间进行道德权衡。比如，在缺少完全的科学确定性的情况下，一个能容忍风险的社会可能会允许安全性存在问题的农药的使用，选择支持污染者；而一个规避风险的社会或者认同预防原则的社会将会禁止这种农药的使用，直到它被证明是安全的为止。这就提出了两个问题，即拒绝使用预测会有伤害但实际上是安全的农药（可能会导致农作物大面积减产）与使用某些对农作物的高产有帮助但不安全的农药（可能对环境和

---

① Tim Hayward, *Constitutional Environmental Rights* (New York: Oxford University Press, 2005), p. 168.

公众造成一定程度的污染和伤害），这两者之间谁的风险更大呢？人们该支持哪种选择呢？科学家们往往倾向于支持前者（预防原则）。因为在面临不确定性的情况下，如果一些人在没有得到他人同意，且也没有让他人获得潜在的回报的情况下使用了农药，这可能会将他人置于风险之中，而这些由风险带来的回报主要被污染者所获得，而不是社会所获得，那么，我们就应该采取预防原则。为了保护污染者的利益而让无辜者受到伤害，无疑是在侵犯无辜者的权利。在决定由谁来承担举证责任时，预防原则旨在保护人们的不受环境伤害的消极权利，在不确定的情况下，我们应该把举证的负担丢给污染者。从这个意义上讲，预防原则要保护的是潜在的污染受害者的安全权，而且也通过不允许污染者（他们通常是更富有的人，以及在利益的冲突中利益更少受损的人）把外部性成本转嫁给潜在的污染受害者（他们通常处于社会的最不利地位）而促进了公平。因此这个原则是建立在基本权利优先于非基本权利的伦理原则的基础上的。

从以上的理解出发，我们认为在气候变化对人类的生存和发展存在极大风险的情况下，我们应该把预防原则作为每个国家以及每个人行动和价值判断的一个最基本的考量因素之一。只有这样，我们才不会在将来为我们的行为感到后悔，而且，如果我们认真地对待后代的利益的话，就不应该以科学不确定性为借口而迟缓减排行动。

Scientific Uncertainty，Ignorance and Climate Responsibility

Chen Jun，Sheng Panao

Abstract：The designation of climate responsibility depends mainly on whether a scientific causation can be established between the behavior of a state or a individual actor and the fact of a climate change. A certain degree of uncertainty in climate science makes the designation of climate responsibility extremely complex. The uncertainty in climate science may make people "ignorance" in some respects，but in the face of global warming as high risk and high probability of environmental crisis, ignoring the deliberate judgement about climate change made by most scientists is a serious mistake. No matter whether people actually foresee the consequences of their actions, as long as scientific knowledge reveals theoretically that people should be able to foresee their own hazards, such behavior is wrong and therefore responsible. Based on this, we advocate that the precautionary principle should be regarded as a basic principle of dealing with the problems of uncertainty as climate change.

Keywords: Global Climate Change; Scientific Uncertainty; Climate Responsibility

功利主义*

——边沁之前**

科林·海特 文　陶文佳　徐晓璐 译**

【摘　要】本文考察了近代早期英国以及法国的功利主义历史。在英国，理查德·坎伯兰、约翰·洛克、乔治·贝克莱、弗兰西斯·哈奇森以及大卫·休谟等人推动了功利主义的发展。坎伯兰可以看作第一个用功利主义的视角来看待自然法的人，洛克对利己主义和享乐主义观点进行了辩护，并令随后的功利主义者大都追随的哲学道路拥有了合法性，哈奇森和休谟为后来世俗化的功利主义的发展提供了概念上的支持。以约翰·盖伊和乔治·贝克莱为代表的英国国教功利主义也为功利主义的发展做出了贡献。在法国，克拉克·爱尔维修既提出一个彻底自然主义的功利主义理论，又提出了一种将功利主义作为改革工具的模式。本文不赞同将英国国教功利主义和世俗功利主义理论看作两种不同的发展历史的观点，因为这两种

---

* 本文系2014湖北大学研究生工作站（哲学学院与湖北省教育考试院联合培养）之阶段性成果。

** 本文选自 Ben Eggleston，Dale E. Miller，*The Cambridge Companion to Utilitarianism*（Oxford：Oxford Univeristy Press，2014）。原文作者为科林·海特（Colin Heyolt），南佛罗里达大学哲学系副教授，他的著作聚焦于道德的发展历史，他尤其关注 17 至 19 世纪英国的思想。他也是 *Rethinking Mill's Ethics*：*Character and Aesthetic Education* 与 *Moral Philosophy in Eighteenth-Century Britain*：*God*，*Self*，*and Other* 的作者。

** 陶文佳，湖北大学哲学学院讲师，中华文化发展湖北省协同创新中心研究员，湖北省道德与文明研究中心研究员；徐晓璐，湖北大学 2018 级硕士研究生。

理论都承认道德的重要性，并对一些哲学思想和论述有共同认可，所以应该把它们看作一段共同史。

【关键词】 功利主义 边沁 自然法

本文考察了近代早期英国的功利主义历史，还简短地涉及了同期法国功利主义的发展。作为一个历史研究的主题，功利主义有一个问题和两个优势。问题是术语上的，即“功利主义”是个19世纪中期的术语，它指的是18世纪晚期到19世纪的一场法律、社会和政治改革的运动。[①] 在本文中，笔者将用这个术语来泛指功利主义的道德思想，尽管这符合现在的习惯，但其实并不太恰当。功利主义历史研究的优势则有以下几点。第一，功利主义的理论开始产生。更准确地说，我们可以把它的起源定位到17世纪60年代到18世纪30年代这一时期的英国。作为一个重要的哲学理论，它的产生时期相当具体。第二，功利主义思想的开端足够近代，能提供关于这些理论的早期支持者的想法及其境况的充足史料。这些优势使我们可以更加中肯地思考如何来回应这些重要问题：是什么使人们发展并维护功利主义的观点？在选择对功利主义进行辩护时，这些辩护者们拒斥的又是哪些其他选项？本文希望通过解决这些问题使功利主义更能展现其智慧性——不仅是哲学观点和争论的体现，还是对道德、政治和宗教生活模式的表征和塑造。

一 英国的功利主义

英国的功利主义历史中先于18世纪边沁的部分被“英国国教功利主义”[②] 的思想统治着。著名的支持者包括18世纪的思想家约翰·盖伊（John Gay）、约翰·布朗（John Brown）、索姆·杰宁斯（Soame Jenyns）、艾德蒙·劳（Edmund Law）、亚伯拉罕·塔克（Abraham Tucker）和威廉·佩利（William Paley）。[③] 这些思想家们都主张标准功利主义中的两个关键观

① 这是吉姆·克里明斯（Jim Crimmins）对“功利主义”的讨论。

② 请参见本文最后更倾向于用“英国国教功利主义”这一术语而不用“神学功利主义”这一常用表达的原因。

③ 关于他们的著作（包括有用的介绍性的文章）的最好合集是 Jim Crimmins：*Utilitarians and Religion*（Bristol：Thoemmes Press，1998）。

点：所有的事物——知识、美德、健康——只有当它们能促进快乐或者减少痛苦时才是有价值的；行为的对与错取决于行为的结果是否促进公共的善（the public good），即最大幸福。第一个观点可回溯到古代的伊壁鸠鲁主义，第二个观点在理查德·坎伯兰（Richard Cumberland）1672 年出版的《自然法论》中得到最初的现代化表达。然而，与世俗的功利主义相比，英国国教功利主义有一些独特之处。英国国教功利主义者认为，道德需要上帝，特别是对于道德义务的满意解释和对于解决个体幸福与公共幸福之间的矛盾而言更需要上帝。

在这里我们把英国国教功利主义看作两种在 17 世纪发展起来的思潮的结合：新教自然法理论（Protestant natural law）和伊壁鸠鲁主义的近代复兴。此处提供的这种分析力求使英国国教功利主义易于理解。这两种传统所展现的前代智力成果使英国国教功利主义者能够构建并形成一种新颖的道德体系，这一体系对英国有着重大影响。新教自然法理论和近代伊壁鸠鲁主义都受到了 17 世纪晚期的关键人物——坎伯兰和对英国国教功利主义的发展有最重要影响的约翰·洛克的分析检验。本文接着将会解读乔治·贝克莱（George Berkeley）、弗兰西斯·哈奇森（Francis Hutcheson）、大卫·休谟（David Hume）以及英国国家功利主义与自然法和伊壁鸠鲁主义的对立，还有功利主义观念和论点的建立。

（一）坎伯兰和洛克

坎伯兰 如果要说最著名的古典功利主义者——边沁和密尔排斥自然法的观念，那是不准确的。更确切地说，他们将其视作荒诞之言。边沁认为“虚假的自然法”除了是“令人费解的幻象”① 之外，什么也不是。约翰·斯图尔特·密尔批评它是“虚幻世界的虚幻法则”②。古典功利主义不把法律看作道德的基本组织原则，而把法律看作一个更基本的概念——善的衍生物。

① Jeremy Bentham, *An Introduction to the Principles of Morals and Legislation* (Oxford: Clarendon Press, 1996), p. 298.

② J. S. Mill, *Auguste Comte and Positivism*, *Collected works* (Toronto: University of Toronto Press, 1963 - 1991), Vol 10, p. 299.

可能让人惊讶的是，当我们在考察边沁之前的英国功利主义历史时，会发现功利主义者的思想理论却都是自然法理论，在其中上帝是立法者。理查德·坎伯兰（1631～1718）可以被看作第一个用功利主义的视角来看待自然法的人。

自然法道德观（natural law morality）强调道德是普遍的法，是由立法者（通常是上帝）强制实行的，并且只能通过理性获得，不需要经过启示（所以是“自然的”）。虽然存在普遍的道德律法这一观点可以追溯到斯多葛学派，但是自然法道德观在托马斯·阿奎那那里有一个开创性的发展（托马斯·阿奎那的理论对今天天主教的道德哲学仍有重要影响）。然而，新教改革之后，一个新的自然法道德观流派——新教自然法学派——开始发展。[①]

在新教自然法理论的发展中，具有里程碑意义的就是坎伯兰《自然法论》的出版。在坎伯兰看来，上帝（道德）律法的要求可以简化为：促进理性主体（rational agents）的共同的善（common good），即上帝的荣耀和人类的幸福。

从坎伯兰的表述中，可以得知共同的善是独立于《圣经》启示的一种义务。这种认知来自对自然的细致观察，因为上帝的旨意在这些事上显而易见是“自然地知道”的。[②] 我们可以推断出，上帝希望我们追求公共利益，因为对于主体来说“数不清的恶……天然地包含在每一种会对他人造成伤害的行动中”，各种善则伴随着每一种对公共善有益的行为。[③]

一旦我们承认上帝的意志是希望我们促进共同的善，上帝所拥有的“主宰世界”的权威就使它成为我们要遵守的一条律法。[④] 换句话说，上帝的意志做出了追求共同的善是合理的（reasonable）和促进共同的善是必须的（bound）两者之间的区分。

坎伯兰对共同的善的理解有何重要性？他对功利主义的历史发展有什

① 对于新教自然法的概观可以参见的书籍有：比如 K. Haakonssen, *Natural Law and Moral Philosophy: From Grotius to the Scottish Enlightenment* (Cambridge: Cambridge University Press, 1996) 和 R. Tuck, *Natural Rights Theories: Their Origin and Development* (Cambridge: Cambridge University Press, 1982)。

② Richard Cumberland, *A Treatise of the Natural Law* (Irdiamapolis: Liberty Fund, 2005), p. 536. 坎伯兰也提出了关于了解上帝意志内容的先验论，参见第 537～541 页。

③ Ibid., p. 333.

④ Ibid., p. 536.

么意义？有两点值得注意。第一，宣称自然法的目标是公共利益并非不寻常（的确，阿奎那就是这样做的）。然而，坎伯兰提出了一个新颖的主张：共同的善是组成社会的理性主体的个人善的总和。这为比较两种道德行为提供了基础。[①] 此外，坎伯兰还认为，正确行为的判断标准是这一行为的结果在多大程度上促进共同的善（虽然他在此问题上的观点前后不一致，但英国国教功利主义者给出了更清楚的阐释）。[②] 这些立场为功利主义理论打开了更多概念性的空间。

第二，共同的善提供了一个公共标准，使判断对与错的共识成为可能。这是反对亚里士多德学派在特定情况下将依赖智者的判断作为对与错的最终决定因素的一种表现。坎伯兰认为，共同的善的特点就是"所有人的最大好处"（greatest advantage of all）。

"从共同的善特有的性质来看……它给谨慎精明的人提供了一种规则和衡量标准，仅通过对人的行为和喜好的衡量，就已经蕴含着美德了。在亚里士多德对美德的定义中，他把这项任务交给了审慎者的判断，但没有指出形成这种判断的规则。"[③]

坎伯兰延续了格劳秀斯的看法，认为规则比判断重要，而不是像亚里士多德那样，认为道德规则只是有实践智慧之人之判断力的不完美标准。这一观点在边沁后来对道德判断的"外部标准"或"外部基础"的呼吁中及他对同情和反感原则的抱怨中形成一种新的形式，"赞成或反对某些行为的原则……仅仅是因为一个人发现自己倾向于赞成或反对它们"[④]。

洛克 洛克（1632～1704）否认正确的行为是由它的结果促进了公共利益这一功利主义原则来决定的，所以要说他在功利主义的历史中扮演了非常重要的角色似乎就显得有点奇怪。洛克的否认建立在对自然所展现出的上帝对自己造物之意志——上帝为人类建立的法——的另一种决定之上。

---

① Richard Cumberland, *A Treatise of the Natural Law* (Indianapolis: Liberty Fund, 2005), pp. 355, 356, 537, 575.

② Ibid., pp. 505 - 508. 关于坎伯兰的观点的讨论，参见 Schneewind, *The Invention of Autonomy* (Cambridge: Cambridge University Press, 1998)。

③ Richard Cumberland, *A Treatise of the Natural Law* (Indianapolis: Liberty Fund, 2005), p. 275.

④ Eremy Bentham, *An Introduction to the Principles of Morals and Legislation* (Oxford: Clarendon Press, 1996).

根据洛克的看法，最基本的自然法是“所有人类的和平与生存”，随后他将这一法则分成两条：每个人“必须自我保存”，以及当“自己的自我保存与保存其他人类不相矛盾时”，要“保存其他人类”。① 其他责任和权力则都是实行这些法律所必需的，这就使得例如财产权就令我们的自我保存成为可能，因为自我保存也是实现上帝对我们的意志。对于财产权或者禁止自杀的正当性证明并不在于公共的善。洛克没有吸收坎伯兰在自然法上的创新，尽管如此，上帝想要人类保存自己和上帝想要人类幸福这两者之间的差距并没有那么大。

虽然洛克不认同坎伯兰和英国国教功利主义者关于正确行为评判标准的观点，但随着他在英国的影响变大，他令随后的功利主义者大都追随的哲学道路拥有了合法性。他特别做了两件重要的事：捍卫了在自然法中上帝有重要地位的唯意志论义务论；还支持利己主义和享乐主义的各种观点。下面笔者将一一展开讨论。

洛克的道德义务论最终被英国国教功利主义者和其他人吸收。洛克想要宣称我们对于道德法则的义务最终依赖于我们要遵循上帝的意志（那种法则的源泉）这一义务，并且他反对霍布斯认为的我们遵循上帝的意志（以及上帝所意欲的那个自然法）这一义务并不仅仅依赖于上帝那不可抗拒之力量的理论。② 虽然上帝的奖励和惩罚激励我们遵守上帝的律法，但遵守上帝律法的义务来源于上帝那凌驾于众人之上的权威。如果要进一步思考并追问上帝的权威是建立在何之上的话，洛克强调上帝是我们的创造者，在造物主与创造物之间的这种关系里就包含创造物对造物主的义务和造物主对创造物的权利。③

洛克对利己主义和享乐主义观点进行了辩护（和合法化），这使他成为功利主义历史上的重要人物。功利主义的一个关键宗旨就是所有的事物只

---

① John Locke, *Two Treatise of Government* (Cambridge: Cambridge University Press, 1988), p. 271.

② Darwall, "Norm and Normativity," in K. Haakonssen ed., *The Cambridge History of Eighteenth-Century Philosophy* (Cambridge: Cambridge University Press, 2006), p. 991.

③ 详细的论述参见 J. Tully, *A Discourse on Property: John Locke and His Adversaries* (Cambridge: Cambridge University Press, 1980), pp. 32 - 42。关于洛克处理义务的相关问题参见 Darwall, "Norm and Normativity," in K. Haakonssen ed., *The Cambridge History of Eighteenth-Century Philosophy* (Cambridge: Cambridge University Press, 2006)。

有当它们促进幸福（亦即快乐）的时候才是有价值的，这一宗旨有很长的历史，可以追溯到伊壁鸠鲁和从他的哲学发展起来的希腊化哲学学派。

受到法国新伊壁鸠鲁派的不同学者特别是皮埃尔·加森迪（Pierre Gassendi）[①] 的影响，洛克似乎接受了某种利己主义和享乐主义理论。洛克的利己主义和享乐主义理论包含三个相互关联的主题。第一个主题是关于价值（value）的，即我们所说的能够产生快乐的就是“善”（good）和能够产生痛苦的就是“恶”（evil）。[②] 在洛克 1676 年的笔记中，他说那些善的事物都成了我们的幸福（亦即快乐），而那些能够制造快乐，但本身不令人愉快的事物，则只是在某种从属的意义上是善的。在后一种情况下，洛克又纳入了有用性（utile）和美德或者高贵之善（honestum）。他认为善比如财富和节制，“若不是上帝规定它们可以产生快乐，并因此成为帮助我们获得幸福的工具……我看不出它们是如何能被看作是善的”[③]。类似的，如果暴食不能产生痛苦，就不能认为它是恶的。

第二，洛克并未像坎伯兰那样看待幸福，洛克清楚地指出幸福可以简化为快乐和痛苦的免除。幸福就是快乐和痛苦之间的计算。第三，洛克从利己主义的角度描述动机：每个人都在追求自己的幸福——我们行为的动机完全是为了得到快乐和避免痛苦。[④]

然而，伊壁鸠鲁快乐主义的一个重要的近代革新就是它的基督教化。在享乐主义理论中，一个主要需要慎重考虑的问题就是试图确定到底是什么促进或减少了快乐。洛克、加森迪还有其他一些哲学家都主张死后世界

---

① Driscoll, “The Influence of Gassendi on Locke’s Hedonism”. 应该注意的是，近代早期奥古斯丁主义的各个版本［例如拉·罗什富科（La Rochefoucauld）的理论］也将人类描述为是受利己主义和享乐主义支配的——是堕落的结果。关于这个时期伊壁鸠鲁主义和奥古斯丁主义两者的关系更进一步的讨论参见 P. Force, *Self-Interest before Adam Smith: A Genealogy of Economic Science*（Cambridge: Cambridge University Press, 2003）。

② John Locke, *An Essay concerning Human Understanding*（Oxford: Oxford University Press, 1975）, p. 259.

③ John Locke, *Political Essays*（Cambridge: Cambridge University Press, 1997）, p. 249. 也可以参见 John Locke, An Essay concerning Human Understanding（Oxford: Oxford University Press, 1975）, pp. 229, 259。

④ 需要注意的是洛克似乎在 *An Essay concerning Human Understanding* 第二版中改变了他的立场，他强调“担忧”才是行为的动机（可能是受马勒伯朗士的影响），而不是追求快乐和免除痛苦。

和上帝的审判在我们组织幸福的计算过程中具有至关重要的作用。我们真正的幸福并不在于现世的即刻快乐，而在于遵循上帝的意志之后获得的永恒幸福和永远地免除痛苦。[①] 确实，正如洛克所强调的，没有上帝，人类会发现共同生活格外艰难。如果我们对快乐的欲望没有得到抑制，人类道德和社会生活将会被破坏。[②]

艾德蒙·劳、洛克哲学的“目的和倾向”，“只不过是把我们的知识和幸福的基础还原成在自然中所能观测到的那种原始的简单性”。洛克对于形而上学的简单性、自然主义和谦虚的求知态度的强调，形成了随后道德哲学中的讨论——既是它们灵感的来源，也是它们攻击的对象。

（二）十八世纪的发展

贝克莱 乔治·贝克莱（后来是贝克莱主教）（1685～1753）于1711年（或者可能是1712年早期）在都柏林圣三一大学给学生做了三次关于“被动服从”（passive obedience）的演讲，他论证了对最高统治权的绝对义务。洛克和洛克的辉格党主张反抗主权权威的权利，贝克莱这样做之后，他就和托利党以及更多反对辉格党的保守英国国教党人结成了同盟。更有争议、对贝克莱的事业更具毁灭性的是，尽管有充分的理由证明贝克莱不是雅各宾派（亦即被罢黜的詹姆斯二世的支持者和光荣革命的反对者），但被动服从学说常被认为是雅各宾派的主张。在论证被动服从的过程中，他依靠自然法确立了功利主义的立场。贝克莱的思想并不能代表（无论是神学的还是世俗的）功利主义思想在英国的发展，所以，尽管他是一个英国国教教徒和功利主义者，笔者还是要把他和集中在剑桥的英国国教功利主义主流区分开来。尽管如此，他的理论非常重要，不仅因为其独创性，也因为它提供了一个有用的历史实例，表明功利主义思想可以为保守派（事实上甚至可能为反动派）所用。

贝克莱主张的核心——很大程度上和洛克的基本观点一致——是这样

① 将加森迪与霍布斯对比就会发现，正是糟糕的来世，而不是死，代表着我们最大的恶，参见 Driscoll, “The Influence of Gassendi on Locke's Hedonism,” *International Philosophical quarterly* 1（1972）：106－107。

② John Locke, *An Essay concerning Human Understanding*（Oxford：Oxford University Press, 1975），p. 75.

的：人类天然地在关注事物时考虑它与自爱的关系，把促进我们幸福的事物称为“善”，把减少我们幸福的事物称为“恶”。当我们变得成熟的时候，我们会明白即时的快乐往往导致痛苦，反之亦然。这样，人人都会承认一个“理性的人”应该按照有利于“永恒利益”①（eternal interest）的方式行事。既然我们从自然理性中得知，有“一种至高无上的、无所不知的神灵，他本身便足以使我们永远幸福，或者永远痛苦，那么就可以推出，服从他的意志，而不是获得任何短暂的好处，才是每一个遵循理性原则行事的人管理和纠正自己行为的唯一准则”②。

遵循上帝的意志就意味着遵守由上帝的意志颁布的自然法。但如果是自然理性（而不是启示）决定自然法则的话，人们便首先需要确定上帝制定这些律法的意图，即“上帝所设计的人们的行为所带有的那个目的”③是什么。贝克莱和坎伯兰一样，认为上帝的目的是“人类的幸福”（good of men），因为一个人不能享有比另一个人更多的权利，上帝想要给“世界上所有国家的所有人福祉”④。坎伯兰的大部分论述试图通过详述与特定行为相关的审判来经验性地揭示上帝的意图，与他不同，贝克莱则依赖于上帝全善的先验论证，称：“因为上帝是全善的存在，很显然他所提倡的目的也是善的。上帝自己享有一切可能的完美，由此可知这不是他自己的善，而是他的创造物的善。”⑤发现上帝的意图之后，我们就能够确定实现这一目标“必须提倡”的手段，即遵守自然法。英国国教功利主义者关于上帝之意图的论述更接近贝克莱的而不是坎伯兰的。

贝克莱思想理论的另一个显著特点就是我们所说的“规则功利主义”⑥。有一些自然法是绝对的，即无论在什么情况下都必须遵守，没有例外。所

---

① George Berkeley, *Passive Obedience or the Christian Doctrine of Resisting the Supreme Power, Proved and Vindicated upon the Principle of the Law of Nature* (Dublin: F. Dickson, 1712), p. 5.

② Ibid., pp. 7 - 8.

③ Ibid., p. 6.

④ Ibid., p. 6.

⑤ George Berkeley, *Passive Obedience or the Christian Doctrine of Resisting the Supreme Power, Proved and Vindicated upon the Principle of the Law of Nature* (Dublin: F. Dickson, 1712), pp. 6, 8.

⑥ Ben Eggleston, Dale E. Miller, *The Cambridge Companion to Utilitarianism* (Cambridge: Cambridge University Press, 2014).

有的绝对律法都是消极命令，包括不要通奸、谋杀、偷盗、撒谎或者不要反抗最高权力（即被动服从的律法）的命令。虽然它们之所以是自然法，是因为它们指向“公共福利”，但这并不意味着在某些特殊情况下我们为了“人类的幸福”可以忽视法律。[①] 做出这种限制主要是因为，如果没有确定的自然法来指导我们的话，每个人都会有自己的判断，贝克莱认为这是站不住脚的，会导致混乱。普遍善（the general good）这一目的太过不确定，以至于不能充分地限制我们这样的被造物的坏倾向。而且，我们无法计算出普遍善的行为的结果，即便能计算，我们也缺乏时间去这么做。严格的道德律是为被动服从做辩护，反对那些认为某些特殊情况或君主的某些行为会使叛乱合法化的人的。在这样的论述中，贝克莱预示了接下来的几个世纪里反对行为功利主义的一些论点。[②]

二　在苏格兰的发展

功利主义在苏格兰不像英格兰那样盛行，两位苏格兰哲学家——弗兰西斯·哈奇森和大卫·休谟——为后来世俗化的功利主义的发展提供了概念上的支持，不过，虽然他们时常会被认为也是功利主义者，但他们两人都不是。

哈奇森（1694～1746）是苏格兰和爱尔兰长老派的成员，他的著作和在格拉斯哥大学当道德哲学教授时的教学深刻地影响了苏格兰启蒙运动。因为普遍善（the general good）在哈奇森的道德和政治思想中都占有重要地位，所以他有时候被看作功利主义者。[③] 例如，我们说，当某物“总体来说将会有助于普遍的善”[④] 时，某人就有权利去做、去获取或要求这一事物。“当我们意识到上帝所有的旨意是想要实现人类的普遍幸福（the universal

① George Berkeley, *Passive Obedience or the Christian Doctrine of Resisting the Supreme Power, Proved and Vindicated upon the Principle of the Law of Nature* (Dublin: F. Dickson, 1712), p. 16.

② Ben Eggleston, Dale E. Miller, *The Cambridge Companion to Utilitarianism* (Cambridge: Cambridge University Press, 2014).

③ Francis Hutcheson, *An Inquiry into the Original of Our Ideas of Beauty and Virtue* (Indianapolis: Liberty Fund, 2004), p. 182.

④ Ibid., p. 182.

happiness）时”[①]，我们就说上帝是全善的。而且，哈奇森在谈及在不同可能的行为中进行选择、该用何种标准时创造了“最大多数人的最大幸福”（the greatest happiness for the greatest number）这一功利主义术语。[②]

然而，认为哈奇森是一个功利主义者的观点忽视了一些至关重要的不同之处。哈奇森与同时代的那些更典型的功利主义者不同，对于他来说，在道德上重要的不是幸福，其对某一行为的最终评判不是看行为的结果是否指向幸福，而是看产生这一行为的内在动机。哈奇森认为，只有在主体（包括上帝）的行为是出于仁爱（benevolence）的动机时，我们才会赞成所有的美德（包括公正）都是仁爱的一种表现这一观点。功利主义者和哈奇森都强调公共善，但对于哈奇森来说，这是因为促进公共善的行为证明主体能表现出仁爱，而不是因为公共幸福（public happiness）本身就是善的。哈奇森在主体的品质而非客观的值得渴望的某种状态（亦即幸福）中找到了道德善的源泉。

虽然休谟（1711～1776）反对利己的享乐主义，并受到哈奇森思想多方面的影响，但他是一个完全的伊壁鸠鲁主义者。[③] 休谟对伊壁鸠鲁主义的发展使他成为边沁功利主义的重要先驱，尤其是他那广为人知的效用理论（theory of utility）（他将效用看作我们赋予正义以价值的源泉）以及他对自然法和自然宗教的关键原则的拒斥。尽管如此，还有不少不应该将休谟看成功利主义者的原因。第一，像哈奇森一样，休谟认为，我们要以人们表现出的动机而不是以行为产生的结果来评判某一行为。第二，他所说的“效用”是指可以相加或聚合的快乐，还是指社会秩序或稳定等，这一点并不明晰。第三，他认为有一些美德（比如快乐、礼貌）之所以被视为有价值是因为它们能即刻得到众人的赞同，而不是因为它们的公共效用。第四，他并没有明显地为任何道德的规范立场做辩护，更不用说效用原则这样的一元论立场了；他似乎更关注去描述作为“人类科学”（science of man）的一部分的道德现象。休谟对功利主义的影响是复杂的，边沁对休谟的矛盾

---

① Ibid., p. 181.

② Ibid., p. 125.

③ 关于哈奇森与休谟的联系，参见 Norton, *David Hume*。关于休谟的伊壁鸠鲁主义，参见 J. Moore, “The Eclectis Stoic, the Mitigated Sceptic” 和 Frederick Rosen, *Classical Utilitarianism from Hume to Miller*。对休谟的伊壁鸠鲁主义表示质疑的相关论述参见 James Harris, “The Epicurean in Hume”。

心理暗示了这一点。①

三 英国国教功利主义

到了18世纪30年代，英国国教主流神学强调行为（而非教义信仰）是基督徒美好生活和自然理性知识（而非来自启示）的基础。这两个重点使人们对道德哲学的兴趣越来越浓厚，英国国教功利主义则统治性地吸引了这种兴趣。这是18世纪功利主义在已建立的制度精英群体中获得突出地位的唯一例子。英国国教功利主义的书大多数是剑桥大学学者所著，并且用来教导一代又一代的学生，这些学生又接着对教会和英国政治生活产生影响。

这种卓越地位的证据来自威廉·休厄尔（William Whewell）——一位哲学家，密尔的反对者，剑桥大学三一学院的硕士，他在1852年指出，盖伊、塔克和佩利的功利主义哲学是“这所大学过去一个世纪传授的道德体系”②。与任何认为边沁的世俗功利主义会“取代”宗教功利主义的天真期待相反，在1789年边沁出版《道德与立法原理导论》之后，英国国教功利主义的重要性更加突出，这一现象缘于英国反对与政治激进主义和法国大革命有关的自然权利理论的一种反应，特别是佩利的《道德哲学和政治哲学原理》（1785）一直到19世纪都作为剑桥大学的课程，并得到了学会的认可，但也受到了猛烈抨击，在几十年的时间里比边沁的作品更有影响力。

英国国教功利主义者是边沁和密尔（约翰·密尔和他的父亲詹姆斯）世俗功利主义的延续者，同时也是反对者。道德标准、道德心理和价值理论之间存在连续性，但是在道德义务和如何修正道德哲学之间有明显区别。更深入地了解英国国教功利主义，能让我们对边沁功利主义与18世纪英国主流道德和政治思想的关系有更清晰的认识。

尽管各个“英国国教功利主义者”的重点、精细度和信条之间存在差异（在少数情况下），但这一学派的关键观点都在约翰·盖伊的论文《关于

① 关于休谟在功利主义历史发展中的地位以及边沁对他的矛盾心理的充分论述，参见 Crimmins, *Utilitarian Philosophy and Politics*: *Bentham's Later Years* (London and New York: Continuum International Publishing Group, 2011)。

② William Whewell, *Lectures on the History of Moral Philosophy in English and Additional Lectures on History of Moral Philosophy* (Bristol: Thoemmes Press, 1990), p. 137.

美德或者道德的基本原则的初步论述》中得到阐释（尽管佩利对这些观点的阐释是最有说服力和影响力的），因此它成为本文的一个焦点。这一作品最开始是作为艾德蒙·劳在 1731 年翻译的威廉·金（William King）《论恶的起源》的序言匿名发表的。众所周知，这是把功利主义和联想心理学（亦即洛克认为心理现象是由例如相似或延续性而联系在一起的简单经验组合而成的最终产物）这两种 19 世纪思想中极为重要的内容融为一体的第一次尝试。盖伊的论文虽然不长，却有着极深远的影响。

盖伊（1699～1745）在剑桥大学接受教育，1724 年到 1730 年其是剑桥大学的研究员和助教。艾德蒙·劳认为盖伊对《圣经》和洛克著作的了解是无与伦比的，这一论断体现出盖伊在剑桥大学的同事对他的高度评价（也表达了他们对洛克的崇拜）。①

英国国教功利主义的三个值得注意的特点在盖伊的作品中得到了体现。第一，英国国教功利主义（以新颖的方式）发展了伊壁鸠鲁快乐主义。第二，他们为一种功利主义的正确行为判断标准做了辩护。第三，他们论证道德义务并要求上帝及其许可。下面笔者将一一阐明。

追随洛克和其他近代快乐主义者的脚步，盖伊认为，“幸福，尤其是个人幸福，是我们所有行动恰当的或者是最终的目的”②。所有行为都源于追求幸福和避免痛苦。并且，正如盖伊的后继者们所说，我们不仅仅受快乐和痛苦的驱使，快乐和痛苦也是道德评价的最终源泉。

这一观点及其含义得到发展，由盖伊的后继者发展并阐发得更清楚。艾德蒙·劳认为，“除了感受性的，其他的原始的快乐或痛苦”并不存在，“……任何与生俱来的知识性的决心，或完全不源于并且天然地独立于快乐和痛苦的道德原则，似乎是不可能的”。③ 索姆·杰宁斯（Soame Jenyns）对于“完全不是源于”快乐和痛苦的道德原则只有鄙视之辞，认为：“他们颂

① Jonathan Harris, *Oxford Dictionary of National Biography* (Oxford: Oxford University Press, 2004).

② John Gay, "Preliminary Dissertation Concerning the Fundamental Principle of Virtue or Morality," in William King ed., *An Essay on the Origin of Evil* (Cambridge: Cambridge University Press, 1758).

③ Edmund Law, "The Nature and Obligation of Man," in William King ed., *An Essay on the Origin of Evil* (Cambridge: Cambridge University Press, 1758).

扬真理、美和和谐这些美德，不考虑其后果，只是浮夸地胡言乱语。”① 杰宁斯的嘲讽表达了英国国教功利主义者们共同持有的对沙夫茨伯里（Shaftesbury）和对像塞缪尔·克拉克（Samuel Clarke）、威廉·沃特森（William Wollaston）以及约翰·巴尔盖（John Balguy）这样的道德理性主义者的洛克式（和伊壁鸠鲁式）态度，道德理性主义者将行为的正确性理解为从行为中折射的各个想法间的关系。② 英国国教功利主义者则论证真理、美、美德（或者在拥有这些品质的行为中）没有内在价值。

盖伊认同哈奇森等人的观点，认为我们认可并追求像美德或者金钱之类的东西是为了它们自身，这使伊壁鸠鲁主义的利己主义和享乐主义变得更复杂。然而，他通过联想主义来调和这些现象与他的享乐主义之间的矛盾。我们最初就喜欢像钱这样的东西，把它作为追求幸福的工具。然而，钱与快乐之间的联系最终变得如此密切，以至于我们开始追求钱本身，不再把它看作达到某一目的的手段——钱本身变得令人愉快。美德也是一样的，我们最初喜欢它是因为它给我们带来了快乐，最后，通过联想的力量，喜欢它是因为它本身让人愉快。所以，联想解释了我们从把美德看作追求快乐的一种工具到为了美德本身追求美德，并把它本身看作令人愉快的这一转变。美德的价值并不（也不应该）独立于它与快乐的联系，但它可以因其自身而获得价值，因为它是行动的最终目的，而不是附属目的。

盖伊的短篇论文还论述了正确行为的标准（或“美德的标准”）和道德义务。在他和其他功利主义者看来，这些思想是紧密相连的。

盖伊把美德定义为“对生活规则的服从，指示所有有理性的造物行事都要尊重他人的幸福；在任何情况下，每个人都有义务遵从它；每一个遵从的人都应为此而获得赞许、尊重和热爱”③。换句话说，美德是指遵从生活规则的义务。美德的标准是“将行为命名为道德的事物”，追问它便是

① Soame Jenyns, *A Free Inquiry into the Nature and Origin of Evil* (London: R. and J. Dodsley, 1757), p. 123.

② 比如：“没有缘由地给予一个有理智的人痛苦，很显然这是一种错误的行为，因为这直接违背了客体的本性和主体的处境。” 参见 John Balguy, *The Foundation of Moral Goodness or a Further Inquiry into the Original of Our Idea of Virtue* (London: J. Pemberton, 1728), p. 38。

③ John Gay, “Preliminary Dissertation Concerning the Fundamental Principle of Virtue or Morality,” in William King ed., *An Essay on the Origin of Evil* (Cambridge: Cambridge University Press, 1758), p. 36.

“追问我们有义务遵循什么样的生活规则”（在这里可以清楚地看到自然法传统的影响）。①

这样，了解什么是美德就是要了解我们有义务遵守什么样的生活规则。盖伊把义务定义为“为了快乐去做或者不做某一行为的必要性，亦即主体与行为之间存在这样一种联系，当主体做或者不做某一行为才能快乐时，就说主体有义务去做或者不做某一事情”②。盖伊认为：“完全的义务……只能从上帝的权威中产生；因为只有上帝才能在任何情况下都能使人感到快乐或痛苦；所以，既然我们总是有义务遵守被称为美德的东西，很显然美德的即时规则或标准就是上帝的意志。”③ 所以，在盖伊看来，美德的标准是我们无论在什么情况下都有义务要遵循的东西。根据盖伊对义务的定义，自我利益（self-interest）使我们负有义务，只有上帝才能在所有情况下都能使人感到快乐或痛苦，只有上帝才能随时随地提出义务（不过盖伊也注意到其他方面——自然的、道德的、公民的——对义务的贡献）。④ 所以我们必须有义务去做上帝想要我们去做的任何事情。

很自然，下一个问题就是上帝想要我们做什么？像贝克莱一样，盖伊避免了坎伯兰那样试图费力地通过从经验层面对世界进行详细研究（尤其是与其行为相联系的认可）来明确上帝的意志的做法。相反，他认为要从上帝的本质——上帝全然的幸福和善着手，认为“上帝在创造人类的过程中除了让人类幸福没有别的设定”就是“证据”。⑤ 盖伊进一步说，上帝也必须要实现人类的幸福。所以，我们自己的行为“只要可能是全人类幸福的手段，就应该如此”⑥。

① Ibid., pp. 28, 37.

② Ibid., p. 37.

③ John Gay, “Preliminary Dissertation Concerning the Fundamental Principle of Virtue or Morality,” in William King ed., *An Essay on the Origin of Evil* (Cambridge: Cambridge University Press, 1758) p. 38.

④ Darwall, “Norm and Normativity,” in K. Haakonssen ed., *The Cambridge History of Eighteenth-Century Philosophy* (Cambridge: Cambridge University Press, 2006), pp. 993 – 994.

⑤ John Gay, “Preliminary Dissertation Concerning the Fundamental Principle of Virtue or Morality,” in William King ed., *An Essay on the Origin of Evil* (Cambridge: Cambridge University Press, 1758), pp. 38 – 39.

⑥ John Gay, “Preliminary Dissertation Concerning the Fundamental Principle of Virtue or Morality,” in William King ed., *An Essay on the Origin of Evil* (Cambridge: Cambridge University Press, 1758), p. 39.

对于盖伊来说，行为的最终测试——美德的标准——是上帝的意志。对行为道德性的切近测试就是上帝所意欲的，即人类的幸福。

作为英国国教功利主义的中心观点，它（上帝希望我们幸福）值得我们停下来反思一下：我们为什么应该相信上帝创世的主要目的就是使他的创造物幸福？为什么我们不应认为这一观点过于强调上帝的仁爱（而不承认上帝的其他特征，比如他的复仇心）？或是上帝的目的对于我们来说是不可理解的——上帝是神秘的？或是上帝在创造人类时有很多目的，人类的幸福只不过是其中之一？有趣的是，很少有人花心思去解决这些问题（比如，佩利在他的《道德与政治哲学原理》中只做了粗略的论述）。[①] 这可能表明英国国教功利主义的读者在关于上帝的目的和我们对这些目的的确定问题上达成了一致。

莱斯利·斯蒂芬（Leslie Stephen）对边沁是“佩利减去了对地狱之火信仰”的嘲弄点明了世俗功利主义与盖伊、佩利还有其他英国国教功利主义者所捍卫的理论之间的主要断裂之处——上帝。[②] 上帝在英国国教功利主义中扮演至关重要（并且是关联密切的）的两个角色。第一，当公共利益与个人利益冲突时，上帝提供追求公共利益的理由。第二，基于促进公共利益的发展是道德的最基本要求这一假设，上帝对“我为什么应该是道德的？”这一问题早已给出了答案。

为了体现上帝选择支持公共利益而不是个人利益的必要性，盖伊提出了一个世俗功利主义理论会遇到的假想困境，将人类的善作为美德的终极标准而忽略上帝。这种理论的支持者“要么承认美德（亦即公共利益）并非无论在何种情况下都要遵守的义务（与所有人或大多数人的想法相反），要么他们就必须说人类的善就是一种充分的义务”[③]。显然盖伊认为，美德必须遵从，因此他把重点放在了这个困境的第二个方面。原则上，公共善

---

① William Paley, *The Principle of Moral Political Philosophy* (Indianapolism: Liberty Fund, 2002), pp. 39 -42.

② Leslie Stephen, *History of English Thought in the Eighteenth Century* (London: Smith, Elder, 1920), p. 125.

③ John Gay, “Preliminary Dissertation Concerning the Fundamental Principle of Virtue or Morality,” in William King ed., *An Essay on the Origin of Evil* (Cambridhe: Cambridge University Press, 1758), p. 41.

可能以两种方式使人负有义务：一种是它本身能够产生义务，即使它与个人的幸福相冲突；另一种是，在自我利益和人类的善之间从来不存在冲突。但是盖伊认为这两种情况都不可能存在。

盖伊否认第一种情况的原因是，他认为公共善与个人幸福不同，其不能为行为提供充足的理由去履行义务。正如盖伊所说，“人类的善如何成为我的义务呢？也许在某些特殊的情况下，比如牺牲我的生命或类似的事情是与我的幸福相反的”①（我们的义务必须与我们的幸福相一致这一前提，受到了盖伊同时代人的挑战，这并不意外②）。盖伊否认第二种情况的可能性——即使在没有神圣约束的情况下，公共善也总是符合个人利益的，因为很明显，如果不是为了天堂的奖赏而去为公共善行动，就意味着牺牲个人的幸福。盖伊提出世俗功利主义理论的假想困境，得到的结论就是：如果没有上帝，就没有一种前后一致的方法将人类的善作为美德的终极标准。

所以，如果没有上帝，在个人利益与公共利益冲突的情况下，人们没有道德的义务。的确，无神论者似乎有很好的理由去追求自己的快乐。但上帝的介入解决了这个问题。假设上帝会慷慨地嘉奖促进公共善的人，严厉惩罚损害公共善的人，这样就可以保证促进公共善与人们的长期自我利益是一致的。在道德要求促进公共利益的前提下，由此举证，上帝为“为什么我应该是道德的?”③ 这个问题提供了答案。

通过为道德冲突问题提供解决之道，上帝为世界带来了秩序（如果没有上帝世界将会混乱）。盖伊对世俗功利主义的怀疑是基于这样的一种疑问，即一个人能否为成为道德的人给出利己主义（例如一个典型的人）的理由。

总而言之，我们可以说，功利主义由于种种原因吸引了这些国教功利

① John Gay, “Preliminary Dissertation Concerning the Fundamental Principle of Virtue or Morality,” in William King ed., *An Essay on the Origin of Evil* (Cambridge: Cambridge University Press, 1758), p. 41.

② 与盖伊同时代的一些人质疑我们的义务与我们的幸福必须一致这一观点，相关内容参见 Darwall, “Norm and Normativity,” in K. Haakonssen ed., *The Cambridge History of Eighteenth-Century Philosophy* (Cambridge: Cambridge University Press, 2006)。

③ 与盖伊同时代的一些人也质疑上帝的审判与我们行为的优与劣之间的对应关系。例如，参见 Gershom Carmicheal, *Natural Rights on the Threshold of Scottish Enlightenment: The Wrings of Gershom Carmichael* (Indianapolism: Liberty Fund, 2002)。

主义思想家。其中包括功利主义的形而上学和认识论的简单性、它与宗教理性主义（例如，它不需要参考《圣经》或有争议的神学主张就可以清楚地表达）的兼容性，以及它为社会和政治现状（即已建立的政权的合法性）辩护的能力。

四 法国功利主义

和 17、18 世纪英国的情况一样，法国也是如此：各种利己主义和享乐主义的观点得到了广泛而有力的辩护。在多数情况下，这为功利主义道德理论的产生提供了帮助。

正如施尼温德（J. B. Schneewind）所说，18 世纪英国和法国的利己主义者的一个本质区别“在于他们对自爱应指引我们的那个世界的理解”。英国的思想家认为，利己主义是在一个“神圣有序的世界中”运行的，在这个世界中，道德是由上帝意欲、普遍的自然法来表现的，然而法国利己主义者比如克劳德·爱尔维修（Claude Helvetius）和霍尔巴哈男爵（Barond 'Holbach）则反对这一观点。[①] 拒绝援引上帝或上帝的旨意成为这些功利主义道德理论的鲜明特点，对边沁主义的功利主义发展至关重要。在这里，我们将重点讨论其中最重要的思想家——爱尔维修（1715～1771）。

亨利·西季威克（Henry Sidgwick）——可能是“古典功利主义”最杰出的代表——认为“边沁的思想理论中的前提很明显来自爱尔维修”[②]。爱尔维修是包括丹尼斯·狄德罗（Denis Diderot）、伏尔泰和霍尔巴哈等人的法国激进启蒙运动的一员。他最重要的作品《论精神》发表于 1758 年，被公开烧毁，成为许多争议的源头（以至于有人认为，在法国大革命的知识框架建构中，它比卢梭的《社会契约论》更重要）。[③]

他对人性的看法主要来自洛克（这一时期他在法国的影响很深远）和

① Schneewind, *The Invention of Autonomy* (Cambridge: Cambridge University Press, 1998), p. 404.

② Henry Sidgwick, *Miscellaneous Essay and Addresses* (London: Macmillan, 1904), p. 151.

③ David Wootton, "Helvetius: From Radical Enlightenment to Revolution," *Political Theory* 28 (2000).

近代伊壁鸠鲁主义。[①] 他强调人与动物的连续性，并且否认与生俱来的恶，这两种主张都使他站到不同宗教人类学理论的对立面。他把洛克的反天赋论推向激进的方向，认为环境和经验在塑造人的过程中具有重大影响力。他强调，为实现道德，立法和教育必须具有中心地位。这也是一种激进的平等主义，将人们之间的大多数差异归因于他们所处的环境的不同，而不是先天能力的不同。[②]

很明显，爱尔维修为功利主义道德和政治标准辩护。公共效用（public utility）“是人类美德赖以建立的原则”[③]。所以，例如，当人的“一切行为都是为了公共福利（the public welfare）”[④] 时，他就是正义的。它是判断善与恶的标准，更进一步，这一标准为我们对美德的认同提供了典型的基础，即便我们并不这样认为。[⑤]

他把这种对功利主义的美德标准的确信与伊壁鸠鲁的利己主义和享乐主义结合起来。此种利己主义和享乐主义包含两个熟悉的观点。第一，他坚信自爱（self-love）或个人利益（personal interest）（即快乐和避免痛苦的自由）是“我们所有行为的原则”。他如此论证：“上帝似乎对人们说过……我把你们置于快乐与痛苦的指引之下：它们将注视着你们的思想和行为；它们将引发你的激情，激起你的友谊、你的柔情、你的厌恶、你的愤怒；它们将点燃你的欲望、恐惧、希望……”[⑥] 第二，他认为一切价值都可以基于快乐和痛苦来理解。除了我们对善与恶的反应之外，没有其他的标准来衡量善与恶，而且我们在道德上的赞成和反对——我们对好与坏、对与错的判断——是由对象所产生的快乐与痛苦决定的。

尽管如此，与基督教伊壁鸠鲁主义如洛克及其他支持者不同，爱尔维修没有援引上帝和上帝在来世的奖赏来解释个人利益和公共利益的潜在冲

① P. Force, “Helvetius as an Epicurean Political Theorist,” in N. Leddy and A. S. Lifschitz, eds., *Epicurus in the Enlightenment* (Oxford: Voltaire Foundation, 2009).

② 不援引上帝而来思考是什么支撑着人类平等的主张，是一件有趣的事情。相关的讨论参见 Jeremy Waldron, *God, Locke and Equality: Christian Foundations in Locke's Political Thought* (Cambridge: Cambridge Univeristy Press), 2007。

③ Claude Helvetius, *De l'Esprit* (London: Dodsley, 1759), p. 41.

④ Ibid., p. 39.

⑤ Ibid., p. 70.

⑥ Ibid., p. 161.

突是如何解决的。这让他受到盖伊在对世俗功利主义理论的分析中提到的挑战：没有上帝，一个人为什么要为了普遍的效用美德而牺牲自己的利益？

在这里，爱尔维修做了一件对功利主义的未来，尤其是在为边沁建立概念性结构方面具有决定性意义的事，“我认为，所有人都倾向于自己的幸福，这是人类不能改变的天性……所以，只有把个人利益和普遍利益结合起来，人才能被视作是道德的。确定了这一点之后，显然道德只是一门无聊的科学，除非将它与政治和法律融合在一起”①。正如这段引语的结尾所说，他从上帝转向对人的立法和教育，以便阐明如何使个人利益和普遍利益协调一致。正是通过良好的政策和法律（而不是通过上帝的旨意）使追求个人利益与促进普遍利益达成一致，而不好的政策和法律会加剧个人利益和普遍利益的矛盾。

爱尔维修指出，道德主义者和神学家们犯了一个错误，他们把人类的恶行归咎于人的天性而不是人所处的环境——这种环境往往是由立法者创造的。一个国家的立法是“罪恶产生的根源”。爱尔维修告诫那些仍然强调“人类的恶”的人，并指出“人类不是残忍和奸诈的，只是被自己的利益所迷惑”。道德主义者不应该批评人性的恶，而应该谴责“立法者的疏忽，他们经常把个人利益放在普遍利益的对立面”②。

爱尔维修呼吁将政治改革作为道德改革的媒介。通过改变自利主体行为的环境，一个人才更有可能为了公共效用而行动，以促进主体个人利益的发展。在这方面能取得更显著成果的方法是，让痛苦伴随恶行，让快乐伴随善行。正如他所说，“对快乐的热爱……是一种约束，通过这种约束，个人的激情可能总被导向公共善”，“真正的美德是建立在对尊严和荣耀的热爱与对蔑视的恐惧之上，蔑视比死亡更可怕”③。

爱尔维修既提出一个彻底自然主义的功利主义理论，也提出了一种将功利主义作为改革工具的模式［这种功利主义的改革思想在意大利法律改革家切萨雷·贝卡利亚（Cesare Beccaria）的作品中得到了更有影响力的表达，他的著作《论犯罪与刑罚》（1764）为功利主义法律观进行辩护，而这

① Claude Helvetius, *De l'Esprit*, (London: Dodsley, 1759), p. 81.

② Claude Helvetius, *De l'Esprit*, (London: Dodsley, 1759), p. 31.

③ Claude Helvetius, *De l'Esprit*, (London: Dodsley, 1759), pp. 188 - 190.

一法律观对边沁和其他人来说很重要]。爱尔维修采用一种功利主义的正确行为标准来衡量现行制度和做法的道德和政治价值。这是边沁在形成关于法律、政治和道德改革的思想时所借鉴的一个传统。

五 结论

英国国教功利主义和世俗功利主义理论之间的差异也许可以证明两种不同的发展历史的正当性（而不是本文所提供的一条历史线），特别是当人们思考不同版本的功利主义理论是如何参与道德、政治、法律上的问题和关注点并从中得到发展的不同方式时。所以，例如用“英国国教”而不是“神学”（过去有人这样做过）来形容这种功利主义的原因之一是，它揭示了这种道德哲学与教会和大学的制度生活之间的深刻联系。这使英国国教功利主义在捍卫温和的宗教道德观时所扮演的角色并不令人惊奇，这些观念包括作为基督徒意味着什么、宗教中理性的中心地位，以及政治和法律现状的合法性。在这种伪装下，功利主义思想并未倡导根本性的改革，相反，它试图使人们更理解现有的实践，并证明为什么它们是可取的。另外，世俗功利主义则产生出在功利主义思想中并不显著的那些更加激进的可能性，比如，一个人（或有感知能力的存在者）的幸福应该与他人的幸福受到同等的重视。因此，它在很大程度上否定了历史和传统下现有实践和制度的所谓的合理化。

然而，重要的是，英国国教功利主义和世俗功利主义都认为道德很重要——一种基本的（伊壁鸠鲁主义）直觉，即快乐和痛苦的体验是人类最基本的体验，对道德推理的公共或“外部”标准的诉求，对现实难以确定的道德实体（例如，“真、美与和谐的美德”）的怀疑，以及一种偏爱简单解释和在认识论上谦逊的洛克式气质。这两种理论的共同态度，再加上其对一些哲学思想和论述的共同认可，体现了这段功利主义发展史被看作一段共同史的有效性。

Utilitarianism

—Before Bentham

Colin Heyolt, tran. by Tao Wenjia, Xu Xiaolu

Abstract: This paper examines the history of utilitarianism in early modern Britain and France. In Britain, the development of utilitarianism was promoted by Richard Cumberland, John Locke, George Berkeley, Francis Hutcheson and David Hume. Cumberland can be seen as the first to put a utilitarian view in natural law garb. Locke defended various egoistic and hedonism theses and legitimized the philosophical path that utilitarians would largely follow. Hutcheson and Hume provided some conceptual support for the later development of secular forms of utilitarianism. Anglican utilitarianism represented by John gay and George Berkeley also contributed to the development of utilitarianism. In France, Claude Helvetius presented both a thoroughly naturalistic utilitarian theory and a model for utilitarianism as an instrument of reform. The author disagree with the idea that Anglican and secular utilitarian theories have their own different development in history. Since both theories share both their recognition of the significance of morality, and their commitment to various philosophical theses and arguments, they should be considered to have a shared history.

Keywords: Utilitarianism; Bentham; Natural Law

归纳推理的合理性探析

张聪智　王　振*

【摘　要】 自休谟提出“归纳问题”以来，人们围绕该问题进行了非常广泛的争论，争论焦点集中在：在休谟对归纳这种推理方式进行彻底质疑的基础上，如何为归纳推理本身进行合理性辩护。就上述辩护而言，无论其是对归纳过程直接展开辩护，还是想通过证明归纳结论的必然性来迂回辩护，它们最终都不能令人满意。许多后世哲学家据此得出了一个相当消极的结论：归纳推理就其本性而言，它没有任何理性层面的合理性；人们使用并依赖这种推理形式，纯粹是因为其实践上的有用性。本文认为，人们之所以认为归纳推理在本质上没有合理性，是因为他们受演绎逻辑的影响，把演绎推理看作唯一有效的推理形式，然后将其作为衡量其他推理形式是否有效的标准，进而认为归纳推理没有合理性。因此，我们只有摆脱这种对于推理有效性的单一评价标准，才能正确看待归纳推理的合理性，从而能更加准确地看待“归纳问题”。

【关键词】 休谟　归纳问题　归纳推理

目前就学界的研究而言，有关归纳的问题可以分为以下三个方面。一是心理学方面，着重探讨归纳推理的起源，发现或得到归纳结论的心理过

---

* 张聪智（1997～），男，河南南阳人，湖北大学哲学学院 2015 级本科生，华中科技大学哲学系 2019 级外国哲学专业硕士研究生；王振（1986～），男，湖北武汉人，哲学博士，湖北大学哲学学院教师。

程和心理机制，以及对某个归纳结论所持的相信或拒斥的心理态度及其理由等。二是逻辑学方面，着重探讨归纳结论与观察证据之间的逻辑联系，或者说归纳过程的推理机制。这里要具体探讨归纳推理的形式和种类，以及各种归纳推理形式的可信性程度，提高归纳结论可信性的一般原则和方法，以及与求初始概率和概率演算相关的原则和方法。三是哲学方面，主要探讨归纳推理是否能得出必然性结论，如果不能得出必然真的结论，那么它的合理性何在？如何为其合理性进行辩护？经过分析，我们可以发现，休谟所提的“归纳问题”正是对归纳推理过程的质疑，也是对归纳过程的推理机制的质疑，所以本文所说的“归纳问题”即逻辑学意义上的“归纳问题”。在休谟质疑思想的开始，他是从因果关系和因果推理来展开其质疑的，而“归纳问题”亦包含在这一质疑过程之中，所以我们不妨再来回顾一下这一过程，看休谟究竟是如何引出“归纳问题”，进而致使归纳推理遭遇其合理性危机的。

一　休谟思想中的“归纳问题”

休谟以其质疑思想的深刻而闻名，他通过对因果关系的质疑与否定使整个近代自然科学的基础都产生了动摇。作为其质疑思想的概括，“休谟问题”无疑是哲学界中尽人皆知的。但由于某些原因，从波普尔开始，人们把“休谟问题”作为“归纳问题”的代名词，把“休谟问题”等同于“归纳问题”来加以理解。然而，“休谟问题”实际上是包含“因果问题”与“归纳问题”两部分的，亦可说，“休谟问题”实际上是“休谟因果问题”与“休谟归纳问题”，张志林在其《因果观念与休谟问题》一书中有详细的论述，在此就不赘述了。下面要谈的“归纳问题”正是“休谟归纳问题”。

休谟作为一个经验论者，从人的认识能力方面入手，着重考察了日常经验中最为重要的因果观念的形成原因。休谟的知识论的核心概念是知觉（perception），知觉被分为两类，即印象（impression）和观念（idea）。印象是当下感觉或由感觉复合而成的，观念是对印象的记忆或由这些记忆组合或推导出来的。因此，在认识上，印象先于观念，从总体上讲，观念是对印象的复现或反映。并且，“我们的印象是我们的观念的原因，而我们的观念不是我们的印象的原因”①。因此，休谟把因果推理视作从某些印象推移到某些观念的过程。休谟是通过论证因果推理不是理性的，而是一种主观的心理习惯、一种心理惯性，进而实现他对因果推理的质疑的。简单地说，就是人的习惯掩盖了人的无知——人们已经习惯了已知，于是下意识地认为未知的那一部分也是如此。休谟说：“习惯到了最深的程度，它就不仅掩盖了我们天生的无知，甚至隐蔽了习惯本身，好像没有习惯这回事似的，这只是因为习惯已经达到了最高的程度。”②

具体而言，休谟认为，原因和结果是两个知觉对象，因果推理则是从对其中一个对象的肯定过渡到对其中另一个对象的肯定。然而，肯定其中一个对象的同时否定其中另一个对象并不会导致自相矛盾，例如，因果推理可以从火的印象推至热的观念，即人们看到火时立即想到热，但是，人们从观念上也可把火与冷联系起来，这并不会产生逻辑矛盾。休谟认为，这就说明因果推理并不具有通常所认为的那种必然性。同时，休谟认为，人们在进行因果推理的时候，往往是在不知不觉中进行的，由一个对象推移到另一个对象时，并无半分停顿，这就在于经验通过一种“秘密作用”产生对因果的信念和判断。在他看来，这种“秘密作用”正是人们的一种心理习惯或心理惯性，而非理性的必然。

之所以说是一种心理习惯，是因为从原因推至结果往往不能只从单一印象中得到，而是需要印象的多次重复，这也就是休谟所说的两类对象的“恒常会合”（constant conjunction）。在人们以往的经验中，两个对象总是伴随在一起，所以当其中一个对象单独出现时，人们就会断言另一个也将出现。如果因果推理是出于理性思考，那么就不必借助于两类对象的恒常会合，因为恒常会合并不会增加新观念。所以，其作用仅仅是使人们形成某种心理习惯，进而使人们在其中一个对象出现之后，立即期待另一个对象的出现。正如休谟所说的，“凡不经任何新的推理或结论而单是由过去的重复所产生的一切，我们都称之为习惯”③。

---

① 〔英〕休谟：《人性论》（上册），关文运译，商务印书馆，1997，第 17 页。
② 〔英〕休谟：《人类理智研究》，吕大吉译，商务印书馆，1999，第 22 页。
③ 〔英〕休谟：《人性论》（上册），关文运译，商务印书馆，1997，第 122 页。

所以综合以上，休谟得出结论："凡由任何现前印象而来的信念，都只是由习惯那个根源来的。当我们习惯于看到两个印象结合在一起时，一个印象的出现（或是它的观念）便立刻把我们的思想转移到另一个印象的观念，"[①]"对象之间并没有可以发现的联系；我们之所以能根据一个对象的出现推断另一个对象的存在，并不是凭着其他的原则，而只是凭着作用于想象上的习惯。"[②] 也就是说，所谓因果推理的本质就是"习惯"，因果推理的"必然性"只不过是心理习惯的"秘密作用"。

换言之，休谟认为，因果推理靠不住的根源在于两种现象的恒常会合会使人们形成某种心理习惯而不自知，使人产生错觉，进而认为两个前后相随的对象之间存在因果关系，那么这样的"因果关系"必然是没有合理性的。所以，休谟认为两个事物之间的因果关系，是事物之间恒常出现的先后关系和接近关系的一种习惯联想与心理错觉。在休谟这里，因果推理沦为一种心理惯性，所得到的因果关系也随之失去了客观性与必然性，其只是两种现象恒常会合之后产生的心理习惯，一种由人内心的期待而产生的主观必然性。也因此，自然科学的基础随之摇摇欲坠，试想，人们费尽心血想要获得的客观规律与普遍必然知识，到头来竟然只是人们"习惯到了深处而不自知"的主观臆测，自然科学的稳固、可靠又从何谈起呢？

与之相对应的，虽然休谟在展开他的质疑时，是以因果推理为抓手，首先通过论述因果两种直觉对象并不存在必然性的关联，从而否定了因果推理的必然性；又通过分析人们推理的过程，提出人们的因果推理实际上是深受习惯影响而不自知的。把两个现象间的多次重复当作因果关系存在的依据，结果因果推理的根据变成了心理习惯的作用，这也就使因果关系被认为不再可靠，只是人们的一种主观心理臆测的结果罢了。

但当我们仔细审视休谟所说的因果推理时，可以发现，其实所谓的因果推理也是归纳推理的一种，只不过它是针对因果关系进行归纳的一种推理。简而言之，运用归纳方法以获得因果关系的归纳推理就可以称作因果推理。所以说，在休谟的语境下，看似他的质疑是在针对因果推理怀疑因果关系的可靠性，然而归根结底，其还是在针对归纳推理本身。也就是说，

---

① 〔英〕休谟：《人性论》（上册），关文运译，商务印书馆，1997，第 122 页。
② 〔英〕休谟：《人性论》（上册），关文运译，商务印书馆，1997，第 123 页。

因果推理的方法之所以靠不住，是因为人们在运用时往往受到现象的多次反复的影响，形成相应的心理习惯，进而进行主观臆测。我们可以清楚地看到，虽然推理不可靠的直接原因是心理习惯的作用，但进一步来说，其关键在于“人们受现象的反复影响”。把“现象的反复”作为我们可以继续如此断定的根据，也就是说“因为过去如此，所以我断定接下来亦是如此”，休谟所做的只是在其中增加了一个“形成心理习惯”的环节来对这一过程加以解释，而这正是归纳推理所潜藏的过程合理性的问题。

“经验只是向我们指出，有一些一致的结果产生于一定的事物，并教导我们说，这些特殊的事物在那段特殊的时间是具有那样的能力和力量的。当一个新的事物出现时，如果具有相似的可感性质，我们便期望它具有相似的能力和力量，并指望一种相同的结果。从一种和面包一样的颜色与硬度的物体，我们便期望它有和面包一样的营养和补益作用。但是这个人心的过程和步骤，确实需要解释。”① 在这里我们可以清楚地看到休谟在质疑我们为何会“假定经历的过去和未经历的将来相似”，这恰恰是归纳推理中常常出现的，因而休谟就把“归纳问题”提出来了——为什么我们会从过去事物如此，推理出事物将来亦如此？（也等价于为什么我们能从有限事例推理出全称判断）这是一个针对归纳过程与机制的问题。

二 对“归纳问题”的辩护及其困难

在休谟的质疑思想下，他声称归纳推理过程的依据是心理习惯，就是说“为什么我们会认为明天太阳照常从东方升起？”因为我们已经习惯了过去如此，所以在心里通过习惯的作用与力量，形成了“明天太阳照常从东方升起”的观点。那么这样一来，休谟就等于是在说归纳推理的过程不存在我们通常意义上所说的依据。因为在他那里，归纳过程的依据是一种主观的心理臆测，没有其他任何客观的、可靠的东西，所以依据形同于无，结论也就基本等同于人们一厢情愿的心理臆测，自然也就不具有普遍必然性。其他的哲学家则基于这一质疑前提展开了回答与辩护。

① 〔英〕休谟：《人类理智研究》，吕大吉译，商务印书馆，1999，第30页。

为“归纳问题”进行辩护主要分为以下几种思路。（1）演绎主义辩护。这为归纳法增加了一个普遍必然的大前提，使之与归纳推理相结合，变成另一种形式的演绎推理，以期确保归纳推理过程的合理性与结论的普遍必然性。如穆勒的“自然齐一性”原理、罗素的先验“归纳原则”、《人类知识》中的五条基本公设以及金岳霖的“归纳原则”，这一思路的问题主要在于普遍必然性的大前提无法得证，使用演绎会导致无限后退，使用归纳则无助于问题的解决。（2）归纳主义辩护。这是通过归纳推理在实践中取得的成功来为归纳推理进行辩护，但是从归纳的实效性来为之辩护，实际上只能反过来加强这种质疑。因为归纳的结论并不具备必然性，其有效性是建立在概然性基础之上的，所以这反向强化了我们对于归纳推理的质疑。（3）概率主义辩护，其中又分为经验主义学派、逻辑贝叶斯派和主观贝叶斯派。大体而言，三者均是借助概率演算系统来把归纳推理精确化，把概率作为归纳过程的整个依据，进而对归纳法的合理性进行辩护，这样归纳推理就不再是任意的。其区别在于三者对概率这一概念的理解，而其所面临的困难用一个例子就可以说明：在过去的无数个白天里，只要是能看得到太阳的日子，它都是东升西落的，无疑其概率是100%的，那么我们有什么强有力的证据，能够说明天及以后亦然是100%实现东升西落？所以说概率主义辩护其实只是略微变换了对归纳逻辑的理解，并未解决其所面临的推理过程的依据问题。

另外，对于演绎主义思路而言，笔者认为，其背后的原因在于，休谟声称归纳推理过程的依据是心理习惯，这是人的一种主观判断，所以结论不具有普遍必然性。同时，归纳推理一直以其结论的概然性而为人诟病，休谟所提出的其过程是一种心理习惯的作用，没有什么坚实依据与合理基础，恰好可以成为其结论不可靠、只具有概然性的解释。试想，如果不是推理过程出了问题，结论又怎么会如此不可靠？（在今天这种说法会有人不同意，但在近代追求普遍必然性知识的哲学家那里，笔者认为这种说法是能够站得住脚的）。那么反过来想，如果我们能将其结论的普遍必然性予以保障，证明归纳推理的结论具有普遍必然性，那么休谟对过程的这种主观的、不可靠的指责是不是自然就烟消云散，不足为虑了呢？毕竟推理过程与结果是互为表里的关系——推理过程的不合理会导致结果的不可靠，结论的概然性则能够反映出推理过程的不严谨性。所以，只要我们最终能够保证结论的真实性与必然性，那么一切都将不再是问题，一切关于过程的结论的质疑都将毕其功于一役，因为结论的必然性能够间接印证过程的合理性，这不失为一种迂回证明的策略。

我们上面也已经提到了，归纳推理的演绎主义辩护都走向了失败，大前提虽然很美好，但是缺乏证明，无法成立。何况以我们今天对于归纳推理的研究来说，归纳推理结论的概然性正是其本质特征，结论的范围超出了前提的范围，所以无论如何，结论的普遍必然性都是不可能保障的，毕竟人的认知能力有限，并非全知。那么，归纳推理结论普遍必然性的证明失败，以及归纳推理过程的机制缺乏强有力的解释，就使人们开始考虑，逻辑学意义上的“归纳问题”是不是无解的？正面寻求其机制的解释，无法得到强有力的满意回答，以侧面回答问题来试图论证其结论的普遍必然性亦然行不通，那么在哲学意义上，归纳推理这种推理方法还有没有其合理性？还能否被称作一种推理方法？这就危及归纳推理自身的合理性，引出了其合理性问题，也有了哲学家布罗德（C. D. Broad，1887 ~ 1971）的那句著名论述：“归纳法是自然科学的胜利，却是哲学的耻辱。”归纳法或许是有用的，但是不适合在哲学上被讨论研究，因为它不是一种合理的推理方法。在波普尔那里，他甚至声称归纳推理应当被消除。那么，这中间的研究究竟出了什么问题，使归纳推理不再被看作一种基本的推理方法了呢？

三　重新审视归纳推理的合理性

归纳推理有没有用？从日常生活的角度来说，答案是显而易见的。我们时常会犯错，就像我们看了许多年、许多只黑白色大熊猫，于是断定大熊猫都是黑白色的。然而，生活中也会出现超出我们认知的白化大熊猫，没有熟悉的黑眼圈，反而通体白色。但如休谟所说，农民——甚至于婴儿，更而至于野兽——都通过经验而进步，通过观察事物的结果而认识产生这些结果的自然事物的性质。一个儿童在触及蜡烛的火焰而感到痛苦以后，他就会小心而不再使他的手接近任何的蜡烛，并会从某种具有与蜡烛相似的可感性质和现象的原因中，期待一种相似的结果”①。归纳推理的实效性我们无须再多谈了，只要看一看我们的日常生活便可获得答案，但归纳推理究竟是不是一种合理的推理方法，是否值得讨论研究呢？笔者认为，归纳推理是一种合理的推理方法，并且应当为我们所重视并加以探讨和研究。

回到问题伊始，在归纳推理失去其合理性之前，它所面对的问题是什么？是归纳推理结论的必然性无法得到论证，归纳推理的推理过程找不到强有力的解释，被指责只是一种心理习惯与心理臆测，没有其他的可靠根据，也就是说，归纳推理面临结论与推理过程的双重质疑。但是它的状态只能称为“重伤”，还没有“死亡”。那么，归纳推理究竟为何陷入合理性危机，被“宣判死刑”，从推理方法中被除名？其实，原因也很简单。

在现代逻辑中，构造形式的演绎逻辑系统是逻辑学家分析演绎推理形式的常用手段，归纳逻辑学家也在刻意追求形式的归纳逻辑系统。然而，至今人们还未能构造出一个同演绎逻辑系统相比在性质上相异，但在形式上相称的归纳逻辑系统。苏姗·哈克认为，没有一个所谓的“归纳逻辑系统”能和经典演绎逻辑系统所具有的那种形式上的可靠性相比。② 王路主张逻辑的本质是“必然地得出”，是演绎，归纳不应再纳入形式的逻辑的框架。③ 普特南则指出，古德曼悖论已经从理论上证明了“归纳逻辑不具有演绎逻辑意义下的那种形式”④，这就引发了我们的思考，归纳究竟是不是逻辑，是否不可能建立一个和演绎逻辑平行的归纳逻辑？

我们时常强调注意论证的逻辑性，那么什么是逻辑性？对此，至今尚无定论。但演绎主义者将逻辑同演绎等同起来，认为论证的逻辑性就是论证形式的有效性，根据演绎论证或必然性论证的性质来确定论证的逻辑性，从而认为归纳不是逻辑，质疑归纳推理的合理性，这显然是片面的。演绎推理和归纳推理作为两种不同的推理方式，各有其作用与价值，以演绎作为唯一标准，无疑是失之偏颇的。当然，从日常的角度来说，逻辑一词就带有一种客观必然的意味，那么讲逻辑就是期望我们的推理过程具有坚实

---

① 〔英〕休谟：《人类理智研究》，吕大吉译，商务印书馆，1999，第 32 页。

② Haack Susan, *Philosophy of Logics* (Cambridge: Cambridge University Press, 1978), p. 17.

③ 王路：《逻辑的观念》，商务印书馆，2000，第 153 ~ 154 页。

④ Nelson Goodman, *Fact, Fiction and Forecast* (Cambridge: Harvard University Press, 1983), p. 9.

基础，最终所得到的结论存在客观必然性。因此人们对具有必然性的演绎推理有所偏爱也不难理解，但是我们依然要认识到归纳推理具有其自身特点。也就是说，评价标准不能生搬硬套，不能单一地以结果的必然性作为是否有逻辑的衡量标准。

归纳推理的根本特征，恰恰在于前提对结论的概然性支持，也就是归纳推理只具有或然性，不具有像演绎推理一样的必然性，所以从归纳推理自身是无法保证结论的必然真实性的。如果不从归纳推理的根本性质出发，就去要求归纳推理具有演绎推理的性质，从真实前提必然得到真实结论，并且认为，如果归纳法做不到这一点，就否认归纳法的逻辑性。这么做无疑是只相信演绎法是唯一有效的推理类型的偏见，在这一观念下，当发现归纳法不具有演绎法的性质时，自然就会认定归纳不是逻辑。在回答逻辑学意义上的“归纳问题”时，在为归纳推理进行辩护时，人们用演绎法作为参照和尺度，以演绎法严密的逻辑过程和必然的逻辑结论作为参考标准，以此衡量“归纳问题”的答案是否有效，归纳推理所得到的辩护是否成立，那么这就暗含一种把归纳推理变成演绎推理的倾向，如果它最终不能具备与演绎推理同样的特点，就要将之从推理方法中除名。所以，这也就等于，要求“归纳问题”被解决，归纳法合理性被辩护的前提变成了其结论的必然成立，只有结论的必然成立被论证成功了，其过程所遭受的质疑即“归纳问题”才能被解决，归纳推理的合理性才能被肯定。而以结论必然性进行论证，显然是一件不可能的事情，于是“归纳问题”自然陷于无解，归纳推理的合理性也无从谈起。但这就像乌龟在面对自身存在合理性与价值意义的质疑时，拿出的衡量标准却是“能否像兔子一样跑得快”，这岂不是荒谬至极？也注定是没有答案的。

当然，我们必须意识到，由于推理过程与推理结果互为表里，推理结果的任何失真自然会导致对推理过程的怀疑。因此追问归纳法结论是否存在必然性并不等于就是错误的，这样的想法可以说是再自然不过了。但由于演绎推理的特性，这样的质疑只会留给归纳推理独自承担，那么也就使人们试图推动归纳推理的演绎化，或是干脆直接否定归纳法的合理性，否认归纳法是一种推理方法。但是，休谟最初提出“归纳问题”时，提问为何我们可以从“过去太阳的东升西落”推出“以后的太阳一样东升西落”，其只是对这一过程的机制有所好奇，并不是要我们对结论的真实性与必然性加以证明。所以说，即便我们目前对归纳推理的机制尚未能够给出强有力的解释，也不能保证其结论的必然性，但是那又能如何呢？我们不能因为演绎推理因其自身特点未曾受到如休谟这样的哲学家的质疑，就要以其作为推理方法的标准来要求归纳推理，以此衡量其合理性；因为深受演绎推理系统的影响，就把它作为推理方法的唯一参照和尺度来要求归纳推理，这无疑是一种深深的偏见。

进一步来说，逻辑学的确是一个极为重视真值的领域，但在哲学认识论那里，人们除了需要用必然性与可靠性来保证真值，以“保真性”作为一个衡量尺度以外，还要以“知识扩展性”作为另一个重要的衡量尺度；否则人们的知识水平虽然为真，却只能在原地踏步，显然也是不合认识论要求的。所以说，如果在演绎逻辑系统的内部，以保真性作为唯一衡量标准，那么归纳法注定是没有立足点的，也找不到其立足的合理性。而回到哲学认识论，在“保真性”与“知识扩展性”的多重尺度下，归纳推理与演绎推理自然就各有其价值，归纳合理性的讨论才能真正开展，我们才能真正有效、有序地对“归纳问题”展开研究，为归纳推理的过程机制寻找一个合理的解释。

四　结语

在休谟那里提出的“归纳问题”是有关归纳过程依据的质疑，然而在众多回答思路中，无论是从正面直接为归纳推理的过程寻找依据，还是寄希望于通过证明归纳结论的普遍必然性，从而间接、迂回地证明其过程并不是如休谟所言只是一种心理臆测与心理习惯的力量，这都使归纳推理长期面对“归纳问题”的威胁，而在演绎推理的对比之下，这一问题无疑被放大了。这也使众多哲学家开始认为归纳推理不是一种推理方法，因为其过程存在疑问，无法得到强有力的辩护，其结果不存在必然性。但究其实质，我们可以发现，这种看法其实是受到演绎推理系统的影响，把演绎推理作为唯一有效的推理方法，以其作为衡量尺度，将归纳推理与之对比，所以才有了归纳推理不是推理方法、没有讨论意义与价值的观点。只有避开“演绎主义神话”，才能把归纳推理放到一个合适的位置加以讨论。

On the Justification of Inductive Reasoning

Zhang Congzhi, Wang Zhen

Abstract: The problem of induction from Hume's questioning thought has been debated since its appearance. However, since it was put forward, although many philosophers have tried to defend it, they have not been able to find a widely accepted answer. Whether defending the inductive process directly or trying to circumvent the defense by proving the inevitability of the inductive conclusion, the final result is unsatisfactory. The unresolved state of the problem of induction makes the justification of inductive reasoning itself in crisis: the inductive inference cannot rationally be grounded and has only practical effectiveness. This paper holds that the root of the crisis of justifying lies in the influence of deductive logic system. People regards deductive reasoning as the only effective reasoning and takes it as the criterion to measure the validity of reasoning. Only by getting rid of this single evaluation and measurement standard can we correctly view the rationality of inductive reasoning and discuss the "inductive problem" effectively and orderly.

Keywords: Hume; Inductive Problem; Inductive Reasoning

解读阿玛蒂亚·森的可行能力平等理论

吴晨若男　徐　弢*

【摘　要】 20世纪以后，关于平等的焦点逐步由政治权利平等转向分配平等，同时有关于平等与自由间的论战愈演愈烈。众多政治哲学家都在试图寻找平等问题的出路，但是其理论大都存在各种缺陷。经济学家、哲学家阿玛蒂亚·森在此时提出了关于平等的中心问题——“何种平等”，从人际相异性的角度论证了人与人之间不平等存在的必然性，为平等主义的发展打开了新的局面。森着重对功利主义、自由至上主义与罗尔斯的理论进行分析，提出了可行能力平等观。为了回答平等的中心问题，对平等的价值目标进行必要的评估，森提出了能力分析法，运用数学与统计学的方法对评估目标进行正向排序，并在此基础上提出可行能力平等观的核心变量——“实质自由”。森将平等与自由相互调和，从一个新的道路解决平等与自由之间何者优先的问题，在先验主义平等观的理论缺陷难以调和时，森从实际角度出发提出自己的平等观，为20世纪平等主义思想的发展指出了新的方向。本文旨在对森的可行能力平等观进行清晰的阐述和解读，厘清森的平等观的逻辑体系，还原森以“实质自由”为核心的可行能力平等观和对平等中心问题的解决。

* 吴晨若男（1997～），女，湖北大学哲学学院2015级本科生；徐弢（1983～），男，哲学博士，湖北大学哲学学院副教授，研究方向为西方哲学。

【关键词】 可行能力平等观 “实质自由” 能力分析法 阿玛蒂亚·森

当时间进入20 世纪，随着资本主义制度在世界范围内的确立，市场经济的自由竞争被推崇，以边沁为代表的功利主义平等观成为主流思想。平等问题的研究中心由政治权利平等逐步转向分配平等。同时，平等与自由何者优先的问题逐渐成为20 世纪政治哲学争论的焦点，最为著名的就是罗尔斯与诺齐克的论战。罗尔斯在公平正义观中明确指出，自由与平等的问题都需要解决，但自由的问题已经基本得到了解决，最重要的还是平等问题。与之相对的是诺齐克在《无政府、国家与乌托邦》中对罗尔斯的理论进行的反击，他认为自由权利平等才是首要的和唯一的，罗尔斯的观点有强烈的平均主义倾向，他无法在一个国家层面论证平等的正当性，更不能将个人利益进行平等分配，这本身就是一种不平等。诸如哈耶克、萨托利等大部分政治哲学家认为平等和自由的关系是相互冲突的，德沃金提出资源平等理论，试图对平等与自由加以调和，但是他的理论最终仍未摆脱罗尔斯的理论困境。

正当平等与自由之间的矛盾难以调和时，经济学家、哲学家阿玛蒂亚·森[①]的可行能力平等观为平等理论的发展指出了一条新的道路。森的平等观赋予了自由与平等同等的重要性，他将“实质自由”作为平等的核心目标，一改罗尔斯等人的先验主义平等观，从实际的角度出发，关注个体实际可得的福利。他的理论更加重视个体偏好的自由选择权，并将理论运用到实际的社会情境中进行分析，为改善社会福利提供了新的思路。

一 问题的提出

阿玛蒂亚·森在对各种平等主义理论的优劣进行剖析时，首先强调的是“信息基础”（informational basis）对于评价性方法的重要性，即我们在对各类不同的平等主义理论进行评价时，着重注意的是每一种理论具有的决定性意义的特定信息是什么。例如，标准的功利主义的信息基础就是各

① “阿玛蒂亚·森”又译作“阿马蒂亚·森”。

种状态下的效用（utility）总量。按照功利主义的古典形式，效用被定义为快乐、幸福或满意，一个人的效用就是他（或她）的快乐或幸福的测度。其要点是注意每个人的福利（welfare），而且特别将福利看作一种心理特征，即人们实际达到的快乐或者幸福。森肯定了功利主义按其结果来评价各种社会安排的重要性，也认为功利主义在评价各种社会安排时注意人们的福利的想法显然是具有吸引力的，但他认为，功利主义只集中关注人们的心理特征，在进行福利和剥夺状态的人际比较时，有时会有特别大的局限性。森认为，人们的愿望和享受快乐的能力会随着具体环境而调整，快乐或愿望的心理测度具有太大的弹性，因此不能成为被剥夺和受损害状态的可靠反应。

在现代自由至上主义（libertarianism）的理论中，对于"自由权优先"（the priority of liberty）的要求采取了一种非常激进的形式，许多种类的权利都被赋予了在政治上几乎完全优先于社会目标（例如消除贫困和阶级差别等）的地位。森认为，对于优先性理论，关键的问题不在于完全的优先地位，而是一个人的自由权是否应该具有与其他类型的个人利益完全同等的重要性。森很直接地指出自由至上主义理论所提出的权利会"损害人们用以实现他们有理由认为很重要的事物等实质自由。这些自由的重要性不能因为'自由权优先'的理由而被忽视"①。自由至上主义就其"信息基础"而言具有极大的局限性，这种不顾后果的优先性理论，在很大程度上漠视了人们为能够享受实质自由而陷入的困境，它不仅仅忽略了功利主义所重视的那种后果的重要性，也忽略了人们有理由珍视并且要求得到的基本的能力自由。

森从"信息基础"的角度切入去评价功利主义、自由至上主义，其目的就在于通过找出它们的"信息基础"的严重缺陷从而提出新的替代性的建议，即森认为实质性的个人自由是最重要的，而自由被理解为"一个人做自己认为有价值的事的可行能力（capabilities）"②。一种平等理论真正"切中要害之处"就在于其理论的信息基础，例如功利主义与自由至上主义

① 〔印度〕阿马蒂亚·森：《以自由看待发展》，任赜、于真译，中国人民大学出版社，2013，第56页。

② 〔印度〕阿马蒂亚·森：《以自由看待发展》，任赜、于真译，中国人民大学出版社，2013，第48页。

所走的方向不同，其根本原因就在于“他们在评价不同社会状态的正义性和可接受性上，采用他们各自认为是核心的不同信息”①。而森的理论采用的是集中关注个人自由的信息基础，但也包含了对后果的敏感性，他提出应该通过一种可行能力的视角来分析平等问题。

二 何种平等——“中心问题”

长期以来对于平等问题的分析，其实可以大致概括为两个核心问题，森将其总结为以下两个方面。(1) 为什么要平等？(2) 何种平等？(equality of what) 诸如功利主义要求效用的平等，自由至上主义要求自由权的平等，很多人往往急于解答问题 (1) 而忽略了问题 (2)。但是这两个问题之间有紧密的联系，而且，对问题 (2) 的解答往往就可以间接地证明问题 (1)。如果有人可以成功论证某一样东西是核心的，必须要做到人人平等，其实也是在证明以此物为比较标准而试图达到平等是必然的。针对当下各类平等主义理论的分析，我们可以得出一个很明显的结论，每一种平等主义要求平等的价值目标难以取得一致。大部分情况下，在某一种平等主义所设定的特定评价领域里，假设他们要求 X 得到平等，那么 X 在该评价领域里一定是平等的。但是将 X 放在另一个评价领域里，X 很有可能是不平等的。

我们可以看到任何涉及伦理思想的社会制度中，无不暗含某一个方面的平等。哪怕是在反平等主义的阵营中，比如威廉·莱特文在《反对平等的例子》中对于收入平等的反驳，其实也包含了另一种对于“相同价值的平等对待”。这样，问题最终再次回到森所提出的“何种平等”这个中心问题上。或许不同的平等主义处在相互对抗的阵营中，但它们有一个极其重要的共同之处，即都在诉求某个事物的平等，在森看来这或许才是最重要的。

（一）人际相异性(diversity of human beings)和用以评价平等的变量的多样性

人与人之间的差异涉及方方面面，不论是天生的还是后天的。人们生

---

① 〔印度〕阿马蒂亚·森：《以自由看待发展》，任赜、于真译，中国人民大学出版社，2013，第 49 页。

下来所继承的财富与责任、人的成长环境（包括自然环境与社会环境）、人的个体特征（高矮胖瘦、健全与残缺）等，这些都是人际相异性的体现。这也是森在讨论平等时所强调的一个重要方面——人际的相异性决定了人与人之间必然地存在某种不平等。我们或许可以通过收入、财富、成就、福利等来比较人们之间的平等，但是这样一些我们据此判断的核心变量的多样性使我们必须直面一个基本问题：究竟要选择什么样的视角来分析才是最合适的？森认为对于“评价域”（significant space）的选择或许很难做出决定，但是它对不平等的评估是至关重要的。关于“评价域”，还有一点必须指出：由于人际相异性的存在，一个评价域里的平等放在其他评价域里就不平等了。选择评价域的标准，就应该是使其可以同时满足平等存在的合理性和不平等存在的合理性两方面的要求。那么这时，问题就转向了如何论证被选中的“评价域”具有合理性——森认为“何种平等”这个问题就可以转化为“什么是基本平等的评价域”①。

在探讨平等的“核心变量”（focal variables）时，森首先解决了一个问题。很多学者都认识到了关于平等的评价域的多样性，他们认为，平等主义者提出各种平等论却一直无法达到一种统一。一些分析者认为，平等是“一个空泛的概念”（“平等只徒具躯壳而没有它自己的实质的内容”）②，看起来有很多角度和方法去解释平等，其实关于平等的诉求并没有任何实质的内容。森否定了这种观点，并相应给出了两个理由。首先，即使学术界并没有就具体的评价域达成共识，但是“只要认为在某个特别重要的评价域内应有平等的诉求，则该要求本身并不是一个空洞的诉求”③。其次，在未来，假使学术界得以确定平等的内容，那么相关内容将被严格地遵守与执行。从另一种角度看，分析者所诟病的评价域的多样性实际上也反映了人们心中的“价值目标”的多样性。其实这种多样性特征并不单单是在形容平等的评估，更多的是在反映不同个体之间的利益的不同思维的多样性

① ［印度］阿玛蒂亚·森：《论经济不平等/不平等之再考察》，王利文、于占杰译，社会科学文献出版社，2006，第241页。

② ［印度］阿玛蒂亚·森：《论经济不平等/不平等之再考察》，王利文、于占杰译，社会科学文献出版社，2006，第257页。

③ ［印度］阿玛蒂亚·森：《论经济不平等/不平等之再考察》，王利文、于占杰译，社会科学文献出版社，2006，第245页。

与差异。

（二）与平等同等重要的自由

森在讨论了人际相异性之后，马上在《对不平等之再考察》中对“自由”进行了讨论，并且极力强调实质自由的重要性。森不同意激进的自由主义者将自由凌驾于一切之上的主张，认为平等的重要性与自由的重要性是相互对照的。人们普遍认为，激进的自由主义者（如诺齐克）之所以被确认为反平等主义者，是因为他们将自由凌驾于一切之上，平等主义者则恰恰忽视自由去诉求其他的平等。但是森认为激进的自由主义者在主张自由的同时，其本身也内含在社会成员之间的权利平等分配中，事实上也包括了“平等的自由权”的重要特征。而严格地说，平等与自由之间并不是互相排斥，二者必须取其一的关系。相反，在实践中平等理念的贯彻会涉及自由，对于自由的分配也会涉及平等。

不过森并没有单纯地只讨论自由的问题，他将成就与自由联系起来，从实际角度讨论两者之间的区别。对于“实际成就”，森将其定义为“我们通过努力实现了的事物”；自由则关乎“实际机会——我们借以实现自身价值的机会”①。目前已知的用以评估个体利益和良好社会秩序的方法，往往关注的是个体到底通过自身的努力实现了什么，即直接关注成就本身。在此之中，可以实现成就的自由仅仅被看作一种手段，是“工具性的”。比如功利主义所选择的评价域是效用，他们对成就分析的方法更侧重于用效用来界定成就，并且将人际比较的范围仅仅局限于成就之中。诸如罗尔斯的“基本善”、德沃金的“资源”则与之相反，他们都主张“将可获至成就的手段作为政治评估的基础”（自由在这时就不仅仅是一种手段，更多的是被看作评价的标准）。自此我们的注意力就从仅限于成就的评估引向了对于自由的关注，因为这种“基本善”的分配或者“资源”的分配实际上是在增加自由。不过森还是对前述修正提出了质疑，他认为不同人的“基本善”的均等化并不意味着不同的个体就可以享受相同的自由，这里面涉及一个“转化率”的问题。由于人际相异性，当人们将“基本善”转化为自由时，

① 〔印度〕阿玛蒂亚·森：《论经济不平等/不平等之再考察》，王利文、于占杰译，社会科学文献出版社，2006，第 250 页。

我们无法保证这种转化一定是相同的，恰恰相反，它存在重大差异。不过很多学者的视角从关注成就转变到关注可实现成就的手段，这是在朝正确的方向努力。罗尔斯他们并不关注个体实际获得的“资源”，而是根据不同个体对于“资源”的掌控来判断个人利益，这种分析策略将关注的目光从成就重新聚焦于实现自由的手段（就是能够拥有尽可能多的选择权或者进行选择的机会的方法）。从罗尔斯与德沃金他们开始，人际比较的基础就逐渐向关注个体“资源”（实际可以拥有选择的机会）的需求倾斜。但是正如之前所说，“资源”与“基本善”向成就转化的差异同样会出现在他们向自由转化的过程中，所以这并不是一个完美的指标，而森认为，更合适的指标应该是能力。

三　一种评价的方法——能力分析法

（一）理论与分析的起点：可行能力

把视角再次聚焦于“信息基础”，森致力于寻找一个广泛且合理的信息基础作为适合的核心变量。在此之前，他首先论证了为什么这种核心变量既不是功利主义者强调的效用，也不是罗尔斯提倡的基本善。不同的人有不同的偏好，即使推到一种极端的情况，假设人会共享相同的偏好，在拥有相同的“资源”时做出相同的选择，也无法很好地进行比较。因为，无论是通过数学化的语言还是从实际出发，恰好相同的选择行为并不能保证完全等同的效用。同时，森也为福利与自由之间的差异提供了五个来源——个人的异质性、环境的多样性、社会氛围的差异、人际关系的差别和家庭内部的分配。基于这些差异，即使把信息注重点从效用扩大到罗尔斯所提倡的基本善，依然无法改变现状。因此最适合的信息基础，应该是一个人选择有理由珍视的生活的实质自由，即可行能力①。为了论证这一观点，森提出了另一个概念——“功能性活动”（functioning）。

“功能性活动”的概念源于亚里士多德，指的是一个人认为值得去做或

---

① 〔印度〕阿马蒂亚·森：《以自由看待发展》，任赜、于真译，中国人民大学出版社，2013，第62页。

达到的多种多样的活动或状态。功能性活动可以分为初级和复杂的，比如温饱、健康可以看作初级的功能性活动，而社交与拥有自尊等就可以成为复杂的功能性活动。基于此，森再次对“可行能力”进行定义——一个人的“可行能力”（capability）指的是此人有可能实现的、各种可能的功能性活动的组合。因此，可行能力是一种自由，是实现各种不同可行的功能性活动组合的实质自由（或者用日常语言说，就是实现各种不同的生活方式的自由）①。

但是森并没有对哪些特定的功能性活动是可行能力所必需的做出规定，他运用了一种数学化的方法，用“功能性活动向量”（functioning sets）来表示一个人可以达到的成就，用“可行能力集”来表示一个人可以选择的各类功能性活动组合。自此，评价的焦点就集中在人实现了的功能性活动（实际做了的事）或者可被选择的功能性活动组合的可行能力集（有自由去做的事）。可行能力集的价值并不一定要根据最优的选择来确定，我们恰恰可以认为能够被选择但是最后并未被选择的机会同样是重要的，即“做选择”自身也是一种非常重要的功能性活动。正如一个正在节食减肥的富人，相比于吃不饱的穷人，虽然从生理状态上来看，两者都处在一种饥饿的状态。但是，富人的饥饿是在有很多选择的情况下选择了节食，而穷人的饥饿是无可奈何的被动选择。

（二）可行能力集与能力分析法

在解释“可行能力集”之前首先要清楚，森是基于对个体福利以及对可实现个体福利的自由进行评估的角度来进一步探讨能力的。森并不是从功利主义的效用方面来理解个体福利，而是从个体的生存质量来判断的。“功能性活动”（functioning）是一个人处于什么样的状态和可以做什么事的集合，这种功能性活动有极其丰富的内涵，它既包括了简单的生存需要，又包含了复杂的成就（例如快乐、参与社会活动等），对于个体福利的评估其实就是对这些功能性活动的评估。“能力”表示的是人们能够获得的各种功能性活动的组合，反映了人们选择过什么样生活的自由。这一点正如森

---

① 〔印度〕阿马蒂亚·森：《以自由看待发展》，任赜、于真译，中国人民大学出版社，2013，第 63 页。

所举的“预算集”的例子，在商品生活中，“预算集”代表了人们利用特定的有限资金选择购买什么样的商品组合的自由；在功能性活动中，“可行能力集”代表了个体在若干个可能存在的生活状态中选择过什么样的生活的自由。

对于“能力”与个体福利之间存在联系的观点，森给出了两点理由。首先，功能性活动构成了个体福利，那么实现这些功能性活动的能力就构成了个体实现福利的自由，这种自由其实更多地涉及个体可以选择何种功能性活动组合的实质机会，并且渗透在社会制度的伦理与政治分析之中。其次，“已实现的个体福利本身倚恃于可实现功能性活动的能力”[①]。森更加重视可以做出选择这一动作本身，认为能够在某些重大选择项中真正地做出选择已经是极为有价值的了，可以实现功能性活动的能力本身对于评估来说就是重要内容。森所提倡的“能力分析法”明显与传统的评估方法不同，他更关注的是追求实际功能性活动的自由与拥有选择权本身。值得注意的是，在对价值目标和评价域的选择上，并不是所有类型的能力都能够成为判定个体福利的标准，而且每一种能力的价值都是不尽相同的，能力方法的提出是出于检验功能性活动和能力的价值的需要。

当我们对于某个事物进行评估时首先会产生以下两个问题。1. 评估的价值目标是什么？（这里按照森的说法，价值目标就是可以进行正向比较排序的目标物）2. 这些目标的价值应该如何评估？对价值目标的确认是评估的基本问题，所以能力分析法的第一步就是对价值目标进行确认，也就是选择适合的“评价域”，并从功能性活动与可实现功能性活动的能力的角度来看待评价域。这个评价域包含所有具有潜在价值的目标，也剔除了那些目标里不够重要的一部分（森从没有说过价值目标只有一个，只要是包含在功能性活动中的都可以被视为备选的价值目标）。在确定有关的功能性活动和重要能力的列表时，免不了进行筛选。有些功能性活动十分重要，有一些则可以忽略，所以在进行筛选和区分时一定会有一个侧重点。在评估个体福利时，判定的标准一定是功能性活动和能力。不过森并未提出确切的比较标准，仅仅解释了他提出能力方法的目的是满足检验各种功能性活

① 〔印度〕阿玛蒂亚·森：《论经济不平等/不平等之再考察》，王利文、于占杰译，社会科学文献出版社，2006，第266页。

动和能力的价值的需要，以此反对罗尔斯、德沃金等人提出的将注意力仅仅放在获得成就和自由的手段上（如“基本善”“资源”等）的分析方法。

（三）对能力分析法的补充——自由的区分

在对“能力集”进行讨论以后，森发现仅仅将注意力放在涉及个体福利的功能性活动的自由上是不够的。个体的追求不只是福利，他们也会关注福利之外的其他目标和价值。对于个体福利的追求是能动者非常重要的目标之一，当获取非个体福利目标失败后必然会对个体福利产生影响。森将自由区分为两个方面——“主体性自由”与“个体福利自由”，森将主体性自由定义为“可实现个体所珍视的或想要实现的成就的自由”①，将个体福利自由定义为“个体获取构成其福利的事物的自由”②，并认为最能够反映“能力集”的是后者。即使我们清晰地界定出什么是个体福利自由的平等，并且假设这种平等已经实现，也不能证明每个人都拥有相同的个体福利成就。因为每个人在运用他所享有的自由去追求福利时的侧重点是不同的，这种不同导致在拥有相同自由前提下的个体对生活的满意度也是不同的。所以森对自由进行区分，剔除外力不可改变的影响因素（也就是人的主观倾向性），尽量使人际间的比较更为客观。

对于自由的评估，总是存在一个误区，即认为更多的自由是有利的或者至少是没有坏处的。但是自由是否是越多越好呢？森给出的答案是否定的。我们知道任何一个决策都是有成本的，拥有更多选择的自由有时候会使人感到迷惑甚至使生活质量下降。这个时候的自由会造成个体对生活的满足感降低。或许会有人问自由是否会与个体福利产生冲突？在前文的叙述中可以很容易地知道，自由与个体福利的变化并不一定沿着相同的路径，甚至方向也不一定相同。主体性自由的增加恰恰会引起个体福利自由的下降，或许就是二者的这种反方向变动关系，才使区分主体性自由和个体福利自由变得尤为必要，森通过一个例子对二者的区别进行简明扼要的描述。

---

① 〔印度〕阿玛蒂亚·森：《论经济不平等/不平等之再考察》，王利文、于占杰译，社会科学文献出版社，2006，第273页。

② 〔印度〕阿玛蒂亚·森：《论经济不平等/不平等之再考察》，王利文、于占杰译，社会科学文献出版社，2006，第273页。

假设甲恰好在犯罪现场，他可以选择马上制止即将发生的悲剧事件，这时甲的主体性自由是增加的（主体性自由是可实现的或者想实现的自由）。但是从另一方面看，甲的个体福利自由是减少的，因为甲很有可能会在此过程中受伤。如果经过审慎考虑甲依然选择与犯罪嫌疑人搏斗，此时个体福利自由并不会因此而不减少。

让我们将视角再次切换到关于自由的多少的问题上，个体可以做的选择增加是否可以被视作对自由的扩展。自由的概念是非常复杂的，面对的选择增多其实并不代表个体想要做某件事的自由在扩大，因为有时伴随增多而来的是麻烦。有的时候那些增加的选择恰恰是我们不得不做出的选择，这是一种负担，表明特定的选择的增多并不被认为是对于自由的有价值的扩展。我们感觉到有些时候自由与可获得的利益相冲突，这是我们对于自由过于浅显的理解，我们可以有理由选择不去做那些不愿意做的选择的可能性。所以当我们对享有的自由和我们存在的不平等进行评估时，评价域的信息基础应该注意“反事实的选择”（counterfactual choices）——我们主观上想要做出的选择与做出此选择后可能会发生的事情。

四　对阿玛蒂亚·森可行能力平等观的反思

在森之前，平等与自由之间何者优先的论战持续了很多年，虽有诸如德沃金这样的学者试图对两者进行调和，但是大部分学者会偏向于罗尔斯的观点。森的平等观则不同于罗尔斯从先验制度的角度出发的理论，他的平等观糅合他的经济学思想，从实际的角度考察关于平等的中心问题——“何种平等”，并由此提出自己的可行能力平等观。森的可行能力平等以实质自由为核心目标，将自由与平等进行调和。他不仅仅关注理论上的合理性，也试图对平等与不平等做出实际性的考察，将其运用在诸如贫困、女性主义、阶级等不同领域。他的理论的优点与先进性可以集中总结为三个方面。

第一，创造性地提出“何种平等”这一中心问题，将讨论的视角从试图在各种层面论证平等的合理性转移到试图寻找平等诉求的核心目标。对于这个核心目标的找寻，森的标准是要求这个目标可以同时证明平等的合理性与不平等的合理性。这也就关系到他的第二个特点，承认不平等存在的合理性。

第二，以往的政治哲学家在讨论平等时，只愿意诉求人与人之间的相同点并在这些相同点之中找出何种平等。森则承认了人际相异性，承认不平等的存在是必然的、无法改变的。所以我们要做的就是在评估个体福利时找到一个合适的评价域使平等的合理性与不平等的合理性都能够被证明。于是森提出了“可行能力”，表示能够选择自己偏好的生活的实质自由才是实际可行的平等。

第三，森与先验主义哲学家非常重要的不同体现在理论的应用性上，即“森把所有的现实评价都嵌入了他的能力方法框架之中，指出了不依赖于抽象、先验的形而上学的社会改进之道”①。比如从能力的角度出发评估收入水平，“我们就不能把贫困简单地等同于低收入而不顾个体间的收入和能力之间的转化率的不同”②；考察阶级不平等得出“收入分配和所有权不平等只是有关不平等理论的比较有代表性的内容，但并非其全部内容”③ 的结论等。如果先验主义的平等观是为了解决“什么才是最公正的制度”的问题，那么森的平等观则是在回答“怎样才能够减少制度中的不公正”这一问题。在这个多元化的当代社会中，先验主义制度是难以实施的，而森的理论恰恰为平等的发展开辟了新的道路。

“不管是多么完美的理论都一定要具备自省和反思的能力。如果不对自己的理论进行反思和反复推敲，就不会及时发现理论中的漏洞，也就不能及时地进行补充说明。”④ 森的理论同样也存在两点漏洞。

森将可行能力定义为实现各种可能的功能性活动组合的实质自由，他对可行能力的解释一直贯彻从一个实践的角度出发的原则，同时致力于将能力分析法应用于实践。但是他在追求平等的实践中，并没有给这种可行

① 丁建峰：《超越“先验正义”——对阿马蒂亚·森正义理论的一种解读与评价》，《学术研究》2013 年第 3 期，第 77～83 页。

② 〔印度〕阿玛蒂亚·森：《论经济不平等/不平等之再考察》，王利文、于占杰译，社会科学文献出版社，2006，第 322 页。

③ 〔印度〕阿玛蒂亚·森：《论经济不平等/不平等之再考察》，王利文、于占杰译，社会科学文献出版社，2006，第 321 页。

④ 〔印度〕阿马蒂亚·森：《正义的理念》，王磊、李航译，中国人民大学出版社，2012，第 285 页。

能力列出一个清晰的名单。我们知道对于何种平等这个问题，答案显然是越确定、具体越好，但是森的可行能力范围过大，且不具有确定性。由此，可行能力受到很多人的诟病，认为它是一个模糊性的概念，这种模糊性也使它在诉诸平等的实践中难以被真正落实。

对于不平等的补偿，森认为可行能力的补偿是对于自由与能力的补偿，其补偿主体应该是政府，其次是社会。但可行能力作为一个概念，其本身的含义就是模糊的，在内容上没有具体的清单目录，不能明确知道哪些可行能力需要补偿或者哪些人的可行能力应该得到补偿，因此，设计可行能力补偿方案就会十分艰难。另外，当个体处于劣势时，可行能力的补偿往往是不够的，它可以对个体的“转化障碍”进行补偿，但是不能对不平等产生的根源——资源的稀缺性——进行改变。

阿玛蒂亚·森以“信息基础”为评价核心，以个体差异为逻辑出发点对当代平等理论进行分析的同时，创造性地提出能力分析法，从实际的角度出发对平等的核心变量进行探寻，最终确定了以“实质自由”为核心的可行能力平等理论。他的理论不仅推动了平等正义研究的发展，还为有关平等与自由关系的研究开辟了新的可行的道路，指明了另一个方向。他的理论或许不能成为一个最为完美的理论，但仍然提供了新的思路，对改善这个世界做出了相当大的贡献。

Interpreting Amartya Sen's Theory of Equality of Capability

Wu Chenruonan, Xu Tao

Abstract: After the 20th century, the focus of equality gradually shifted from political rights equality to distributive equality. Many political philosophers are trying to find a way out of the problem of equality, but most of their theories are flawed. At this time, Amartya Sen, an economist and philosopher, put forward the central issue of equality— "equality of what", and demonstrated the inevitability of the existence of inequality between people from the perspective of interpersonal opposites. Sen's theory proposes a new direction for the development of e-galitarianism. Sen focuses on the analysis of utilitarianism, libertarianism and Rawls's theory, and puts forward his own concept of equality of capability. In order to answer the central question of equality of what and evaluating the value goal of equality, Sen proposes the capability analysis method, which uses mathematical and statistical methods to make possible the ranking of the evaluation goal. He then puts forward the focal variables of the concept of equality of capability: "freedom". Sen tries to ease the tension between equality and freedom to solve the problem of which should have more priority: equality or freedom using a new approach. When the theoretical defects of the transcendentalist concept of equality could not be reconciled, Sen put forward his own concept of equality from a practical perspective, pointing out a new direction for the development of egalitarian thought in the 20th century. This paper aims to clearly explain and interpret Sen's concept of equality of capability, clarify the logical system of Sen's concept of e-quality, restore Sen's concept of equality of capability with "freedom" as the core and solve the problem of equality center.

Keywords: Concept of Equality of Capability; Freedom; Capability Analysis; Amartya Sen

论哈贝马斯对“技术统治论”的批判

吴　娇　舒红跃[*]

【摘　要】 随着资本主义工业化在全球的不断深入，“现代性”是当今哲学家非常重视的一个具有重大理论和现实意义的问题。哈贝马斯认为，“技术统治论”是晚期资本主义社会的实质。正是由于晚期资本主义社会所出现的两种前所未有的发展趋势——国家干预、技术与科学成为第一位的生产力，“技术统治论”得以在资本主义社会成为可能。在探讨了晚期资本主义社会“技术统治论”的基本表现之后，哈贝马斯尝试用恢复交往活动以及发挥大众舆论的方法来克服“技术统治论”所带来的弊病。

【关键词】 哈贝马斯　现代性　“技术统治论”

在当今社会，与自然科学紧密结合的现代技术是促进社会生产力发展的重要因素，世界各国都将科学和技术的发展放在重要位置，甚至有的国家把科学和技术看作影响国家发展和稳定的意识形态的重要组成部分。事实上，无论是技术与科学所彰显的技术理性，还是意识形态所代表的精神维度，它们都是现代性的重要特征。在哈贝马斯看来，集技术理性和精神维度于一身的“技术统治论”对晚期资本主义具有不言而喻的重要性。正是有鉴于此，从马克思主义的基本立场和观点出发，哈贝马斯对“技术统

---

* 吴娇（1997～），女，湖北大学哲学学院2015级本科生；舒红跃（1964～），男，湖北大学哲学学院教授，湖北省道德与文明研究中心研究员，研究方向为西方哲学、科学技术哲学。

治论”这一晚期资本主义社会的重要现象进行了深刻分析。

一　现代性与晚期资本主义的实质

现代性是一种在启蒙时代开启的、随着资本主义的工业化而逐渐成长起来的现象，而启蒙精神中最重要的就是理性主义精神和自由主义精神。对理性和自由的追求是资本主义产生的必要条件。故而，现代性是与资本主义的产生息息相关的。在理解现代性时，理论家们也大多是从对资本主义社会的种种状况的分析中来说明它的。作为当今最重要的政治理论家之一，哈贝马斯也特别关注现代性这一资本主义社会的重要现象。在他看来，现代性是一门未竟的事业。面对现代性下的各种社会问题，尤其是晚期资本主义社会所出现的危机，哈贝马斯认为我们需要重写现代性。对于现代性的批判，哈贝马斯主要是从社会层面进行的，他认为现代社会是一个被工具理性所分割的二维式社会，只有构建交往合理性，才能打破这种隔离的社会状态。这就需要构建有利于交往活动的语言系统和重建政治公共领域，由此重构一个合理的生活世界。哈贝马斯对“技术统治论”的批判便是他重建现代性体系的开端。

“技术统治论”是由法兰克福学派提出的，对现代资本主义进行批判的一种在思想界引起很大反响的观点。所谓“技术统治论”，是指技术与科学在思想意识上占据主导地位，成为意识形态，控制人的意识。技术统治的直接后果就是技术性与科学性成为人们行为的导向原则。这是很多哲学家批判现代性的切入点，他们的批判本质上是对技术理性在现代社会中的反思。在这些反思和批判中，法兰克福学派率先提出了“技术与科学成为意识形态”，即“技术统治论”的观点。

事实上，法兰克福学派对资本主义社会技术统治论的批判是对他们早期对资本主义异化批判的进一步展开和发展。他们以对资本主义社会的异化的批判为基础，进而把科技批判和意识形态批判结合在一起，把技术与科学的社会功能同意识形态所起的社会功能相等同。在他们看来，科学与技术起着掩饰社会问题，转移人的不满和反抗情绪，阻挠人们选择新的生活方式，维护现有社会统治，甚至导致社会堕落的意识形态的作用。其中，法兰克福学派奠基人霍克海默最先提出了技术科学是意识形态的观点。“不仅形而上学，而且还有它所批判的科学，皆为意识形态的东西；后者之所以也复如是，是因为它保留着一种阻碍它发现社会危机真正原因的形式，……任何一种掩盖社会真实本质的人类行为方式，即便是建立在相互争执的基础上，皆为意识形态的东西。”①

对于霍克海默的科学技术是意识形态的观点，马尔库塞深表认同，并做了进一步的解释。马尔库塞认为，科学与技术之所以能够成为意识形态，是因为科学和技术同意识形态一样，具有明显的工具性和奴役性，具有统治人和奴役人的社会功能。在《单向度的人》一书中，马尔库塞抨击了技术科学所带来的社会后果，鲜明地表达了他对技术科学所持有的悲观态度。他觉得技术与科学越发达、越全面，个人越无法打破这种被奴役的状态，所受的奴役和统治就越深重。马尔库塞甚至提出了“技术的解放力量转而成了解放的桎梏”的论断。

对于法兰克福学派前辈们的观点，哈贝马斯有些认可，有些则持批评态度。比如说，马尔库塞认为，人在技术科学面前是无能为力的，对于这一悲观主义表述，哈贝马斯并不认同。哈贝马斯之所以认为人在科学技术面前的无力状态是可以改变的，是因为他认为马尔库塞对资本主义的社会实际没有做到充分的了解和正确的分析。不同于霍克海默和马尔库塞等人的分析，哈贝马斯是从晚期资本主义社会出发来对“技术统治论”进行批判的，他的研究的理论出发点和其他法兰克福学派的学者是不一样的。

众所周知，晚期资本主义在经济、政治、思想文化等各个方面都不同于早期资本主义，晚期资本主义最明显的特征便是国家干预以及技术与科学成为第一位的生产力。不同于自由竞争的资本主义的经济危机，晚期资本主义危机是一种“合理化”危机，即国家权力的合法化危机。由于晚期资本主义出现了国家干预，政治介入了资本主义的生产方式，自由交换的原则被破坏，社会合理化成为晚期资本主义关注的焦点。

既然社会合理化成为晚期资本主义关注的焦点，那么，晚期资本主义社会是如何解决自己的合理化这一问题的呢？在哈贝马斯看来，晚期资本

① 〔德〕马克斯·霍克海默：《批判理论》，李小兵等译，重庆出版社，1989，第5页。

主义社会的合理化是同科技进步的制度化联系在一起的。随着晚期资本主义社会的新变化，技术和科学渗透到社会的各种制度中，社会的制度框架越来越多地受到技术与科学的影响。故而，技术与科学在晚期资本主义社会技术的支配力量不断扩大，成为晚期资本主义社会的合理化形式。

哈贝马斯对技术统治论的批判不仅借鉴了法兰克福学派的各种理论资源，而且进一步追溯了其他对资本主义有深刻批判的思想家和理论家的思想，其中最突出的是马克思和马克斯·韦伯。哈贝马斯认为，马克思对资本主义社会所提出的原理是从他所处的时代出发的，由于时代的变迁，马克思的分析已经与现代社会状况相脱离。这就是说，马克思所认为的生产力即社会合理化的观点与晚期资本主义的实际情况不符。同样，哈贝马斯认为马克斯·韦伯在《经济与社会》一书中对资本主义合理化的批判也是存在不足的，因为韦伯仅仅将合理化局限于资本主义的经济活动形式。

在哈贝马斯之前，马尔库塞就对韦伯的合理化问题进行过批判。不过，哈贝马斯认为，虽然马尔库塞相对于韦伯更进一步，用技术理性而不仅仅是经济（理性）来解决合理化问题，但是马尔库塞对技术理性的控制采取悲观主义态度，这种态度在哈贝马斯看来过于极端。根据哈贝马斯的理解，马尔库塞所采取的克服技术理性统治的方式依然是在技术理性的框架内。

在总结法兰克福学派、马克思、韦伯等人的观点之后，哈贝马斯提出了自己的观点，尝试建立一个用劳动和相互作用为坐标的新的坐标系来解释合理化。哈贝马斯“把劳动或曰目的理性活动理解为工具的活动，或者合理的选择，或者两者的结合”①，“把以符号为媒介的相互作用理解为交往活动”②。在哈贝马斯看来，目的理性活动和交往活动是人的行为的两种基本类型。目的理性活动按照技术规则来进行，而技术规则是以经验知识为基础的，其在任何情况下都包含对可以观察到的事件进行有条件的预测。这也就是说，劳动能够通过经验知识的运用排除某些因素，由此得到和达

① 〔德〕哈贝马斯：《作为“意识形态”的技术与科学》，李黎、郭官义译，学林出版社，1999，第 49 页。

② 〔德〕哈贝马斯：《作为“意识形态”的技术与科学》，李黎、郭官义译，学林出版社，1999，第 49 页。

到与预期相符合的结果和目标。还有一种按照“战略”进行的“合理选择的行为”，但是战略是以分析知识为基础的，而分析知识的构成更加复杂，所以工具活动比战略活动更有参考价值，更加高效，也更具有代表性。“相互作用是按照必须遵守的规范进行的，而必须遵守的规范规定着相互的行为期待，并且必须得到至少两个行动的主体的理解和承认。”① 主体所遵守的社会规范取决于主体间的相互作用，即主体在交往时能否通过语言进行正常的沟通，理解彼此的意图。劳动和相互作用在社会合理化结构中有不同的作用，两者不能相互代替。随着交往活动的扩大，主体能够得到解放，人们能够自由发展，而不是盲目于技术的提高、效益的增加，这样的社会才是合理的。

一方面，哈贝马斯提出了合理社会状态的构想；另一方面，他又认为在晚期资本主义的发展状况中，这样的合理状态并没有实现。在晚期资本主义社会，技术与科学由于占据统治地位，压制正常的人际交往活动，从而导致了人的主体性的丧失，导致人们缺乏对社会的反思精神，不得不屈服于虚假的生活满足感中。这就是哈贝马斯对“技术统治论”在晚期资本主义社会所导致的后果的分析。

二 哈贝马斯对“技术统治论”的批判

无论是对晚期资本主义合理化危机的分析，还是对“技术统治论”在晚期资本主义社会影响的探讨，哈贝马斯都是以他对晚期资本主义社会现状的描述为出发点的。因此，在批判“技术统治论”时，哈贝马斯首先从晚期资本主义新的变化开始，以此来说明“技术统治论”得以成为可能的原因，接着对“技术统治论”在资本主义社会的基本表现进行说明。正是基于对“技术统治论”的充分分析，哈贝马斯才得出了“技术统治论”压制交往活动的结论，并继而提出如何克服“技术统治论”的方法。

① 〔德〕哈贝马斯：《作为“意识形态”的技术与科学》，李黎、郭官义译，学林出版社，1999，第49页。

（一）晚期资本主义“技术统治论”何以成为可能

在对晚期资本主义社会的现状进行描述时，哈贝马斯是这样论述的：“在晚期资本主义社会中出现了两种引人注目的发展趋势：第一，国家干预活动增加了；国家的这种干预活动必须保障资本主义制度的稳定性；第二，科学研究和技术之间的相互依赖关系日益密切；这种相互依赖关系使得科学成了第一位的生产力。”① 这两种制度破坏了原有的经济政治格局，使资本主义社会公平交换的基础意识形态失效。技术与科学因此取得了统治的合法性，成为新的意识形态。

国家通过干预对经济发展过程所做的持续性的调整，是为了抵御放任自流的资本主义。在晚期资本主义社会，自由资本主义的发展在经济上呈现生产资料以及社会财富集中在少数人手中的状态，甚至导致了经济势力极强的垄断组织的出现。资本主义市场内完全凭借自由交换的精神进行经济活动。这样的经济活动导致了资源配置的不合理，引发了经济领域内的冲突，爆发了规模甚广的经济危机。为了维护经济市场的稳定，促进经济发展，资本主义国家开始加强对经济的干预，放弃自由放任的经济政策，奉行凯恩斯主义。

在经济上，资本主义之所以显示出其自身的独特性，是因为其遵循自由、公平交换的规定，奉行由市场自由调节的原则。所以国家的干预，在一定程度上破坏了经济市场内公平交换的意识形态。在政治上，“资本主义是第一个把自行调节的经济增长（机制）加以制度化的生产方式”②。因此，不同于传统社会的政治经济结构，资本主义是由一种生产方式决定的。资本主义的社会制度在直接意义上表现为一种经济制度，但是由于国家干预的出现，这种制度框架就被重新政治化了。这种或明显或隐藏的调控，实质上违背了资本主义社会将自身从统治中解放出来的观点。

在公平交换的意识形态瓦解以后，政治统治就亟须一种新的合法性。

---

① 〔德〕哈贝马斯：《作为“意识形态”的技术与科学》，李黎、郭官义译，学林出版社，1999，第 58 页。

② 〔德〕哈贝马斯：《作为“意识形态”的技术与科学》，李黎、郭官义译，学林出版社，1999，第 53 页。

哈贝马斯将新的合法性形式称作“补偿纲领”。“补偿纲领”要能稳定社会制度，保障社会安全，使广大居民有最低的福利保障。具备“补偿纲领”所需特质的、能成为新的社会合理性的是什么呢？哈贝马斯提出，技术与科学便是“补偿纲领”。因为不仅仅国家干预为技术与科学成为新的社会合理性创造了条件，技术与科学也成为第一生产力，使其本身具备了“补偿纲领”的特质。

技术与科学并不是从一开始就联系在一起的。直到晚期资本主义，技术才呈现科学化特点，科学才日益频繁地被运用于技术上。当科学的发明和创造被大规模地运用于技术生产时，社会就发生了变化。“随着大规模的工业研究，科学、技术及其运用结成了一个体系。在这个过程中，工业研究是同国家委托的研究任务联系在一起的，而国家委托的任务首先促进了军事领域的科技的进步。科学情报资料从军事领域流回到民用商品生产部门。于是，技术和科学便成了第一位的生产力。”①

随着技术与科学不断发展，技术与科学日益攻占了人们的生活领域，渗透进日常生活的各个角落。人们对于科学技术的关注自然而然地变得更加重视，相应地，技术与科学在人们的思想意识中占据越来越重要的位置。随之而来的是，“技术统治论”作为隐形的意识形态，渗透到广大居民的意识中，并且可以使自身合法性的力量得到发挥。政治领域同样不会被置于技术与科学的统治之外。由于技术与科学对政治的渗透，政治领域呈现技术化的特点，政治决策依赖于技术专家的评估。与此同时，人们对政治失去兴趣，取而代之的是对科学技术的关注。由此，“社会系统的发展似乎由科技进步的逻辑来决定”②。

（二）“技术统治论”的基本表现

在晚期资本主义社会中，“技术统治论”在资本主义社会不仅影响深远，而且表现出不同的社会形式。基于马克思主义的立场和观点，哈贝马

---

① 〔德〕哈贝马斯：《作为“意识形态”的技术与科学》，李黎、郭官义译，学林出版社，1999，第62页。

② 〔德〕哈贝马斯：《作为“意识形态”的技术与科学》，李黎、郭官义译，学林出版社，1999，第63页。

斯对“技术统治论”的基本表现做出了自己的概括和总结。

第一，意识形态性较少。“技术统治的意识同以往的一切意识形态相比较，‘意识形态性较少’，因为它没有那种看不见的迷惑人的力量。”① 技术科学意识相较于旧的意识形态，更加直接和透明，不隐晦地散发迷惑人的信息，通过给人以实际的利益，满足人的合理的、不合理的需求，达到控制人意识的目的。

第二，范围更为广泛。“占主导地位的意识形态将科学变成偶像，因而变得更加脆弱的隐形意识形态，比之旧式的意识形态更加难以抗拒，范围更为广泛。”② 因为技术科学能满足社会各个阶层的需求，所以它的渗透范围很广，使无论哪个阶层的社会对它的存在都怀着崇拜之心。作为意识形态的技术与科学甚至不需要任何媒介宣传，就可以使每个人与它接触。

第三，不容易受到人们的反思和批判。“技术统治的意识是不太可能受到反思攻击的，因为它不再仅仅是意识形态，因为它所表达的不再是‘美好生活’的设想。”③ 技术统治的意识不是愿望和幻想，不同于旧的意识形态给人以空大的美好承诺，它不给任何一个阶层承诺。没有说教上的虚幻性便不会引起人的怀疑，一直以物质形式的力量来震撼人们，能够给人实实在在的满足感。日益增长的生产率，使人的生活愈加安逸和舒适，这使人们安于现状，对社会屈从。在缺乏批判精神的社会中，“技术统治论”便不会被反思。

第四，阻挠人们议论社会的基本问题。“无论是新的意识形态，还是旧的意识形态，都是用来阻挠人们议论社会基本问题的。”④ 从前，在自由交换的市场体制内，即使资本家占据大量的生产资料，雇用工人为其进行劳动生产，在工作时间以及薪酬方面给出不利于工人的条件，但是在公平交换的经济体制内，工人无法打破这种公平交换的原则。在晚期资本主义社

① 〔德〕哈贝马斯：《作为“意识形态”的技术与科学》，李黎、郭官义译，学林出版社，1999，第 69 页。

② 〔德〕哈贝马斯：《作为“意识形态”的技术与科学》，李黎、郭官义译，学林出版社，1999，第 69 页。

③ 〔德〕哈贝马斯：《作为“意识形态”的技术与科学》，李黎、郭官义译，学林出版社，1999，第 69 页。

④ 〔德〕哈贝马斯：《作为“意识形态”的技术与科学》，李黎、郭官义译，学林出版社，1999，第 69 ~ 70 页。

会中，技术科学对工人阶级的生活同样能产生影响，并不是某个阶级的专属，技术与科学能通过满足工人阶级的部分需求，从而使人们认为阶级对抗等现实政治问题不再是主要的了。

（三）如何克服晚期资本主义的“技术统治论”

在晚期资本主义社会，技术统治论导致了交往活动异化。所谓“技术统治论”，就是意味着人无法认识到这种意识形态的控制力量，因此无法反抗这种技术理性的压制。在必须具备主体性的交往活动中，由于屈从于技术理性，交往主体不能有效合理地处理人际交往问题，同时忽视了语言系统的重要性。在人与人交往时，由于不同的文化环境、教育背景等，语言沟通是解决理解障碍的重要工具。但在语言系统被科学化扭曲的时间里，交往活动难以得到足够的沟通交流，其间的诸多障碍是科学技术系统无法解决的，这就导致了交往活动的困难。技术的功能是解决自然的不可理解性和不可认识性，把人从自然界中解放出来，但是技术统治论会破坏人际间的实践兴趣和阻碍人类追求自由、独立的解放。

针对以上问题，哈贝马斯提出了以恢复交往活动为核心的解决方案。用交往理性来规范技术理性，就需要交往活动的载体——语言系统的恢复，即有效地利用语言，依据语用规则的真实性、真诚性、正确性与他人建立起合理的人际关系。技术系统并不能解决交往中产生的差异问题，只有通过人与人之间的真诚的交流沟通才能表达想法，进行充分的思考，在交往中恢复人的主体性。因此技术理性系统必须给社会普遍认可的规范让出位置，由普遍认可的社会规范来指导交往行为。

哈贝马斯还指出，发挥民主的作用，在科学化的政治中重拾民主，通过公共舆论了解公众的合理要求，充分反映人们的政治意志，特别是发挥大、中学生集团这一集体的作用。大、中学生集团是一个特殊的集团，它没有代表社会既有利益中的任何利益，在他们这里，补偿机制无法生效，学生进行斗争不是为了获得更多的社会补偿，他们的抗议矛头指向的恰恰是“补偿”机制本身。学生集团的教育背景及其特殊的生理及心理时期，决定了他们对技术科学意识控制下的社会有种种不解，他们的敏感能解决难以触动的政治问题。此外，还需要广大居民形成真实的舆论，对国家政治进行干预，从而使政治决策不仅仅依赖于技术决策，实现政治合理化。

三 哈贝马斯的“技术统治论”批判：得与失

在晚期资本主义的背景下，哈贝马斯在敏锐地察觉到晚期资本主义变化的基础上，深刻地意识到技术与科学所带来的广泛影响，进而认识到晚期资本主义的实质是使技术与科学成为意识形态。哈贝马斯的“技术统治论”批判包含对人的关切，他试图打破技术理性的禁锢，解决晚期资本主义的社会问题，从而构建一个合理的生活世界。

哈贝马斯的“技术统治论”批判可以让我们从另外的角度来认识资本主义的发展。马克思认为资本主义制度必将走向灭亡，与此不同，哈贝马斯则认为，通过运用技术与科学这一手段，资本主义使人们沉浸在物欲中不能自拔；通过增加更多的能够满足人们需求的生产生活资料，资本主义制造出许多人们并不是特别需要的消费。从表面上看，技术与科学似乎是在为人们减负，但实际上，技术与科学的广泛运用大大增加了人们的负担。利用人们贪图技术与科学所带来的便利的心理，资本主义以此来消解人们的主观能动性。

哈贝马斯对“技术统治论”的批判在带给我们有益启示的同时，也存在这样或那样的不足。比如说，在某种程度上，哈贝马斯对“技术统治论”的批判存在夸大科学技术作用的问题，他的“技术科学是一种意识形态”的论断也存在讨论的空间。

首先，哈贝马斯对“技术统治论”的批判夸大了技术科学的作用。在晚期资本主义社会，国家干预程度较大的原因是国家在之前的资本主义中对经济完全放任，即使国家干预政策增强以后，资本主义市场还是由市场主导，公平交换的原则依然在资本主义经济中起着核心作用。将一切因素归因于技术与科学，实际上是哈贝马斯忽视了资本主义制度的内部矛盾，政治制度本身的问题不能简单地转换为科学技术问题。看起来是“技术统治论”导致了交往行为异化，但在晚期资本主义中技术与科学的主导者是资本主义，这意味着科学技术陷入这样的局面仍是主导者的问题，意即资本主义决定如此使用技术与科学，便使技术与科学呈现如此面貌。技术与科学本身是无对错的，也不会带有明确的立场。

其次，对于技术与科学是否能作为意识形态有多种不同的见解。对于“意识形态”这一概念，有多种不同的定义。自特拉西提出意识形态概念以来，对于意识形态的探讨从未停止过。特拉西提出，意识形态是将其视为一种观念的学说或观念的科学。传统马克思主义认为，意识形态是一种虚假意识，与科学对立。西方马克思主义的代表人物卢卡奇、葛兰西认为，资产阶级意识形态是虚假的意识，无产阶级意识形态是科学的意识，这使意识形态具有了更浓厚的政治色彩。在传统理解中，意识形态是社会意识形式的主要组成部分，是社会政治经济的反映，是为统治阶级服务的工具。作为一种价值观，意识形态不仅解释着世界也指导着人们认识世界、改造世界。按照这样的理解，意识形态带有明显的主观性，涉及的是人与人之间相处的法则；科学则具有固定的客观性，尊重事物发展规律。如何将客观的科学嫁接到主观变化的思想意识上，“技术统治论”这一命题本身存在一定的争议。哈贝马斯在批判“技术统治论”时，没有明确地指出技术与科学到底是一种意识还是一种应用工具。

再次，哈贝马斯对于马克思学说一些理论的新解释还有待考察。哈贝马斯指出阶级斗争和意识形态这两个范畴再也不能不根据情况而加以运用了。在晚期资本主义社会之前，阶级斗争是社会主要矛盾，主要表现为资产阶级和无产阶级的对抗。哈贝马斯认为，技术科学成为意识形态之后，社会的矛盾冲突通过“补偿纲领”得到了缓解，阶级对抗的问题依然存在，但是并不是主要矛盾，技术科学控制下的生产方式的变革和调整才是社会主要问题，这一说法有将社会矛盾问题简单化了的嫌疑。另外，哈贝马斯对马克思的剩余价值理论的批判也存在值得商榷的地方。对于马克思的剩余价值由劳动产生的观点，哈贝马斯认为已经过时。在他看来，技术科学已经取代劳动成为剩余价值的创造者。之所以如此，是因为技术与科学联合作用于生产，从而导致生产规模的扩大和生产效率的提高，由此带来的生产力的增长是劳动所无法比拟的。他指出，在科学技术增加的情况下，直接从事生产的劳动者变得越来越不重要了。

虽然哈贝马斯对“技术统治论”的批判存在这样或那样的问题，但是，他在晚期资本主义政治、经济和文化危机不断出现的情况下，对现代科学技术给资本主义所带来的冲击的分析，仍然给我们如何看待当今资本主义，以及如何建设中国特色的社会主义具有很强的理念启示和现实意义。

On Habermas'Criticism of Technocracy

Wu Jiao, Shu Hongyue

Abstract: With the deepening of capitalist industrialization in the world, nowadays philosophers attach great importance to modernity which has great theoretical and practical significance. Habermas points out the view that is technocracy is the essence of the late capitalist society. In the late capitalism, there are two kinds of phenomena. One is the state intervention, and another is technology and science have become the first productive forces. It is because of the two unprecedented development trends that the technocracy is made possible in the capitalist society. After discussing the basic expression of technocracy, Habermas tried to overcome the disadvantages caused by technocracy by resuming communication activities and giving full play to public opinion.

Keywords: Habermas; Modernity; "Technocracy"

理论探讨

城市声环境优化的人文价值与对策思考

赵红梅*

【摘　要】 喧嚣与浮躁的时代，音乐具有政治意义，声环境优化属于政治哲学、音乐哲学、环境哲学的领域。政治文人阿达利认为，声音比影像更具强权性。国家中心城市是国家政治、经济与文化的“定盘星”，国家中心城市声环境应该引起城市规划部门的重视。目前，城市规划重视觉环境的美化而轻听觉环境的优化，对于噪声的控制限于消极的防堵与隔绝。声环境的优化问题不仅可以提高城市的韵味与精神，而且也可以使我们的城市规划缩小与国外城市规划之间的距离。声环境优化的人文价值建立在对听觉的尊重上，建立在对噪声的聆听与把控上，也就是扎根于对人的尊重与人的和谐的追求上。我们可以通过功能区的划分与生态交响曲的设计，以及环境治理模式的转型来重建人与自然的关系，优化我们的声环境，提高居民的居住质量。

【关键词】 声环境　城市规划　人文价值　环境治理思维

引　言

武汉，作为国家中心城市，其噪声污染在全国十大城市排名中位于前

---

* 赵红梅，湖北大学政法与公共管理学院教授，哲学博士，研究方向为环境哲学、环境治理。

列，属于声环境污染最为严重的中心城市之一。目前，武汉声环境的治理主要从管理学、社会学、经济学等角度切入。通过技术以一种噪声来对抗另一种噪声成为公众的日常选择，面对声环境污染，城市人受制于技术，躲避到手机、电脑等现代科技世界中，面对无处不在的噪声，人的主体抗争性已经呈现被动性适应之态。面对声环境污染，人们缺乏批判精神，也很少有人从美学与伦理学的角度进行探讨。“生态化”的武汉，要求声环境从噪声走向声景观，要求声环境的防控从技术走向人本身。在声环境的优化中，人、人的价值理念、人的环境保护意识与责任意识、人的审美能力与审美情趣才是最为重要的元素。从美学与伦理学的角度即从人的角度切入声环境优化，将声环境从被动的防控走向声景观的主动营造，显示人在环境面前的灵性与超迈精神。从美学、伦理学的角度切入声环境优化，可以更新研究视角，反击声环境治理以技术压制技术的局限性，改变人在噪声环境面前的被动性，高扬人的主体性。毕竟人是声环境的体验者和监督者，人的理性、审美能力与道德意识才是战胜噪声的支撑力量；声环境优化不等于噪声防控，声环境优化强调的是人在噪声污染环境面前的价值和意义。传统的噪声环境治理是一种被动的避、防，噪声还是噪声，而声环境优化注重声景观的美学精神与伦理意蕴，解决噪声带来的各种问题，给人以更多的尊重与激励。另外，从美学、伦理学的角度对声环境污染进行审视与批判，在噪声环境的治理与和谐社会的建设之间建立联系，突破声环境研究的被动性，提升噪声防控的人文意识。最后，通过声景观的引入，确立噪声治理与声环境优化的目的。

一 问题的提出：重视觉轻听觉

在众多的城市体验者和城市研究者看来，城市噪声是一种污染、一种“城市病”，声环境的优化和声景观的打造是实现城市与环境的和谐与可持续发展的重要策略。在 2011 年浙江开化举办的“生态文明的美学思考”全国学术研讨会上，有些学者甚至公开指出大都市人对城市的厌恶、逃避、恐惧等情绪和态度。其实，文人对于大都市问题的思考从城市建立伊始就存在。理查德·瑞吉斯特认为，“工业革命以来，城市已逐渐退化成物理意义上的城市，它本身并不健康，使得整个地球也不健康”①。在中国，敏感的学者对于大都市的厌恶感始于20世纪90年代，著名诗人海子便拒绝90年代。为了避免重演大都市的悲剧，城市必须在规划阶段进行预防，生态城市的建设离不开规划，“城市规划是城市建设的大纲，也是搞好生态城市建设的前提和保障”②。如今，城市规划已成为社会及学界讨论的一大热门话题。谈到城市规划建设问题时，不少地方政府往往把大量的精力放到马路的拓宽、街道植被的种植、建筑的整齐美观等方面。如有的地方官员要求把临街房刷成统一的红色，有的官员规定临街建筑须统一高度。传统的城市规划重物轻人，重建成环境轻自然生态。我们的观念决定未来城市的样式，可惜“当今城市还是在压倒一切地向着反生态方向发展”③。

例如，大多数城市将其规划目标定为“绿化、美化”。这些目标也不能说完全没有价值，但是其规划偏重“象”的设计，表现出一种对视觉美的追捧，体现的是反生态的发展方向。建设形态决定人的生活方式，建什么样的城市，城市人就怎么样生活。城市建设重“形”，城市人也就重“形”。

其实，仅仅关注视觉的城市美化运动在国外早已遭到质疑。如今，生态立市、整体生态系统的和谐已成为国外城市规划的精神主旨。

在他们看来，“城市是影响整个地球的人类文明的基石”④。城市规划如一盘棋。城市生态环境包括水环境、声环境、光环境、电环境、人文环境等方面。因此，城市规划不仅要关注“物”的排列组合，而且也要关注“气”的流注贯通。“物”有“形”，“气”无“形”。无中生有，没有“无”，“有”难以独存。要盘活城市规划这盘棋，既要重“有”，也要重“无”。

也就是说，一个有生机、有特色、舒适而宜人的城市不能仅仅关注可观可触的“形”，也要关注可以用心体悟到的“无形”。相对于视觉环境的众多实像来说，听觉环境就虚空多了。因为听觉环境表现的东西不像线条、

① 〔美〕理查德·瑞吉斯特：《生态城市——建设与自然平衡的人居环境》，王如松、胡聃译，社会科学文献出版社，2002。

② 冯启凤、吴晓雷、马培娟：《国内外生态城市建设比较研究》，载中国城市规化学会编《生态文明视角下的城乡规划——2008中国城市规划年会论文集》，大连出版社，2008。

③ 〔美〕理查德·瑞吉斯特：《生态城市——建设与自然平衡的人居环境》，王如松、胡聃译，社会科学文献出版社，2002，第3页。

④ 〔美〕理查德·瑞吉斯特：《生态城市——建设与自然平衡的人居环境》，王如松、胡聃译，社会科学文献出版社，2002，第1页。

轮廓那样实在，它不能表现客观世界中的具体事物。

然而，听觉环境是重要的，听觉环境的优化是重要的，因为声音直接袭击人的心灵、影响人的情绪。阿达利认为，“音乐不但使母牛乐于生乳，或使日本的黄牛长出最鲜美的肌肉，而且能令人心境跟着起伏，改变人与他人、社会转换、经济生产，乃至政治抉择的环境及其变化的速度”①。“音乐不像诗艺那样，不能够通过概念使理智得到娱乐，也不像造型艺术通过可见的形象使眼睛得到娱乐。因此，它的使命只能是对人们的情感产生影响。”② 造型艺术说服我们，而声音直接袭击我们，使人欣然或抑郁。

因此，美的欣赏与营造不仅应尊重视觉，也应尊重听觉。不仅要关注视觉环境，也要关注听觉环境。城市规划不仅要关注视觉环境的美化，也要关注听觉环境的优化。声环境的优化建立在对听觉环境的关注上。目前，国外如日本、加拿大等国家在声环境的研究与实践上走在了世界前列。1964 年日本东海道新干线的运营，产生了因铁道运营带来的噪声问题。随着问题日趋严重，日本的政府部门加强了对铁路噪声以及其他环境问题的控制。同年 9 月 30 日，运输省便发布了《新干线铁路构造规则》，并逐步加强了轨道噪声的立法，形成了较为完备的轨道噪声控制法律体系。1997 年又颁布了《环境影响评价法》。20 世纪，日本噪声防控走在了世界前列。我国于 1996 年颁布了《中华人民共和国环境噪声污染防治法》，列出了四大噪声源——工业噪声、交通噪声、建筑噪声和社会生活噪声。③ 虽然城市噪声渐渐被国人知晓，但现实是，国内的城市建设者很少关注声环境的设计。即使涉及声环境问题，城市建设者要么如蜻蜓点水般轻轻带过，要么是将声环境的优化简化为、降低为“堵噪声”，在声环境的优化中处于被动状态。

为了避免中国在城市建设中重蹈西方声环境“先污染后治理”带来的高成本的问题，我国的城市必须在规划阶段将听觉环境的优化考虑进去。如此才能在建成环境的优化中与西方缩小距离，提高居住舒适度。

---

① 〔法〕贾克·阿达利：《噪音——音乐的政治经济学》，宋素凤、翁桂堂译，上海人民出版社，2000。

② 〔奥〕爱德华·汉斯立克：《论音乐的美——音乐美学的修改刍议》，杨业治译，人民音乐出版社，1980，第 17 页。

③ 吕玉恒：《国内城市噪声控制》，《工程建设与设计》2003 年第 6 期。

二 声环境优化的人文价值

人是有五官感觉的。五官感觉无高低贵贱之分。只不过传统美学家认为，视听是更为纯粹的审美感官。我们的中小城市建设不仅应注意创造具有视觉美的景观，也应创造出具有听觉美的景观，如此才能满足人更全面的审美需要。因为“声音不仅是声学测定和频谱分析来导出的单纯物理量，而且是带有鲜明的个人感情色彩诸如喜恶、记忆、健康、心理等的社会文化存在”①。如果一个城市的规划仅仅关注视觉的舒适而忽略了声音上的宜人，这样的规划是不健全的、是重形的，它必然会因过于倚重色彩、大小、粗细而忽略旋律、律动、节奏等更具内敛性的美。偏重人的视觉而轻视人的听觉，无形中凸显了眼睛的价值，贬低了耳朵存在的意义。眼睛和耳朵之于人不仅是重要的审美感官载体，而且也是一个健全的人必备的身体器官。“有色彩的听觉”这一观念说明了听觉与视觉的联觉关系。“当人们在听德彪西的《大海》时，眼前就会出现大海，而在听《幽灵船》时，就会闻到大海的气息。”② 音乐可以描绘出给眼睛留下深刻印象的东西，并通过人的精神将耳朵与眼睛协调起来。过于倚重视觉环境的美化而忽略声环境的优化，无形中将完整的人进行了“环境分割”，即通过“养眼损耳”的方式将人和谐的感官进行扬抑甚至打压使之变形。

因此，声环境的优化不仅是必要的，而且也是必须的。它是在环境问题上尊重人的具体体现。尊重人首先就要尊重人的肉身、尊重人的五官感觉。只有尊重人的身心的环境才是宜人的环境，只有能悄然释放压力、使人身心俱安的环境才是尊重人的环境。当然，这种环境的营造也必然是建立在尊重万物的基础上的。

人通过肉身与世界发生直接关系。五官感觉是人感知万物、与万物呼应互答、感应互动的渠道。人改造环境，环境也塑造人。我们为什么要谈

① 葛坚等：《城市景观中的声景观解析与设计》，《浙江大学学报》（工学版）2004 年第 8 期，第 95 页。

② 〔法〕克洛德·列维 - 施特劳斯：《看·听·读》，顾嘉琛译，生活·读书·新知三联书店，1996，第 84 页。

声环境的优化问题呢？因为音乐比造型艺术离我们的心灵更近，声音直接撞击人的心神。美声令人心驰神往，噪声则令人心烦意乱。可见，环境的和谐与人的和谐密切相关。

比如说住房噪声问题。由于城市住房噪声尖锐地刺痛我们的心灵，作为身体与精神的栖息地的城市住房在一定程度上被破坏了，特别是主干道临街住房的有些居民，他们的精、气、神不仅没有在"心灵的港湾"——家中得以凝聚与加强，而且还在一定程度上被耗散与削弱。因为噪声就是音的动荡与杂乱、音的无序与不安。在声级、频谱和节奏上都保持着平衡的声音是悦耳的，而"频率混杂、主音和信号音不能被很好地区别的声景观则为低保真度，低保真度的声音在声级、频谱或者节奏三者中至少有一个或多个失去了平衡。这种不平衡往往会引起人的烦恼"①。不管城市噪声是由何种原因引起，它导致的结果就是不和谐。这种不和谐不仅是一种外在的物质之音的不和谐，而且也会引起主体内在的不和谐。毕竟外在世界与人这一小宇宙二者是统一于大宇宙这个整体中的。外在的噪与内在的"燥"相通。噪声影响人的睡眠、听力，敲打人的心脏，从而影响人的心情。音乐是音的和谐状态，"音乐是通过优美的乐音来表达感觉和心灵状态的艺术"。②音乐是乐音之间的"协调和对抗、追逐和遇合、飞跃和消逝——这些东西以自由的形式呈现在我们直观的心灵面前，并且使我们感到美的愉快"。宁静的音乐易使人沉静下来，能使人的灵魂得以净化与升腾。而噪声恰恰相反，噪声是声音的无节奏与杂乱状态，它易使人狂躁不安、失眠头痛甚至引发更为严重的身心疾病。音乐的原始要素是和谐的声音，它的本质是节奏，具有一种凝聚力，具有一种神圣性，使人凝神；而噪声是一种耗散力，具有一种魔性，使人分神。前者使人身心和谐、引人飞升，后者使人身心分裂、坠于阴暗。

因此，和谐的人需居住于和谐的环境中。声环境的优化是人的身心和谐的一大关键。

---

① 吴颖娇、张邦俊：《环境声学的新领域——声景观研究》，《科技通报》2004 年第 6 期。

② 〔奥〕爱德华·汉斯立克：《论音乐的美——音乐美学的修改刍议》，杨业治译，人民音乐出版社，1980，第 24、49 页。

三 声环境优化的对策思考

目前，国内的中心城市声环境优化研究主要是从噪声的危害、噪声的种类 、中心城市噪声污染排序调研、声环境功能区域规划、绘制区划图形成区划数据库和电子图、噪声防控联动管理、声环境网络化技术监测等方面进行。其实，声环境的优化不是噪声的防堵与控制，更不是制造一个无声的世界。事实上，消除一切声音的世界与震耳欲聋的世界一样可怕。因为它是死之“象”。没有生命、没有生机、没有活力的世界才会寂寂无声。如此无声的“冷酷仙境”同样令人恐惧。那么，怎样才能从被动的噪声治理转变为积极主动的令人身心俱安的声环境的创造呢?

（一）环境治理思维的转换

声环境的优化，首先需要的是环境治理思维的转型。通过资料收集与整理，笔者发现，国内外学者对环境治理的研究呈现递进状态：从关切环境危机、环境污染到环境保护方法、环境补偿政策的推促；从环境治理立法的修补到环境治理技术的更新；从环境治理机制、环境治理制度的确定到环境治理模式的聚焦。环境治理研究取得了丰厚的成果，环境治理模式也在一定程度上丰富了治理理论。不过，国外发达国家环境治理研究起步早，“工具性”研究和“价值性”研究并行于世，形成了高效的环境危机应对模式。而国内的环境治理研究虽然广为借鉴他方工具，但是由于将“工具性”研究与“价值性”研究相割裂，环境治理效率低下，环境治理从“政府失灵”、“市场失灵”到“治理失灵”，甚至出现环境治理整体失灵、局部好转的难堪局面。

因此，声环境优化的前提必须避免强式人类中心论色彩和突破实用主义的局限性，强调环境优先与“场所之爱”。环境美学研究者程相占认为，“场所之爱”是环境美学的理论主题。“场所之爱”一词用于描述对场所强烈的感受，它由希腊词中表示“场所”的 topo-或者 top-加上表示“爱”的词尾-philia 合并而成。美籍华人地理学家段义孚（Yi-fu Tuan）于 1974 年出版《场所之爱：环境感知、环境态度与环境价值研究》。面对国家中心城市的声环境问题，环境规划者必须极有耐心地聆听环境、尊重环境，明辨环境的本质。在全息与共生、包容与贯通、关联与互动、连续与流变、多元与异质、竞争与自由等环境的属性中容纳噪声于环境之中。在与噪声相距、相离、相绕中显现人类强盛的生命力。

（二）功能区划分清晰，动静结合

在中小城市规划中注意各功能区的划分，尤其注意将繁华的商业区、建筑工地与居住区分隔开来。尽量将商业、公共活动场所居于临街的地方，而将居民房隐于较安静的环境中。乐居之处必有曲径，曲径通幽。

对于已建成的临街住房，规划者应注意噪声与美声之间的张力关系。噪声不是完全没有存在价值的声音，它只是一种声的失衡。规划者可以通过声的设计达到整体声环境的和谐状态。如通过“慢技术”，通过宁静声景观的设计，达到静与动、沉默与噪声的平衡。

其一，通过现代科技将噪声转化为宜人的声音。噪声，究其本质就是音的不和谐，是和谐之声的颠覆，是音的动荡与不安、音的无序与杂乱。这种声音在声级、频谱或者节奏三者中至少有一个或多个失去了平衡。通过现代技术将无序、杂乱的声音转化为有序的、和谐的声音，也就是说在声级、频谱和节奏上都保持平衡。

其二，通过和谐之声环境的创置来化解噪声。净化环境是创建和谐环境的基本步骤。净化包括物质上声环境的净化与精神上声环境的净化。为了净化美国，美国环保局出台了一系列法规：《净化空气法》《污染防治法》《安全饮用水法》《水质改进法》《清洁水法》《水质标准法案》等。净化水、净化空气、净化褐色土地、洁净食物、疏通道路等都是超越绿化的优化体内声环境的物质要素。而精神上声环境的优化方法之一就是借助音乐。音乐的原始要素是和谐的声音，它的本质是节奏。音乐就是音的和谐状态，宁静的音乐易使人沉静下来，能使人的灵魂得以净化与升腾，特别是节奏舒缓的轻音乐如班得瑞的音乐、瑜伽冥想音乐、宗教音乐等都具有一种神圣性，这些音乐使人沉静。在这种慢节奏的声环境中，人们的心情是平静的、愉悦的。

（三）保全标志音，创造生态交响曲

20世纪60年代加拿大作曲家、音乐教育家莫雷·沙弗子（R. Murray

Schafer）首次提出了“声景观”的概念。在声景观的营造中，学者们认为应注意对三种声音进行把握。第一种是作为其他声音的背景而存在的基调音，如风声、水声、鸟鸣声、交通噪声等。第二种是带有提示作用的信号音，如汽笛声、警报声等。第三种是对居住地的人而言具有亲切感的标志音，如钟声、间歇喷泉、有特色的校园晨曲等。

标志音是最有地域特色和代表性的声音，它的存在易使人产生家园感。标志音存活于当地居民长期的生命体验与认同中。

城市规划在声环境的优化中，要注意这三种声音的存在价值及张力结构。因为，声音直接冲击人的神经系统，“音乐对神经生活有着强烈的影响，这是心理学和生理学完全承认的一件事实”①。噪声是一种失去平衡的声音，它易使人神经紧绷，在无形中损伤居民的听觉神经；而具有家园感的标志音却能安抚受伤的神经系统，使人心神愉悦。中小城市规划者应注意三种声音间的游戏关系，通过“街头演出者的音乐、流水的声音和阳光下人们的聊天侃谈声，外侧挑出街头和街心广场的咖啡屋或茶馆的人们讨论、说教、低语和高兴发出的声音，这些都掺杂在一起，形成一种和谐的人类生态交响曲”②，从而使居者乐其屋，让城市变得更健康。

结　语

我国的噪声防治大多是从技术手段来讲的，对于构建良好的文化氛围重视不够。没有良好的氛围，再好的法律和政策都不可能有效地实施。因为噪声控制的法律和政策的实施需要每个公民的支持和配合，而支持和配合的前提就是充分理解，理解的关键就在于提高公民环保意识。而提高公民的环保意识需要良好的声环境文化氛围做支撑，这就需要政府引导、大众参与，从而改变落后的观念。城市噪声控制及声环境的优化关乎公民的生存质量和城市的可持续发展，是打造宜居城市的前提，是政府应该承担

① 〔奥〕爱德华·汉斯立克：《论音乐的美——音乐美学的修改刍议》，杨业治译，人民音乐出版社，1980，第76页。

② 〔美〕理查德·瑞吉斯特：《生态城市——建设与自然平衡的人居环境》，王如松、胡聃译，社会科学文献出版社，2002，第19页。

的责任。当然，城市声环境的优化问题也需要公民的广泛参与。因为，城市人是环境的真正体验者与居住者。只有当每一位城市居民关注城市噪声问题，城市声环境的优化问题才能得以完成，城市也才真正变成人们宜居、乐居的地方，城市居民也才会从情感上将城市视为自己的“家”。

Aesthetic Value and Countermeasure Thinking of City Sound Environment

Zhao Hongmei

Abstract: In the era of noise and impetuosity, music has political significance. The optimization of sound environment belongs to the fields of political philosophy, music philosophy and environmental philosophy. Adali, a political scholar, argues that sound is more powerful than image. National central city is the “fixed star” of national politics, economy and culture. The sound environment of national central city should be paid attention to by urban planning department. At present, urban planning attaches importance to the beautification of the auditory environment while ignoring the optimization of the auditory environment. The control of noise is limited to passive blocking and isolation. The optimization of acoustic environment can not only improve the charm and spirit of the city, but also shorten the distance between our city planning and foreign city planning.

The Human Value of sound environment optimization is based on the respect for hearing, the listening and control of noise, that is, the respect for people and the pursuit of harmony. We can rebuild the relationship between man and nature through the division of functional areas and the design of ecological symphonies, the transformation of environmental governance mode, and optimize our acoustic environment and improve the living quality of residents.

Keywords: Sound Environment's; City Planning; Cultural Value; Environmental Governance

论人的本质力量与人的全面发展[*]

左　辉　周章领　朱必法[**]

【摘　要】马克思关于人的本质定义有三个层次：劳动或实践是人的本质；人的本质是一切社会关系的总和；人的需要即人的本质。人的本质是在人的实践活动中不断生成的，不是单一的，而是多种多样的、丰富多彩的，正像人的现实世界一样。我们试图从人的本质力量出发，探寻人的本质力量的实现，不仅要创造丰富的物质财富，还要创造丰富的精神财富和丰富的社会关系，这也必然会使人产生的新的力量和新的观念以及新的交往方式和新的需求，从而促进人的全面发展。

【关键词】人的本质　实践活动　社会关系

一　人的本质需要

人的本质力量是人的本质的具体表现形式，人的本质是人区别于其他任何物质存在的内在规定性，是人类所具有的一切物质能力、精神能力、

---

* 本文系湖北省教育科学规划课题专项资助项目（2018ZB009）。

** 左辉，武汉工程大学教师，湖北大学哲学学院博士研究生，研究方向为伦理学；周章领，西南交通大学马克思主义学院教师，哲学博士，研究方向为马克思主义哲学；朱必法，湖北中医药大学马克思主义学院副教授、哲学博士、中国社会科学院哲学所博士后研究人员，研究方向为马克思主义哲学、伦理学研究。

话语能力的总和，而美就是人的本质和本质力量的对象化，美是在以物质生产为中心的社会实践之中生成的人对现实的审美关系的对象性显现，美也反过来作用于人，使人成为真正具有人的本质和人的本质力量的人，也就是人的全面发展。

马克思在对异化劳动和私有财产的批判中，形成了自己的“人的本质力量”的思想。在马克思的论述中，他基本上把本质、本性、本质力量同等起来使用，只是把本质作为本质力量的展现，或者说是本质力量的现实。马克思认为，人没有抽象的、固定不变的本质，人的本质是在人的实践活动中不断生成的。他同时认为，人的木质不是单一的，而是多种多样的、丰富多彩的，正像人的现实世界一样。

作为有生命的个人，为了肉体组织的生存而产生多种多样的需要。马克思说：“他们的需要即他们的本性。”① 人只要活着就有需要，需要也是人活着的标志，人们只有通过实践才能获得需要，它是人获取和享用生存和发展的对象的本质力量。正是因为人有需要，其才为了需要而行动，需要是人采取行动的动因。正因此故，马克思才指出，“任何人如果不同时为了自己的某种需要和为了这种需要的器官而做事，他就什么也不能做”。② 人的需要在人的活动中产生，需要和活动对于人来说是同时存在的两个因素，它们互动、互因。人的需要不是没有主次的，它也有自己的先后次序。美国心理学家马斯洛曾提出著名的需要层次理论。他认为，人有五种基本需要，由低到高依次为：生理需求、安全需求、社交需求、尊重需求、自我实现需求。由此也可以看出人的需要的丰富性。人的需要的丰富性也是人区别于动物的标志，“人以其需要的无限性和广泛性区别于其他一切动物”③。动物的需要仅限于自身的生命需求和对幼崽的需要，只是延续生命的需要。正因为人的需要的无限性和广泛性，整个自然界也成为人的需要的对象，表征着人的对象性存在，确证着人的本质力量的实现。人的需要是在现有需要得到满足后，或者有新的条件时才会产生新的需要。正像马克思、恩格斯指出的，“已经得到满足的第一个需要本身、满足需要的活动和已经获得

① 〔德〕马克思、恩格斯：《德意志意识形态》（节选本），人民出版社，2003，第 98 页。

② 《马克思恩格斯全集》（第三卷），人民出版社，1960，第 286 页。

③ 《马克思恩格斯全集》（第四十九卷），人民出版社，1982，第 130 页。

的为满足需要而用的工具又引起新的需要"①。对于整个人类的生存来说，新的需要的产生也至关重要，马克思、恩格斯就把它称为"第一个历史活动"。

需要的产生驱动着人的活动。实践是现实的个人存在的方式，是人与自然关系的中介。生产实践活动把人与动物区别开来，使人在实践活动中走上了不归的自我创生路，人也始终进行自我筹划、自我操劳。因为人是自我筹划、自我创生的存在物，也就意味着人不是一味地顺从自然界，自然界也不是直接同人的存在物相适应地存在着。人是通过实践创造对象世界，改造无机界，形成适合自己生存的人化自然界。"正是在改造对象世界的过程中，人才真正地证明自己是类存在物。这种生产是人的能动的类生活。"② 类生活就是人的生产生活，就是人的生命活动、人的劳动，这是产生生命的生活。马克思认为劳动是人的本质、人的本质力量。人的生命活动不同于动物的生命活动，二者的生命活动是相异的，人则使自己的生命活动成为自己意志的和自己意识的对象，人的生命活动是有意识的生命活动。有意识的生命活动也直接把人和动物的生命活动区别开来，自由的有意识的活动也成为人的类特性。

人的对象性的活动即实践活动是人的对象性的本质力量的活动。马克思认为人是感性的、对象性的存在物。人是现实的、有血有肉的、有自己的感性自然界的个人。对象性的存在物进行的是对象性活动，因为人的本质规定中就包含对象性的东西，本身就具有对象性的本质力量。人的对象性的产物证实了其对象性活动，确证了其对象性的本质力量的现实性。对象性的存在物离不开对象的存在，因此，人就被对象设定，成为受动的、受制约的和受限制的存在物。而对象又是人的需要，是人生存的需要，人就强烈追求对象，也就充满了激情，成为有激情的存在物。"激情、热情是人强烈追求自己的对象的本质力量。"③ "激情、热情"是人作为有生命的自然存在物的"自然力、生命力"，也使人成为能动的自然存在物。这些力量表现于人身上就是人的天赋、才能和欲望。由此也可以看出，"人只有凭借

① 《马克思恩格斯文集》（第一卷），人民出版社，2009，第531页。
② 《马克思恩格斯文集》（第一卷），人民出版社，2009，第163页。
③ 《马克思恩格斯文集》（第一卷），人民出版社，2009，第211页。

现实的、感性的对象才能表现自己的生命”①。

人对世界的任何一种人的关系都是人的本质力量的体现。人不仅因为需要而充满激情地依赖自然界，获得自己生存的物质生活资料，以此与自然界产生联系，而且，作为一个完整的人，人也以一种全面的方式，占有自己的本质，同整个世界相联系。人自己的生存、发展和生活都要靠人自己来操劳，因此人就是一个自由的存在物，能够自由地面对整个世界，也就成为一个普遍的存在物。人以其各种机能同世界相联系，每一种联系都成为诠释人的本质力量的方式，都体现着人的一种特性。人就是这样以其全部的感觉在对象世界中肯定着自己。马克思就说：“人对世界的任何一种人的关系——视觉、听觉、嗅觉、味觉、触觉、思维、直观、情感、愿望、活动、爱，——总之，他的个体的一切器官，正像在形式上直接是社会的器官的那些器官一样，是通过自己的对象性关系，即通过自己同对象的关系而对对象的占有，对人的现实的占有；这些器官同对象的关系，是人的现实的实现。”② 因为人的每一种本质力量的实现都要有对象物的存在，都要有对象作为它的确证，人的每一种本质力量也就体现着人同世界的一种关系，每一种关系也成为人的本质力量的现实性的明证。也是在这层意义上，马克思才说，“人的本质不是单个人所固有的抽象物，在其现实性上，它是一切社会关系的总和”③。

人的本质力量是丰富多样的，本质力量的实现需要对象物的存在，因此，人的现实也是丰富多样的。只有丰富多样的现实，才能使人的本质力量逐个展示出来，成为现实的本质。

二　本质力量实现条件

在这里本质力量的实现，首先涉及的是作为主体的人必须具有欣赏和创造美的力量。其次，作为客体的对象要具有审美的属性。再次，主客体之间要发生相互转化和对象化的关系。

① 《马克思恩格斯文集》（第一卷），人民出版社，2009，第 210 页。
② 《马克思恩格斯文集》（第一卷），人民出版社，2009，第 189 页。
③ 《马克思恩格斯文集》（第一卷），人民出版社，2009，第 505 页。

“人只有凭借现实的、感性的对象才能表现自己的生命。”[①] 这就是说，人这个对象性存在物只有凭借现实的、感性的对象才能表现自己。进一步说，人只有生活在自己创造的世界中才能够实现自己的本质力量。

人的需要的丰富性要求外在客观条件的多样性。人具有丰富的需要，而只有主观上的需要，没有使主观上的需要转化为现实性的需要的条件，这种需要就只是虚幻的需要，只是人的本质力量的无力。人的本质的内在丰富性的实现依赖于外在客观条件的多样性。人不仅具有满足生理生存的需要，满足精神享受的需要，而且还有满足社会关系的需要等。这些需要表明，为了人的本质力量的实现，我们不仅要创造丰富的物质财富，还要创造丰富的精神财富和丰富的社会关系等。这样，由于人的需要得到满足，“人的本质力量得到新的证明，人的本质得到新的充实”[②]。

人的需要的满足不能靠等待，只能靠行动。自然界不能直接满足人的需求，人要依赖自己的本质力量，按照适合自己的方式，在人的意志和意识的指导下改造自然界，才能使自身的需要得到满足。对于作为个体的人来说，甚至别人的帮助也不能满足自身的需要，自我的需要只能由自我满足。人的需要依赖自身的实践活动来满足，而实践活动的进行需要一定的客观条件。实践活动进行的基本条件是：实践的主体、实践的对象、实践的工具。人作为实践主体自不必说，要保证实践顺利进行就需要实践的对象和工具。不是任何客观事物都能成为个人活动的对象，也不是任何工具都适合个人使用，个人的活动也不是在任何场合都能进行。正如马克思所说，“当物按人的方式同人发生关系时，我才能在实践上按人的方式同物发生关系”[③]。实践活动能够进行不仅要考虑个人的本质力量的性质，还要考虑实践对象、工具等的性质，只有各种因素的性质相一致，实践活动才得以展开。实践活动得以持续还要个人有足够的激情、热情。个人怎样保持足够的激情、热情以坚持实践活动？那就要在实践中不断满足个人的需要，已有需要得到满足，个人就会产生新的需要，新的需要才能激起更高的激情、热情，使人继续进行实践活动。需要的不断满足也成为保证个人本质力量实现的前提条件。

---

① 《马克思恩格斯文集》（第一卷），人民出版社，2009，第210页。

② 《马克思恩格斯文集》（第一卷），人民出版社，2009，第223页。

③ 《马克思恩格斯文集》（第一卷），人民出版社，2009，第190页。

“世界历史”性的个人才会有丰富的社会关系。从现实性上看，人的本质是其社会关系的总和，而如何才能使人的丰富的内在本质发展出来呢？答案就是个人与世界建立起丰富的关系。那么，个人又是如何才能与世界建立丰富的关系呢？这就要个人不能是囿于“狭隘地域”性的个人，不能为血亲关系、地缘关系所束缚，不能只在熟人世界里打转，而必须走出去，成为“世界历史”性的个人。个人要走出去就要摆脱对他人的依赖，摆脱对土地的依赖，个人要成为自身的主人。个人成为“世界历史”性的个人，单纯依赖个人的自然器官是不够的，还要依赖社会的人化器官。便利的交通工具，各种利于个人和他人沟通的工具的提供都是必需的。所以，整个社会建立起良好的社会环境是至关重要的，我们就应该“这样安排周围的世界，使人在其中能认识和领会真正合乎人性的东西，使他能认识到自己是人”①。

三　人的个体发展路径

人的世界观、人生观、价值观的形成是一个复杂化过程。马克思的“人的本质力量”的思想对人的发展具有重要的借鉴价值。人的发展、进步、升华，或者树什么样的人、怎么树人，这不仅关系到个人、家庭，更关系到国家、民族和社会。按照马克思的思想，树人就应该是让人的本质充分展现，让人成其为人，成为具有独立人格、自由自觉的自主个人。

人在发展过程中是充满好奇、欲求的，对世界的未知和神奇充满惊讶，他们需要得到合理引导和满足。认识这个神奇的世界，了解这个未知的世界是他们的迫切需要。也就是说，他们亟须展示人的本质力量，使人的本质力量得到确证。作为个体的人，首要的需求也是物质方面的。如今的世界是一个物质财富极大丰富、商品货物琳琅满目的世界，它可以勾起人的无限物质欲求。对于个体的人来说，就存在一个如何选择的问题，也就是什么才是他的合理的物质需求？这就需要对他们进行引导。物质材料能够满足自己的身体需要，能够满足自己的成长需要就已足够，奢侈的物质生

① 《马克思恩格斯全集》（第二卷），人民出版社，1957，第 166 ~ 167 页。

活可能会扭曲人性。马克思曾经说过，吃喝等物质需要尽管也是人的机能，但要是把它们抽象化，使它们成为人的唯一的和最终的目的，那它们就是动物的机能了。对于个体的人来说，这个世界充满未知和神奇，也就使他们充满求知的激情和热情。激情和热情正是人的本质力量，应该让大家保持这种激情和热情。马克思对异化劳动的批判对世人应该有所启发。马克思指出，工人的劳动的外化在于，工人在劳动中“不是自由地发挥自己的体力和智力，而是使自己的肉体受折磨、精神遭摧残”，工人的劳动不是“自愿的劳动，而是被迫的强制劳动”；劳动的异己性在于，一旦外在的强制停止，工人就像逃避瘟疫一样逃避劳动，外在的劳动对工人来说就是一种“自我牺牲、自我折磨的劳动”。[①] 马克思的这些话是否能够引起我们对人的个体发展的反思？马克思认为，人是“自为地存在着的存在物”[②]。这就告诉我们，要让人学习科学文化知识和健康的体魄，必须让他们自己意识到那是他们的需要，这样才会使他们主动学习，重视健康。

马克思说：“对象如何对他来说成为他的对象，这取决于对象的性质以及与之相适应的本质力量的性质。”如果这样选择对象，那么“一切对象对他来说也就成为他自身的对象化，成为确证和实现他的个性的对象，成为他的对象，这就是说，对象成为他自身”。[③] 人的全面自由发展，要根据人的特质定位。人如何存在就应该是人自己选择的结果，即人首先存在于世界之上，然后人自由地选择自己的行为，而人的行为就决定了人的本质。这样说来，人的本质就是自由选择的结果，或者说就应该是自由选择的结果。让个体的人真正能够发挥自己的本质力量，实现自己的本质力量。“因为我的对象只能是我的一种本质力量的确证，就是说，它只能像我的本质力量作为一种主体能力自为地存在着那样才对我而存在，因为任何一个对象对我的意义（它只是对那个与它相适应的感觉来说才有意义）恰好都以我的感觉所及的程度为限。”[④]

俗语说，言传身教、身体力行、潜移默化，这些都告诉我们，人是一个

---

① 《马克思恩格斯文集》（第一卷），人民出版社，2009，第159~160页。
② 《马克思恩格斯文集》（第一卷），人民出版社，2009，第191页。
③ 《马克思恩格斯文集》（第一卷），人民出版社，2009，第191页。
④ 《马克思恩格斯文集》（第一卷），人民出版社，2009，第191页。

实践和践行者，对自己的行为负责，对其他个体负责。马克思也有和我们俗语相近意思的话，他说，“一个人的发展取决于和他直接或间接进行交往的其他一切人的发展”①。因此，人的个人发展应该从自我做起，以身作则。我们要为自己创造一个和谐的社会关系网，因为“不管个人在主观上怎样超脱各种关系，他在社会意义上总是这些关系的产物”②。“社会关系实际上决定着一个人能够发展到什么程度。”③ 对人的教育其实也就是使其社会化的过程，因为人就是社会的人，在其现实性上，人的本质是其社会关系的总和。

可支配的自由时间是人个体发展的关键。马克思说：“时间实际上是人的积极存在，它不仅是人的生命的尺度，而且是人的发展的空间。”④ 时间如果被剥夺，那就是剥夺了人的自由，无视人的存在。“时间是人类发展的空间。一个人如果没有自己处置的自由时间，……他就还不如一头役畜。”⑤ 这句话听起来很难入耳，但却有很深的道理，值得我们去反思自我。

人的本质力量得到发展，人们的物质生活才会日益改善，物质文明、精神文明、政治文明、生态文明才能不断提高，从而必然使人产生新的力量和新的观念，出现新的交往方式和新的需求，还会大大地缩短人的劳动时间，延长人的自由时间，从而促进个人得到全面发展的时间。在促进人的全面发展过程中，人本身的主体因素才是人发展的内在条件，因为人的全面发展过程实质是人根据人的本质力量主观地改造自己、丰富自己的内在需求、提升自己能力的普遍过程。

On the Essential Strength of Human Beings and the All-Round Development of Human Beings

Zuo Hui, Zhou Zhangling, Zhu Bifa

Abstract: Marx's definition of human nature has three levels: first, labor or

① 《马克思恩格斯全集》（第三卷），人民出版社，1960，第 515 页。
② 〔德〕马克思：《资本论》（第一卷），人民出版社，2004，第 10 页。
③ 《马克思恩格斯全集》（第三卷），人民出版社，1960，第 295 页。
④ 《马克思恩格斯选集》（第四十七卷），人民出版社，1979，第 532 页。
⑤ 《马克思恩格斯文集》（第三卷），人民出版社，2009，第 70 页。

practice is the human essence; Second, the human nature is the sum of all social relations; Third, human needs are the essence of human beings. The essence of human beings is constantly generated in the practice of human beings. It is not single, but diverse and colorful, just like the real world of human beings. We try to start from the essential strength of human beings to explore its realization, not only to create rich material wealth, but also to create rich spiritual wealth and rich social relations. This will inevitably lead to new forces, new ideas, new ways of communication and new needs of human beings so as to promote the all-round development of human beings.

Keywords: Human Nature; Practice Activity; Social Relations

马克思、恩格斯书信中的党建思想探析*

徐　瑾　陈杨杨**

【摘　要】 在马克思、恩格斯书信中蕴含着极为丰富的党建思想，时至如今仍然具有重要的指导和借鉴意义。扼要而言，书信中的党建思想主要体现于三个方面：一是不忘初心，要始终保持无产阶级政党的阶级本色；二是实事求是，要灵活制定党的政策和策略，坚决反对教条主义；三是纯洁党性，要正确看待党内斗争，坚持批评与自我批评。在“全面从严治党”的当下，马克思、恩格斯书信中的党建思想启示我们：要有初心宏誓，牢牢把握全心全意为人民服务的宗旨；要有实践品格，坚持马克思主义基本原理与我国实际紧密结合；要有高尚觉悟，旗帜鲜明地反对资产阶级腐朽思想，永葆党的纯洁性和先进性。

【关键词】 马克思　恩格斯　党建思想

与马克思、恩格斯相关的书信多达4238封（研究据《马克思恩格斯全集》中文第1版统计），这些书信涵盖面极广，内容极其丰富，是深入学习马克思主义不可或缺的重要资料。在“全面从严治党”的当下，马克思、

---

* 本文系2014湖北大学研究生工作站（哲学学院与湖北省教育考试院联合培养）之阶段性成果。

** 徐瑾（1976～），男，湖北大学哲学学院教授，湖北省道德与文明研究中心研究员，研究方向为马克思主义哲学、伦理学；陈杨杨（1991～），女，安徽宿松人，湖北大学哲学学院2019级马克思主义哲学专业硕士研究生。

恩格斯书信中所蕴含的党建思想具有非常有益的指导作用和借鉴意义。

一　不忘初心：论党的阶级性质

马克思、恩格斯在书信中对于党的阶级性质进行了深入分析，并反复告诫全党，不要忘记党成立之初的理想和誓言。用习近平总书记的话来说，就是要“不忘初心，继续前进”[①]。

所谓初心就是党成立之初的发心，就是要消灭剥削、消灭阶级、实现共产主义、解放全人类的誓言。无产阶级政党之所以在历史上具有“极其伟大”的意义，是因为从阶级性质上说，它是人类历史上第一个代表被压迫阶级、代表广大劳动人民利益的政党。从产生的社会背景来看，无产阶级政党产生于资本主义社会。在与“有产阶级联合权力”的斗争中，被压迫的工人阶级只有组织成一个坚强团体，才有力量同“一切旧政党”及其爪牙进行战斗，因此“工人阶级这样组织成为政党是必要的，为的是要保证社会革命获得胜利和实现这一革命的最终目标——消灭阶级”[②]。无产阶级政党是第一个提出“消灭阶级”口号的政党，这正体现了无产阶级政党反抗一切形式的阶级压迫、解放全人类的伟大主张。

为什么要不忘初心？因为只有不忘初心，才能使党在发展壮大的任何阶段都始终保持无产阶级政党的性质不动摇；只有不忘初心，才能抵制各种腐朽思想的侵蚀；只有不忘初心，才能在对敌斗争、制定策略、发展党员等实践活动中做出正确抉择。总之，只有不忘初心，才能始终坚持马克思主义的指导思想，才能保证党始终走在一个正确的前进道路上。这正如恩格斯所说：“社会党人在自己的纲领中接受了我的已故的朋友卡尔·马克思所创立的理论的基本原则，这个理论已经成功地把欧美绝大多数社会主义者团结在统一的战士队伍中。”[③] 由此可见，一个正确的理论是多么重要。不忘初心还意味着党要始终保持自己的阶级属性和战斗品格，不被任何因素干扰。在19世纪的欧洲，各种非马克思主义思想在党内盛行，严重腐蚀

---

① 习近平：《在中国文联十大、中国作协九大开幕式上的讲话》，人民出版社，2016，第22页。

② 《马克思恩格斯全集》（第三十三卷），人民出版社，1973，第524页。

③ 《马克思恩格斯全集》（第三十七卷），人民出版社，1971，第4页。

了党性。针对这一现象，马克思、恩格斯反复告诫全党，一定要保持独立性，不要被任何有华丽包装的所谓“民主主义”思想欺骗，要对自己的阶级立场和奋斗目标有清醒认识，要“不断革命”。

如何才能不忘初心？从根本上来说，就是要始终保持无产阶级政党的阶级本色。在任何时期，即便是在暂时地与其他政党或阶层联合的特殊时期，也要保持高度警惕，绝不能以丧失自己的阶级本性为代价。“有些人在最近的运动中参加了政府，利用自己的地位来出卖运动并在工人阶级政党想独立活动的时候来镇压它，对这些人始终应当敬而远之。”① 正如马克思、恩格斯所说，尽管在斗争的过程中需要联合一切可以联合的力量，但是也要时刻警惕他们对党的侵蚀。对于那些想要参加无产阶级运动的有产阶级人士来说，要对他们进行有意识的思想改造，用马克思主义理论替代、消灭（小）资产阶级思想。对那些顽固分子和不怀好意的人尤其要时刻提防，不要让他们影响党的工作，更不能让他们威胁党的领导地位。“当进入党内的小资产阶级分子已经公开表明态度的时候，情况就不同了。只要还允许他们把自己的小资产阶级观点一点一点地偷运到德国党的机关报中来，对我们来说，这个机关报就等于根本不存在。”② 这种小资产阶级观点在当时的欧洲有很大市场，在工人阶级中也有很大影响，因此要时刻对党员干部进行思想教育，警惕小资产阶级思想的侵蚀。对于新近党员更要加强教育。对于那些自以为受过“学院式教育”的新进成员来说，这种所谓的学院式教育绝不是其自以为是、自我标榜的资本，因为这些教育脱离了现实革命实践，只会导致理论与现实的脱节。因此，他们要想成为合格的共产党员，就必须从做一个基层士兵开始，更多地向工人阶级请教，“他们这些受过‘学院式教育’的人，总的来说，应该向工人学习的地方，比工人应该向他们学习的地方要多得多”③。

综上所述，马克思、恩格斯书信中有丰富而深刻的关于党的阶级性质的论述，党在任何时候都不能忘记无产阶级政党的初心。

① 《马克思恩格斯全集》（第七卷），人民出版社，1959，第362页。
② 《马克思恩格斯全集》（第三十四卷），人民出版社，1972，第406~407页。
③ 《马克思恩格斯全集》（第二十二卷），人民出版社，1965，第82页。

二　实事求是：论党的政策和策略

在始终牢记党的阶级性质的前提下，马克思、恩格斯在书信中还多次提到了党的政策和策略的灵活性，主张根据形势变化采取相应对策，绝对不能犯教条主义错误。换言之，制定政策和策略需要实事求是。

实事求是意味着观念和行动随着实践状况的变化而不断进步，如果说马克思主义的基本原理需要坚守不变的话，那么马克思主义在实践中的具体应用就需要适时变化了。马克思去世后，对于俄国工人运动，恩格斯曾这样说："我感到自豪的是，在俄国青年中有一派真诚地、无保留地接受了马克思的伟大的经济理论和历史理论，并坚决地同他们前辈的一切无政府主义的和带有一点斯拉夫主义的传统决裂。……马克思的历史理论是任何坚定不移和始终一贯的革命策略的基本条件；为了找到这种策略，需要的只是把这一理论应用于本国的经济条件和政治条件。"① 对于马克思主义的应用必须与现实条件相结合，这就是"本国的经济条件和政治条件"。

为什么要实事求是？所谓穷则变，变则通，通则久，实事求是是马克思主义的内在要求，也是保持党的先进性的本质要求。对于党的政策和策略来说，如果党做不到实事求是，那么政策和策略的制定就会发生偏差，甚至会酿成严重后果。比如19世纪60年代的德国，在革命形势急剧变化的时期，如果工人党还死守在"安逸的和平时期"做出的种种决议而不知变通，那就是"自掘坟墓"。当然，党在保持政策和策略的灵活性的同时，还需要依靠基本原理的指引，并及时调整方针策略，以应对挑战、解决困难。随着德国工人党的发展壮大，不少大学生、文学家、小资产者纷纷加入党，他们有自己的能力，在众多新报纸中"占据了大部分编辑位置"，并自诩为马克思主义者，"然而是十年前你在法国就很熟悉的那一种马克思主义，关于这种马克思主义，马克思曾经说过：'我只知道我自己不是马克思主义者。'"② 马克思为什么说"我不是马克思主义者"？就是因为那些所谓的

① 《马克思恩格斯全集》（第三十六卷），人民出版社，1975，第301页。
② 《马克思恩格斯全集》（第三十七卷），人民出版社，1971，第446页。

“马克思主义者”将鲜活的、实践的、实事求是的马克思主义当作僵化的教条，不合时宜地套用在任何场合，甚至别有用心地对马克思主义进行曲解。而且，这些所谓的理论家有知识分子的背景，因此更容易误导人们，也更容易将革命引向歧途。

如何做到实事求是？在实践中的具体体现就是，党的政策和策略必须与时俱进，跟随时势变化而变化，绝不能犯教条式的主观主义错误。“我们的策略不是凭空臆造的，而是根据经常变化的条件制定的；在目前我们所处的环境下，我们往往不得不采用敌人强加于我们的策略。”[①] 这段话启示我们，策略的制定不是“凭空臆造”的，也根本不存在适用于一切形势的固定策略，那种妄想用一成不变的策略来应对一切挑战的想法都是极端错误的，只会给党的事业带来巨大伤害。对此，恩格斯专门解释说：“对法国、比利时、意大利、奥地利来说，这个策略就不能整个采用。就是对德国，明天它也可能就不适用了。”[②] 可以说，策略的制定必须适应现实需要，要随时随地根据实际情况加以调整或改变。这正如马克思所说：“一个进行斗争的党应当准备应付一切。”[③] 正是因为斗争面临复杂多变的形势，今天制定的策略“也许明天就不适用了”，所以为了应对一切可能发生的状况，党就必须采取灵活多变的政策和策略。但是强调政策和策略的灵活并不意味着放弃原则，因为放弃原则就违背了无产阶级政党的初心，就是对革命事业的背叛。然而，在当时的德国，这种将鲜活理论变成僵化教条，甚至别有用心地违背基本原则的做法并不鲜见，因此，党在原则问题上不能有丝毫退让。在涉及原则的根本冲突中，尤其是在与敌斗争的关键时刻一定要勇敢还击，不要一遇到敌人的攻击就丢失了斗志，只会逃避、退让甚至向敌人卑躬屈膝、求饶投降，“我们要以牙还牙，要以两倍、三倍的打击来还击敌人对我们的每一个打击”[④]。

综上所述，马克思、恩格斯书信向我们展示了党的实事求是的斗争政策与策略，时刻提醒我们对于马克思主义的运用要结合实践，不断增强党

① 《马克思恩格斯全集》（第三十八卷），人民出版社，1972，第 447 页。
② 《马克思恩格斯全集》（第三十九卷），人民出版社，1974，第 436 页。
③ 《马克思恩格斯全集》（第三十四卷），人民出版社，1972，第 174 页。
④ 《马克思恩格斯全集》（第三十五卷），人民出版社，1971，第 425 页。

的战斗力。

三 纯洁党性：论党内斗争

马克思、恩格斯在书信中不仅谈到了坚守党的阶级性质、实事求是地运用党的政策与策略问题，而且还用较多篇幅谈到了如何看待党内斗争的问题。这个问题涉及两种路线、两种世界观的斗争，是纯洁党性的头等大事。

什么是纯洁党性？就是要始终保持党性的纯粹，因为无产阶级政党的党性不仅是其先进性的集中体现，也是区别于其他一切政党的固有本性。对于党的健康发展来说，只有不断去除“杂质”、防止污染，才能不断前进，“一个健康的党随着时间的推移必定会把废物排泄掉，但这是一个长期而艰巨的过程”[①]。不论是在战争时期还是在建设时期，各种非马克思主义思想都是腐蚀党性的头号敌人，都在时时刻刻地发起攻击，所以这是一个“长期而艰巨的过程”。

为什么要纯洁党性？因为如果不纯洁党性，党就会变质，就会失去对阶级本性的坚守，就会失去人民群众的支持。可以说，纯洁性是一个政党的生命，是一个政党长盛不衰的基石。对于无产阶级政党来说，批评与自我批评是开展党内斗争、纯洁党性的主要手段。恩格斯就认为，没有必要对这种自我斗争的方式大惊小怪，因为这种方式不会因为“自曝其短”而给敌人以攻击的把柄，它只会证明党的成熟和强大，“一个能给自己奉送这种东西的党该具有多么大的内在力量呵！……哪里还有另外一个政党敢于这样做呢？”[②] 因为在当时的欧洲，没有任何一个资产阶级政党敢于自我批判，它们根本不敢将资产阶级压迫无产阶级的事实、真相公之于众。

纯洁党性的主要内容是什么？我们首先要深刻认识到，纯洁党性在很大程度上表现为如何看待党内斗争。那种害怕党内斗争，在党内搞一团和气，提倡“博爱”“民主”的思想会极大腐蚀党性。而且，党内斗争主要表现为对非马克思主义思想的批判，即“小资产阶级的市侩庸俗习气”，

① 《马克思恩格斯全集》（第三十四卷），人民出版社，1972，第264页。

② 《马克思恩格斯全集》（第三十八卷），人民出版社，1972，第40页。

这种消极的、保守的思想只会让政党丧失战斗力，因此，党内斗争的直接对象是非马克思主义的（小）资产阶级腐朽思想。最后，党在和这些非马克思主义思想斗争的过程中要坚定立场、毫不退缩。在批评与自我批评的过程中，对于那些企图抹杀党性的人，要坚决与其“分裂”，“假如这些先生们自己挑起分裂，企图抹杀党的无产阶级性质，而代之以粗陋的、唯美的、伤感的、枯燥的博爱主义，那我们就应该同意分裂”①。在 19 世纪 60 年代的德国就是这样，一些顶着知识分子头衔混入工人党的小资产阶级分子极力提倡“博爱主义”（反对暴力革命），并由此挑起政党内部的分裂。在面临这种严峻局面时，工人党就必须坚决将这些人清除出党，绝不姑息。

在党内斗争中，同（小）资产阶级思想的斗争总是最激烈的，因为这是腐蚀党性的主要根源。“我们一直在党内同小资产阶级的市侩庸俗习气作最无情的斗争，因为这种习气从三十年战争以来就在蔓延。”② 在这种反资产阶级思想的斗争中，党内领导人一定要有高度自觉，因为他们起着关键作用。马克思曾说，在当时的德国工人党中，尤其是在领导干部中，“流行着一种腐败的风气”，一方面向杜林及其崇拜者妥协，另一方面向所谓高级知识分子妥协，“这些人想使社会主义有一个‘更高的、理想的’转变，就是说，想用关于正义、自由、平等和博爱的女神的现代神话来代替它的唯物主义的基础”③。杜林是小资产阶级社会主义的代表，从表面上看，他信奉的是社会主义，但他否定了共产主义代替资本主义的历史必然性，极力主张在不改变社会生产方式的基础上实现所谓的“普遍公平”。不管是杜林还是那些所谓的高级知识分子，他们都有一套具有很强欺骗性的“精致理论”，容易对工人党造成影响，导致工人党理论水平的极大降低，战斗精神的巨大损害。因此，在对党员进行普遍教育的基础上，纯洁党性必须“抓住关键少数”，只有这样才能坚定信仰，涤除党内的歪风邪气。

综上所述，正确看待党内斗争是纯洁党性的关键因素。我们要充分认识到纯洁党性的极端重要性和紧迫性，正确看待党内斗争，并常抓不懈。

---

① 《马克思恩格斯全集》（第三十六卷），人民出版社，1975，第 325 页。

② 《马克思恩格斯全集》（第三十五卷），人民出版社，1971，第 444 页。

③ 《马克思恩格斯全集》（第三十四卷），人民出版社，1972，第 281 页。

四 当代启示

在全面从严治党的背景下，马克思、恩格斯书信中蕴含的党建思想，对于我党提高战斗力、永葆先进性和纯洁性有着重要的指导和启示意义。

第一，牢记初心宏誓，牢牢把握“全心全意为人民服务”的宗旨。尽管马克思、恩格斯的时代距今已经过去了一个多世纪，社会形态、科学技术也发生了复杂而深刻的变化，但这并不意味着反映人类社会历史发展规律的马克思主义就不再适用了。恰恰相反，复杂而多变的形势更需要我们应用马克思主义来认清现实，把握趋势。尽管为了更好地发展中国特色社会主义，我党也采取了包括发展市场经济在内的各种措施，但这是适应现实状况的灵活之举，毕竟马克思主义不是僵化的教条，其只有与实践充分结合才能发挥巨大作用。但是在任何情况下，党的阶级性质和最初发心没有变，消灭阶级、实现共产主义的奋斗目标没有变。正如马克思、恩格斯所说，在这个实现人民幸福、国家富强、民族振兴、解放全人类的伟大历程中，我党要始终牢记成立之初的誓愿，始终牢记自己的阶级本色，始终代表工人阶级和广大人民群众的根本利益，为实现共产主义、解放全人类而不懈奋斗。

第二，保持实践品格，坚持马克思主义基本原理与我国实际紧密结合。“要根据时代变化和实践发展，不断深化认识，不断总结经验，不断实现理论创新和实践创新良性互动，在这种统一和互动中发展21世纪中国的马克思主义。”① 正如习近平总书记所说，要与时俱进发展马克思主义，要根据日新月异的时代发展来推动理论创新和实践创新。尽管整个世界处在快速发展变化的新时代中，但是马克思主义所揭示的人类社会的发展规律不会过时，我党所要做的就是让马克思主义和中国现实紧密结合起来，做好马克思主义中国化这篇大文章。当前国际形势风云变幻，霸权主义威胁并未消除，经济全球化背景下的多边主义、文化多元化正在快速发展。面对这种瞬息万变的国内外形势，我党在制定政策和策略时要实事求是，既要坚

① 习近平：《坚持从客观实际出发制定政策　反对形而上学》，人民网，2015年1月24日，http://politics.people.com.cn/n/2015/0124/c70731-26443869.html。

持原则又要适时调整，既要高瞻远瞩又要脚踏实地，既要承前启后又要开拓创新，只有这样才能在挑战与机遇中把握正确方向，将社会主义事业不断向前推进。

第三，提高思想觉悟，旗帜鲜明地反对资产阶级腐朽思想。正如马克思、恩格斯所强调的，始终存在的党内斗争是一个政党保持纯洁性、先进性，不断发展壮大的必经之途。在当前我国社会主义建设时期，相比对敌斗争来说，党内斗争更复杂、更隐蔽。虽然党内斗争不像敌我斗争那样剧烈明显，在很大程度上是同志之间的分歧和矛盾，但是这种分歧和矛盾如果不加以妥善解决，就很有可能上升到认识上的分歧和行动上的分裂，表现为完全相反的两种世界观的斗争。从党成立之初直至现在，以马克思主义为指导思想的世界观就一直和非马克思主义的腐朽世界观做着坚决斗争。尤其在当前，国际形势复杂多变，西方敌对势力通过包括网络、书籍、电影、电视、无线电波等在内的一切手段对我国进行渗透，这个时候我们更要提高警惕，更要把纯洁党性当作生死存亡的大事来抓。对风险的正确应对能够提高我党的战斗力，这正如恩格斯所说："我觉得，党利用这种机会对自己过去的活动进行批判，从而学会更好地工作，这是绝对必要的。"①因此，不要害怕困难与风险，不要害怕党内斗争，要积极开展批评与自我批评，进而在全社会形成反腐倡廉的良好风气。事实也证明，我党领导的反腐倡廉运动已经取得了巨大成果，极大增强了党的战斗力和社会影响力、感召力。

综上所述，马克思、恩格斯书信中蕴含着丰富的党建思想，我们要以学习、继承和发展的态度来学习马克思主义，让马克思主义在实践中不断发展。正如习近平总书记所说，对待马克思主义，不能采取教条主义的态度，也不能采取实用主义的态度。把坚持马克思主义和发展马克思主义统一起来，结合新的实践不断做出新的理论创造，这是马克思主义永葆生机活力的奥妙所在。② 马克思主义中国化取得了巨大成功，这无可辩驳的事实说明了，"我们党具有多么不可摧毁的内在力量……尤其还有这样一点，即

---

① 《马克思恩格斯全集》（第三十八卷），人民出版社，1972，第 510 页。

② 习近平：《在哲学社会科学工作座谈会上的讲话》，新华网，2016 年 5 月 18 日，http://news.xinhuanet.com/politics/2016-05/18/c_1118891128_2.htm。

它在所有国家内都在克服所有从有产阶级中补充自己队伍的其他政党所无法应付的困难，完成它们所无能为力的事业”①。我们坚信，正是具有了坚守党性、继承创新、自我发展的优秀品质和大无畏的革命精神，我们党才能一往无前，不断取得胜利，并必将在历史发展中实现马克思、恩格斯向往的共产主义。

On Thought of Construction of the Party from Letters of Karl Marx and Frederick Engels

Xu Jin, Chen Yangyang

Abstract: Letters of Karl Marx and Frederick Engels contain plenty of thought of the Party building. Its contents are mainly embodied in three aspects: one is a deep analysis of the class nature of the party and repeatedly stressed, the second is from the aspect of the party's policies and tactics about the importance of the basic principles of Marxism should keep up with the times and applied, the third is from the importance of inner-Party struggle illustrates the perspective of the purity of the party, and always maintain the fighting force. These for contemporary China adhere to the party's purpose, adhere to the guiding ideology of historical materialism, correct view of struggle in the party, and promote the healthy development of the socialist cause has important implications.

Keywords: Karl Marx; Frederick Engels; Construction of the Party

① 《马克思恩格斯全集》（第二十二卷），人民出版社，1965，第 260 页。

社会主义核心价值观融入社区生活的路径调研报告*

——基于湖北省城乡社区的调查

杨海军**

【摘　要】 社会主义核心价值观的学习和践行需要在落细、落小、落实上下功夫，把社会主义核心价值观融入社区生活是实现这个目标的重要方式。通过深入湖北省城乡社区进行实证调查，了解社会主义核心价值观融入社区生活的现状及困境，在深入分析社会主义核心价值观融入社区生活存在问题原因的基础上，提出社会主义核心价值观融入社区生活的针对性对策，期望从政府层面、社区层面和居民层面构建社会主义核心价值观融入社区生活的有效路径。

【关键词】 社会主义核心价值观　社区生活　社区管理

党的十九大报告指出："社会主义核心价值观是当代中国精神的集中体现，凝结着全体人民共同的价值追求。要以培养担当民族复兴大任的时代

---

* 本文系湖北省重点人文社科研究基地湖北农村社区研究中心课题"社会主义核心价值观融入社区生活的路径探究"（项目编号：000－0166380803）的成果。

** 杨海军，博士，湖北大学马克思主义学院暨湖北大学农村社区研究中心副教授，硕士研究生导师，中华文化发展湖北省协同创新中心和湖北青少年思想道德教育研究中心研究员，研究方向为马克思主义理论、伦理学。

新人为着眼点，强化教育引导、实践养成、制度保障，发挥社会主义核心价值观对国民教育、精神文明创建、精神文化产品创作生产传播的引领作用，把社会主义核心价值观融入社会发展各方面，转化为人们的情感认同和行为习惯。”① 从中可以看出，党和国家高度重视社会主义核心价值观的学习和践行，社会主义核心价值观融入社区生活就显得非常重要。

社区是社会的最基层单位，社会主义核心价值观融入社区生活有利于社会主义核心价值观的落实、落小、落细，有利于社会主义核心价值观的践行和发展。调研组于 2018 年 6 月至 8 月深入湖北省武汉市、襄阳市、宜昌市、咸宁市、恩施市、荆州市、荆门市等城乡社区进行调研，发放问卷 2030 份，回收有效问卷 2000 份，同时进行了座谈和访谈，了解了社会主义核心价值观融入社区生活的现状、存在的问题及其原因，提出了针对性对策，力求构建社会主义核心价值观融入社区生活的有效路径。

一　社会主义核心价值观融入社区生活的现状及存在的问题

（一）调查对象基本情况分析

1. 年龄分布

此次所选取的调查对象主要为 20 岁以下、20 ~40 岁、41 ~60 岁、60 岁以上的群体，这些群体在总调查群体中的占比分别是 20%、45%、22%、13%（见图 1）。比较后可以得知，20 ~40 岁的群体在所有被调查群体中占比最大。

2. 性别分布

此次调查的社会群体，男性的占比为 46%，女性的占比为 54%（见图 2）。

3. 政治面貌

政治面貌中占比最大的是群众，其比例达到了 43%，其次是共青团员，所占比例为 31%，较为次之的是中共党员，其比例为 19%，占比最少的是无党派人士和其他党派人士，其比例分别只有 5%、2%（见图 3）。

---

① 《决胜全面建成小康社会　夺取新时代中国特色社会主义伟大胜利》，《人民日报》2017 年 10 月 19 日。

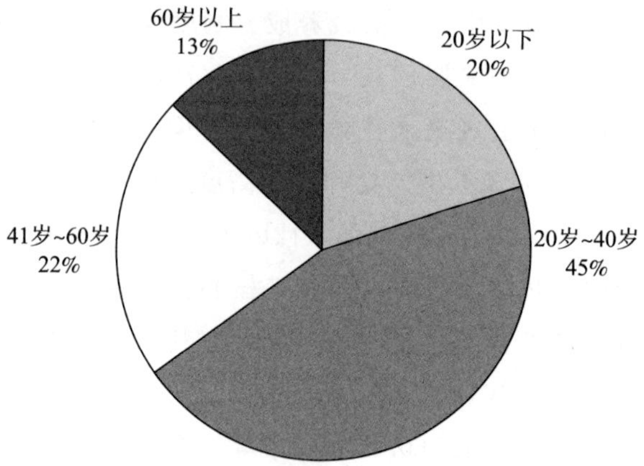

图 1　调查对象的年龄分布

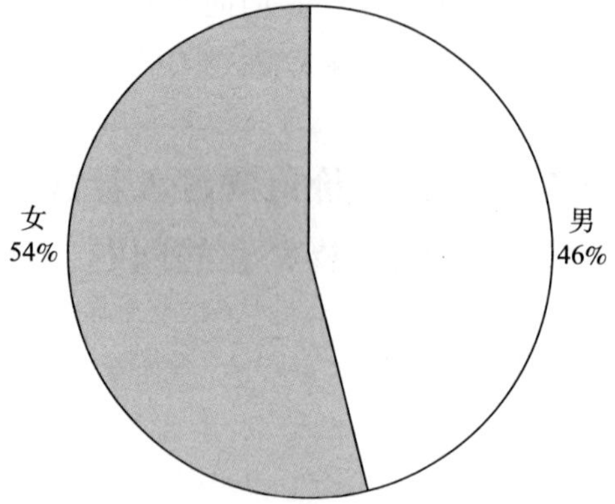

图 2　调查对象的性别分布

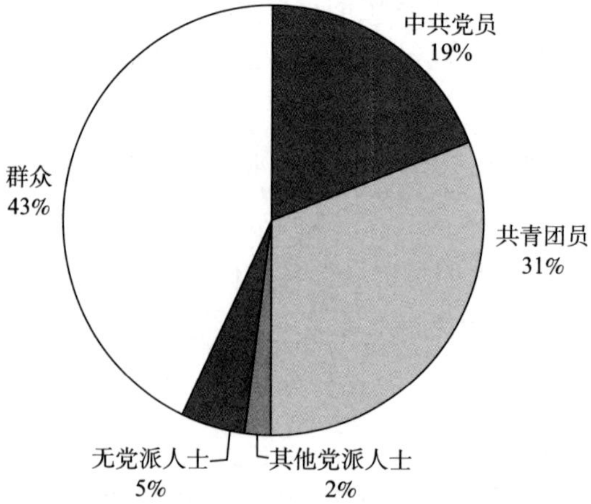

图 3　调查对象的政治面貌

4. 文化程度

此次所调查群体的文化程度存在一定差别，其中初中及以下文化水平群体的占比为25%，高中或中专文化水平群体的占比为30%，本科或大专文化水平群体的占比为38%，硕士研究生及以上文化水平群体的占比为7%（见图4）。由此可见，占比最大的是具有本科或大专文化水平的群体，其次是具有高中或中专文化水平的群体，再次是具有初中及以下文化水平的群体，占比最小的是硕士研究生及以上文化水平的群体。

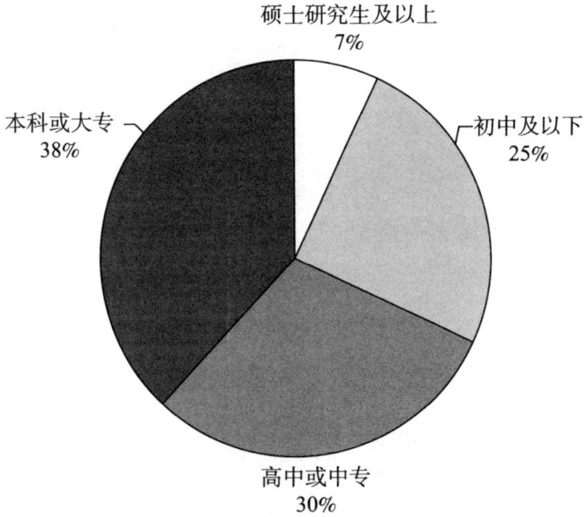

图4　调查对象的文化程度

5. 职业

在此次调查中，学生、普通居民或村民以及企事业单位人员是占比较大的社会群体，其比例分别达到了33%、24%及18%。另外，党政机关人员、自由职业者、个体经营户和退休人员等都在被调查范围之内，但是其所占比例都较小，在10%以下（见图5）。

6. 人生价值观标准

在此次调查中，关于“人生价值观标准”的问题中，“是否实现人生理想”的占比为43%、“对社会贡献的大小”的占比为24%、“社会地位的高低”的占比为8%、“财富的多少”的占比为5%、“其他”的占比为20%（见图6）。从中可以看出，大多数社区居民具有正确的人生价值观。

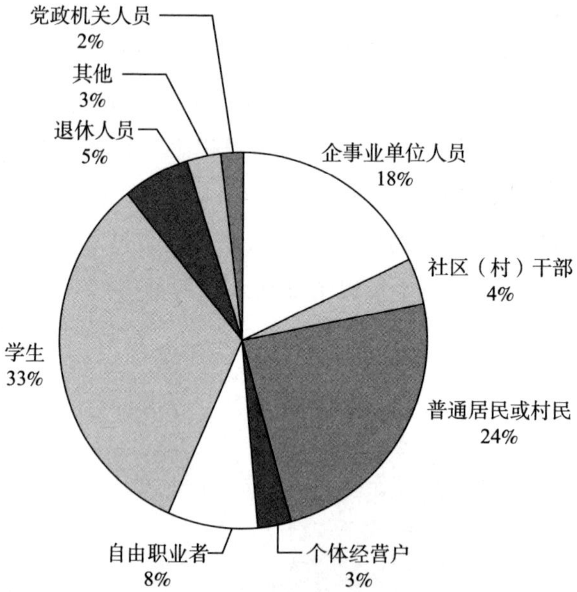

图 5　调查对象的职业

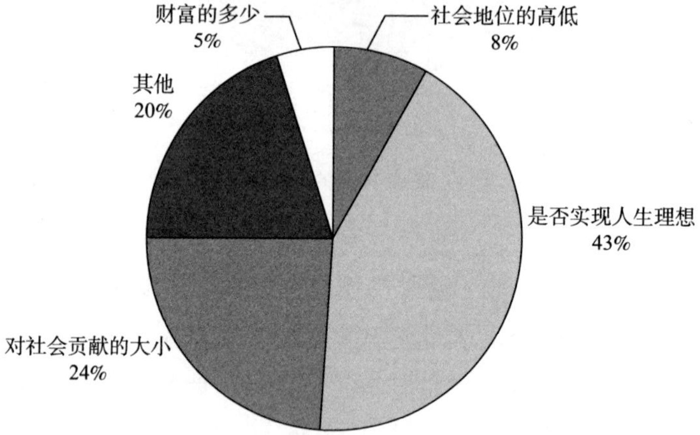

图 6　调查对象的人生价值观标准

（二）社会主义核心价值观融入社区生活存在的主要问题

1. 居民对社会主义核心价值观的了解程度不高

在调研中发现，46.2% 的居民“经常关注国家政治新闻”，39.3% 的居民“很少关注”，14.5% 的居民“几乎没有”和“从来没有”关注（见图

7）。可见，“经常关注国家政治新闻”的居民的比例不到总体的一半。通过访谈，我们了解到年轻人更关注娱乐新闻、八卦新闻，年长的居民多数喜欢关注养生类的信息。总的来说，居民对国家政治新闻的关注度不高。

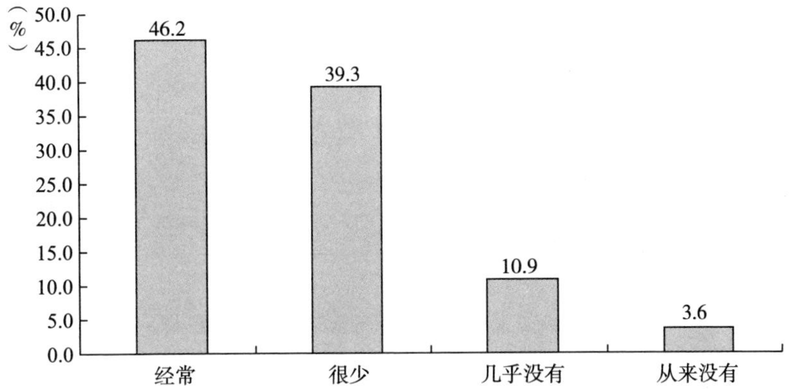

图 7　平时是否有关注国家政治新闻的习惯

关于“能否完整地说出社会主义核心价值观的内容”的调查中，52.5%的居民“能完整地说出社会主义核心价值观的内容”，34.3%的居民表示“记得不清楚”，13.2%的居民表示“不能说出”（见图 8）。

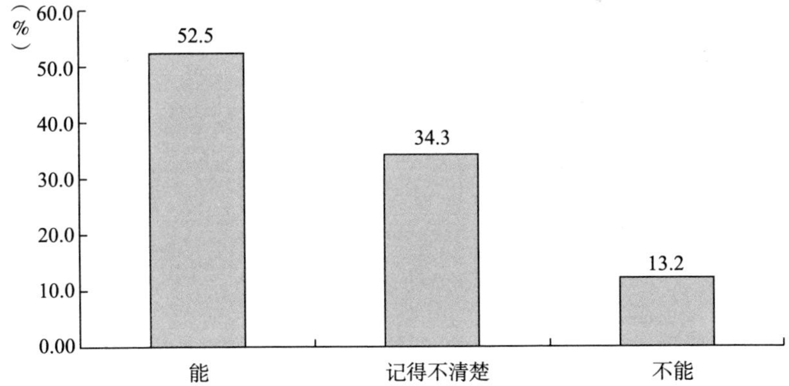

图 8　能否完整地说出社会主义核心价值观的内容

对社区居民关于“社会主义核心价值观的表述是否通俗易懂”进行研究，发现70.8%的居民认为是通俗易懂的，29.2%的居民认为“社会主义核心价值观的表述不够通俗易懂”，完全记住还具有一定的难度（见图 9）。从中可以看出，社区居民对社会主义核心价值观真正理解的程度较低，大多是停留在表面理解上。

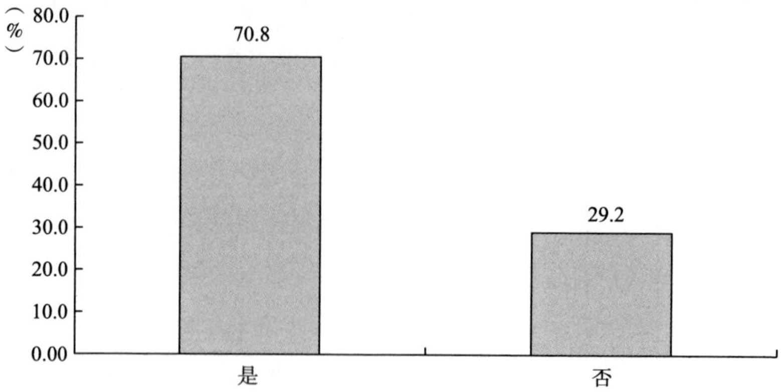

图 9 社会主义核心价值观的表述是否通俗易懂

2. 部分居民对于践行社会主义核心价值观的态度不积极

关于“是否应该在社区内广泛、深入地宣传社会主义核心价值观”的调查中，认为“非常应该”的占 79.80%，认为“无所谓”的占 18.87%，认为“不应该”的占 1.32%（见图 10）。这表明大部分居民对核心价值观的宣传非常支持。

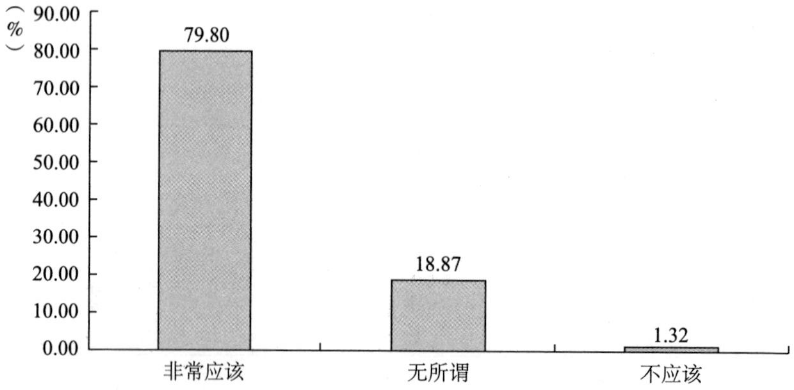

图 10 是否应该在社区内广泛、深入地宣传社会主义核心价值观

关于“如何看待社会主义核心价值观与您的日常生活的关系”的调查中，社区居民中认为“听听就可以了，不太重要”的占 14.10%，认为“社会主义核心价值观对于居民来说可以学习一下”的占 51.92%，认为“已经将社会主义核心价值观作为指导生活和学习的准则”的占 21.79%，但也存

在一些居民对这类关系并不清楚，其占比为12.19%（见图11）。可见，真正理解并践行社会主义核心价值观的居民不多。

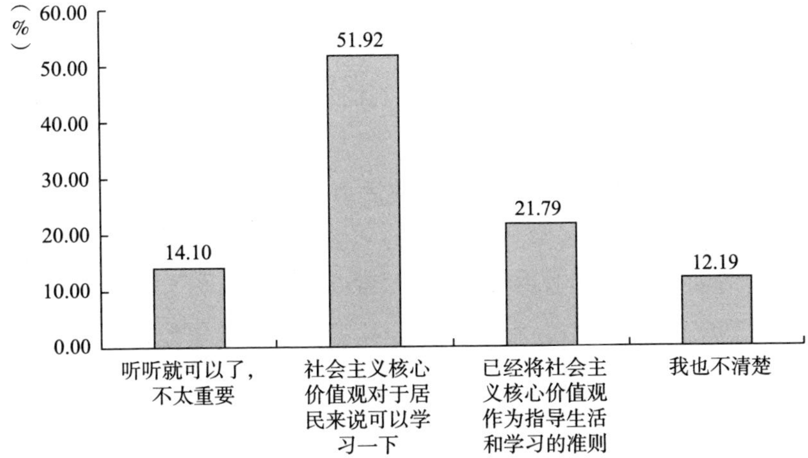

图11 如何看待社会主义核心价值观与您的日常生活的关系

关于“在社区中贯彻社会主义核心价值观是否对您的生活起到了积极作用”的调查中，认为“社会主义核心价值观对居民生活具有很大积极作用”的居民占34.32%，认为“一般”的占45.87%，认为“很少”“没有”的分别占16.50%、3.31%（见图12）。从中可以看出居民认为“具有很大积极作用”的比例不高，说明很多居民还没有认识到社会主义核心价值观融入生活的重要性。

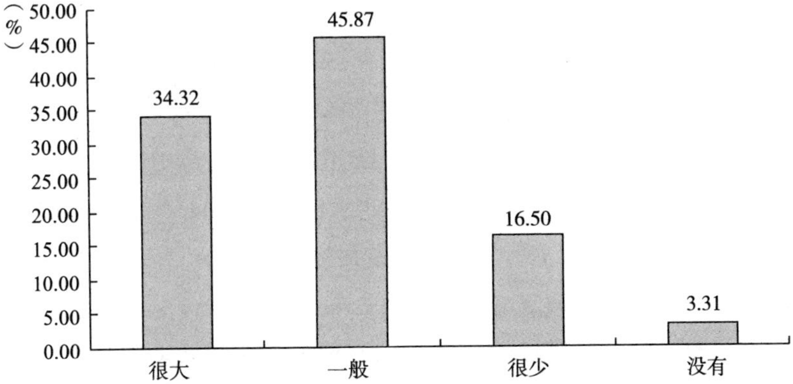

图12 在社区中贯彻社会主义核心价值观是否对您的生活起到了积极作用

3. 居民践行社会主义核心价值观的动力不足

关于“践行社会主义核心价值观的主要动力”的调查中，“受周围人认可”的占比为 15%、“实现自我价值”的占比为 30%、“受社会环境影响”的占比为 28%、“受到表彰激励”的占比为 11%，“其他”的占比为 16%。说明居民来自内心的践行社会主义核心价值观的动力不足，大多数居民更多的是受外部因素的影响。

4. 社区举办社会主义核心价值观的活动不丰富

关于“您的社区是否举办过社会主义核心价值观的相关活动”的调查中，“经常举办”的占比为 19%，“偶尔举办”的占比为 55%，“从不举办”的占比为 26%（见图 13）。可见，部分社区没有经常举办社会主义核心价值观的相关活动，通过专门活动了解社会主义核心价值观的社区居民不够多。

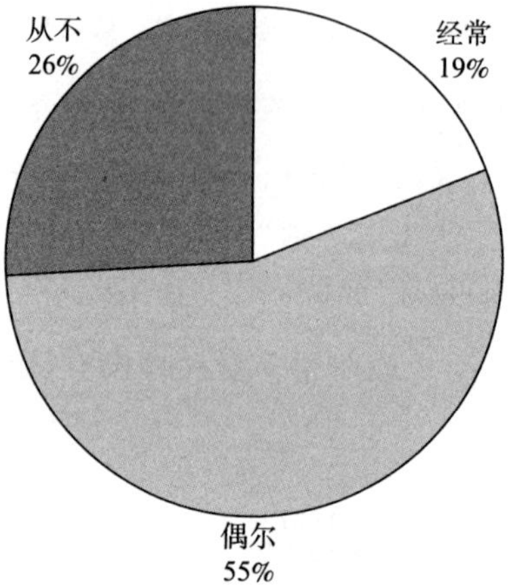

图 13　您的社区是否举办过社会主义核心价值观的相关活动

对“您在社区中参加过哪些公益活动（多选）”的调查中，占比最多的是“捐款捐物活动”，为 52%；其次是“志愿服务”和“义务献血”，占比分别为 33%、17%，有 21% 的居民“参加过其他活动”，但仍然还有 23% 的居民“没有参加过相关公益活动”（见图 14）。可见，“没有参加过相关公益活动”的居民需要通过社会主义核心价值观相关活动的带动来融入社区文化生活。

在“您认为在社区开展哪种活动更有利于宣传社会主义核心价值观”

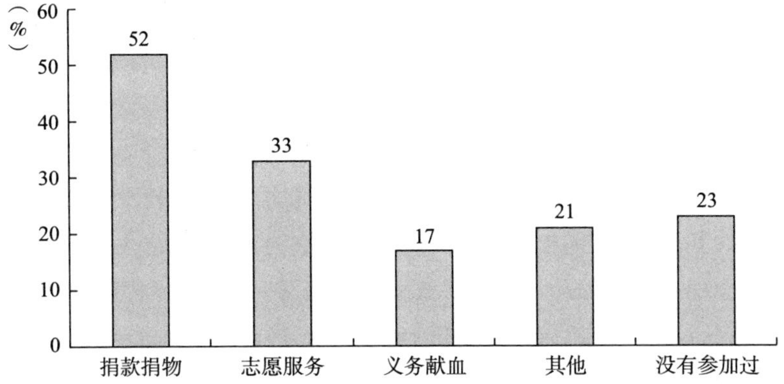

图 14　您在社区中参加过哪些公益活动（多选）

的调查中，占比最高的是传统的宣传方式。利用“各种标语、符号和文化宣传栏”来宣传核心价值观的占比为44%；“社区内部开展各种活动”的占比为17%；“社区成员的互相交流”的占比为13%；“小区会议、座谈会或广播”的占比为11%；“小区内部的规章制度、邻里条约等”的占比为7%。还有8%的人认为“其他方式更有利于核心价值观的宣传”（见图15）。由此可见，宣传以传统的方式为主，新兴方式融入得较少，需要扩大社会主义核心价值观的融入方式，以增强活动的吸引力和实效性。

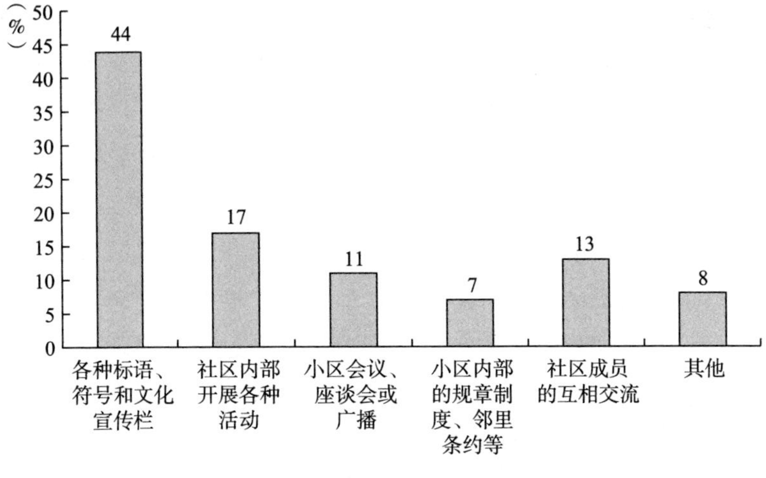

图 15　您认为在社区开展哪种活动更有利于宣传社会主义核心价值观

二 社会主义核心价值观融入社区生活存在问题的主要原因

（一）居民自身对社会主义核心价值观不重视

现代社会，要想让社会主义核心价值观充分地引领社会思潮、凝集共鸣，必须让其主要内涵内化于心。只有这样，才能让社会主义核心价值观在当今社会中发挥引领作用，人民群众才能真正地认同、接受并践行。

在调查过程中发现，学历较低的居民，他们平时对新闻的关注比较少，对于社会主义核心价值观只是听说过，或者是在某个宣传牌上见到过，并不能完整地说出来，对相关活动的参与度也比较低，日常的活动可能仅仅是打麻将或者跳舞。学历水平较高的居民，20～40 岁这个年龄段内的大部分人能够说出社会主义核心价值观的具体内容，但是平时也不会参加相关活动，对其理解也只是停留在表面。总的来说，部分社区成员对社会主义核心价值观的关注度有待提高，对其理解程度不够高，难以形成价值认同共识，无法形成稳定的情感认同。

（二）宣传教育方式不能密切联系社区居民需求

参与活动的积极性和主动性是社会主义核心价值观教育活动开展的前提，是影响教育效果的重要因素之一。调查发现，社会主义核心价值观教育相关活动的居民参与度是比较低的。对此，我们访谈了一位居委会的工作人员，他表示社会主义核心价值观的相关活动办得很少，在举办活动之前，也没有系统地对社区居民的需求做过调查，只是了解了一些社区的党员代表或者是妇女代表以及一些熟悉的居民的需求。可见，部分关于社会主义核心价值观的活动并没有贴近群众的需求，没有从群众的实际需求出发。有的活动只重视形式上的宣传，有的活动又过于强调理论。这种过于强调理论的活动比较枯燥乏味，大多数居民没有办法提起兴趣去参加。同时，社会主义核心价值观的相关活动过于单一，常见的形式如文艺汇演、宣讲会等，缺乏多样性、个性化设置。或者有的环节被反复利用，这就会让社区居民没有任何新鲜感，从而无法调动社区居民的参与积极性。离开了社区居民的切身利益和关注点，也没有从大众的需求出发，这样就使社区居民对社会主义核心价值观的认可度不强，并且大家也不会主动参加相关的活动。社会主义核心价值观只有通过反复实践并融入现实生活后，才能发挥出其最强的力量；只有与居民的日常生活紧密联系起来，才能更好地融入社区。

（三）社会主义核心价值观相关活动通知不及时

社区相关的工作人员对活动信息的通知不够及时、通知范围不够广泛，这就直接导致社区居民不能及时参与社会主义核心价值观的相关宣传教育活动。如在举办一些非常好的活动时，有时因为没有及时有效地通知到社区的绝大多数居民，导致社区居民没有机会参加活动。例如，在某社区做问卷调查时，老年活动室和党员活动中心的成员表示，社区经常举办社会主义核心价值观的活动；但是通过实地访谈了解到，一些居民从来没有收到过社区举办活动的通知，还有一部分社区居民是从邻居那里听到相关活动的消息的，还有的居民表示等活动结束后才知晓。这些都表明，社区没能及时、大范围地通知居民也是居民对社区活动参与度较低的重要因素之一。

（四）社区工作人员素质不高

社区工作人员学历普遍不高，有的没有社工专业素养，知识储备不够丰富，对于一些事情的处理方式不是很恰当。对于一些社区工作人员综合素质不高的问题，政府须加大力度开展针对社区管理人员的社会主义核心价值观的系统学习培训，提高他们的综合素质和业务能力，促使社区相关管理人员提高认识、增强责任心。

三　社会主义核心价值观融入社区生活的对策

社会主义核心价值观作为社会主义核心价值体系凝练的表达，是中国精神和传统文化的核心表现所在，是一个国家凝魂聚气、强基固本的基础工程，必须融入社会生活的各个方面，才能夯实中国特色社会主义的思想道德基础。习近平总书记指出：“一种价值观要真正发挥作用，必须融入社会生活，让人们在实践中感知它、领悟它。要注意把我们所提倡的与人们日常生活紧密联系起来，在落细、落小、落实上下功夫。”① 为了提高社会主义核心价值观在社区的融入度，政府、社区既要以党和国家的方针政策为指导，又要针对社区的实际问题采取相应对策，再充分调动社区居民个人责任感和积极性，使社会主义核心价值观真正有效地融入社区生活。

（一）政府层面

1. 加强社区管理队伍专业化建设

社区作为社会组织中的一个基础细胞，它跟任何组织一样，都有自己的管理组织和管理队伍，他们承担着对整个社区的建设和管理的重任，是社区内部开展所有活动的组织者和推动者。要想社会主义核心价值观更好地融入社区建设的各个方面，管理队伍起着很重要的作用，只有素质高、业务能力强的队伍才能担此重任。为了加强社区管理队伍的专业化建设，可以从以下几个方面入手。

首先，加大对社区管理人员的培训。增加社区管理人员的学习培训机会，提升社区管理人员的综合素质和专业能力，增强社区管理人员的工作责任心，使他们能全身心地投入社区管理工作，做社会主义核心价值观融入社区建设的引导者和推动者。培养一批符合时代需要的新型社区管理人才，如具有较高综合能力、较强创新意识、熟练掌握网络新媒体技术等，能够满足时代的发展和居民的需求。其次，广纳志愿者队伍，为社区管理注入新鲜血液和活力。社区可以召集一些年轻的大学生志愿者，因为他们具有青春活力，走在时代的前沿，具有创新性且多才多艺，能够组织更多关于社会主义核心价值观的创新性活动，为社区带来活力，引领居民学习和践行社会主义核心价值观，更好地使社会主义核心价值观融入社区生活。

2. 加大资金投入以提供物质保障

经济基础决定上层建筑，没有资金的支撑，任何活动都难以开展。为使社会主义核心价值观更好地融入社区生活，开展的各种活动和宣传需要有一定的物质保障。在社区内举办的各种与社会主义核心价值观相关的活

① 《习近平谈治国理政》，外文出版社，2014，第165页。

动具有全体性和公益性的特点，因此它的资金来源主要是政府拨款。从目前政府拨款的使用情况来看，资金主要还是用于人才的培养和一些活动室的扩建，真正用于促使社会主义核心价值观融入社区的相关活动很少，有限的资金使相关活动难以开展，影响了社会主义核心价值观在社区的融入。因此，首先，政府必须加大资金投入力度，经常开展对社区的调研，明确需要使用资金的地方以及资金使用情况，确保有足够资金开展相关活动。其次，社区还需要自主吸引社会投资来作为补充，使社区的资金来源更加多元化，如社区可以吸引企业投资和赞助，以拓展和丰富社会主义核心价值观的宣传渠道和方式，保障社会主义核心价值观融入社区生活。

（二）社区层面

1. 规范社区内部的规章制度并发挥引领作用

俗话说，无规矩无以成方圆，规章制度具有强制性，长此以往可以培养人们的良好习惯，使各种规章制度真正内化于心、外化于行。一个社区内部有了明确的规章制度，才能保障社区的合理建设和各类活动的顺利开展，社会主义核心价值观也才能有效融入社区建设。社区在确立规章制度时，要依照社会主义核心价值观的主要内容来设置，如社会主义核心价值观的个人层面，“爱国、敬业、诚信、友善”是对社区居民的最基本要求。因此社区的规章制度要以此为基础，制定一套详细的行为准则，使社区居民在遵守规章制度的同时又践行了社会主义核心价值观，让核心价值观真正成为社区居民生活的准则。除了规章制度，还可以制定邻里之间的条约，引导社区邻里之间要和谐友爱地相处。同时，社区要大力宣传社区规章制度和条约，贴在社区的宣传栏等醒目位置，使其逐步成为社区居民的一种习惯，从而内化为居民的高尚品德，外化成居民的行为，让凝聚在规章制度中的社会主义核心价值观得以真正践行。此外，要想使居民真正信服和遵守规章制度，就必须引导居民从内心认同，因此要加强对社区居民的引导。如对符合规章制度的行为应在社区内部加大表扬和鼓励，反之就应该加大约束力度，从而更好地引导社区居民做出正确的价值选择。

2. 开展各种创新型活动进行宣传教育

社会主义核心价值观作为一种价值观需要体现在人们生活的方方面面，

要让它像空气一样无所不在、无时不有，真正地融入社区居民的生活，因此在社区内举办各种关于社会主义核心价值观的创新型活动就显得非常必要。活动本来就属于一种载体，设计好活动主题和活动内容，使活动真正可以承载社会主义核心价值观的内容，让社区居民在参与活动的全过程中，受到正确价值观的熏陶，使社会主义核心价值观真正融入人们的实际生活。如开展社会公益活动或志愿服务活动，公益服务活动自身就蕴含奉献精神、互帮互助和友爱精神，充分体现核心价值观的内涵。社区居民长期生活在这样一个充满公益服务的氛围中，不管是作为接受他人帮助的人，还是自愿帮助别人的人，或是这两者都涉及的人，他们都能发自内心地体会到生活的美好，升华个人情感，接受正确价值观的熏陶，这都无疑加强了社会主义核心价值观的融入度，增强了社区居民对社会主义核心价值观的认可度。在社区内部开展道德模范评选活动，既可以个人为单位，也可以家庭为单位，这就需要社区管理人员做出努力，在平时工作中注意观察社区内部成员的行为，把好的事迹和行为记录下来，并在一段时间内开展评比活动，把好人好事充分展示给社区居民，让社区居民自己进行评比，评选出道德模范，再邀请道德模范宣讲自己的事迹，让社区居民受到熏陶，主动向模范靠拢，自觉学习好的品质，并转化为实际行动。最后，社区内部可以适当地安排一些文艺演出活动，文艺演出人既可以是社区外部成员，也可以是社区居民中有才艺的人。开展文艺演出活动项目时要注意题材和内容的选择，要选择符合社会主义核心价值观的内容，在歌唱项目、小品演出项目上，可以把道德模范人物的英雄事迹编到歌曲和小品里，如将爱国者的爱国事迹、敬业者的工匠精神和无私奉献精神等能充分体现社会主义核心价值观内涵的人或事，融入文艺演出活动，使节目既具有娱乐性，又能启发和教育人，促进社会主义核心价值观的有效融入。

社区要充分协调各方人员，确保各种活动顺利开展。协调各个宣传部门，比如工会、共青团、社区广场舞团，调动党员、妇女代表积极参加活动，充分调动社区内部居民的积极性。这样也能促进社区内部成员之间互相交流，促进社区和谐，满足社区成员人际交往的需要，为社会主义核心价值观的融入创造一个和谐的氛围。

3. 充分利用各种载体加强宣传和融入

社会主义核心价值观的宣传和融入要充分利用有效载体。从调查中发现，大多数居民是依靠各种标语、海报等传统途径和方式来了解社会主义核心价值观的，因此加强社会主义核心价值观在社区生活的融入度，仍然需要大量运用这些载体。标语、符号、文化宣传栏等这些很早就使用的实际物质载体并没有过时，在强化宣传这一方面依然起着不可替代的作用，所以各个社区要注意运用与社会主义核心价值观相关的标语、符号，分散在社区的重要位置，特别是社区人员聚集的地方，让社区居民在看到这些标语时，无须多加思考，就可以加深对价值观的印象，逐步记住内容，而了解内容是践行核心价值观的基础。此外，作为新兴媒介的网络是宣传社会主义核心价值观的重要渠道，社区内部可以建立起关于核心价值观的社区局域网络平台，如社区微信公众号、微博、贴吧等，在网络中上传一些居民喜闻乐见的符合社会主义核心价值观内涵的新闻和帖子，让居民在浏览网站时得到熏陶、受到教育，使社会主义核心价值观不知不觉地融入居民的生活，时刻影响居民，促使其形成正确的世界观、人生观和价值观。

（三）居民层面

1. 强化个人责任感，积极参加社会主义核心价值观活动

要想使社会主义核心价值观更好地融入社区，开展与核心价值观相关的丰富活动是必不可少的，但是活动的顺利开展和实效性的发挥需要居民的积极参与。在调查中发现，一些居民较少主动地去参与社区活动，这不利于社会主义核心价值观的生活化和大众化。因此社区工作人员可以经常通过一些宣传和教育或适当采取一些鼓励和奖赏措施来吸引居民参与，努力提升社区居民的责任感，让他们能够积极主动地参与活动，从而更好地了解和践行社会主义核心价值观。社区居民要主动增强意识，自觉参加社区活动，做到“我知晓、我参与、我奉献”，为践行社会主义核心价值观做出自己应有的贡献。

2. 增强归属感，形成对社会主义核心价值观的共鸣和认可

社区居民对社区有强烈的归属感和认同感是社会主义核心价值观能够良好融入社区、产生共鸣和认可的基础。所谓社区的归属感是指社区内的居民对社区地域和人群集合体的认同、喜爱和依恋的心理感觉。只有社区居民对自己的社区有认同感，社区居民之间有共同的生活方式和思想观念，

社区的生活才会更加和谐。强化社区居民对整个社区的担当感和责任感，使其积极接受社区教育，参加社区活动，只有这样，核心价值观才能真正被社区居民接受。所以社区居民要积极参加各种活动，如健康讲座、帮助孤寡老人活动，常与独居居民沟通，给他们送去温暖，强化互帮互助意识，在共同活动中形成共识、增加邻里之间的沟通，在和谐友爱的氛围中增强对社区的认同感和责任感，从而产生对社会主义核心价值观的共鸣并提高认可度，让社会主义核心价值观融入居民生活。

社会主义核心价值观是我国文化自信的核心和基础，是全党全国各族人民团结奋斗的共同思想基础，是促进人的全面发展、引领社会全面进步的强大精神支柱，是构建和谐社会和实现中华民族伟大复兴的力量源泉。社会主义核心价值观只有被人民群众认知理解并认同内化，才能成为人民群众的自觉追求并实践外化。社区是培育社会主义核心价值观的重要阵地，社区文化是社区居民社会主义核心价值观培育的重要载体。一方面，要以社会主义核心价值观引领社区文化建设，因为社会主义核心价值观是社区文化建设的思想基础和生命之魂。另一方面，通过加强社区文化建设，把社会主义核心价值观的深刻内涵寓于社区文化当中，以增强社会主义核心价值观的认可度、吸引力、感染力和辐射力。

Research Report on the Path of Integrating Socialist Core Values into Community Life

—Survey Based on Urban and Rural Communities in Hubei Province

Yang Haijun

Abstract: The study and practice of socialist core values need to be specific, detailed and implemented. Integrating socialist core values into community life is an important way to achieve this goal. Through an empirical investigation into urban and rural communities in Hubei Province, we learned the status quo and predicament of integrating socialist core values into community life. Based on an in-depth analysis of the reasons for the integration of socialist core values into community life, we propose targeted counter measures that socialist core values are integrated into community life. It is expected to construct an effective path for integrating socialist core values into community life from the government level, community level and residents level.

Keywords: Socialist Core Values; Community Life; Community Governance

提升中西部高校媒体素养　增强思想政治教育合力*

彭颜红**

【摘　要】 本文以马列主义和习近平新时代中国特色社会主义思想为指导，以中西部高校思想政治教育为研究对象，提出中西部高校思想政治教育要高度重视媒体素养。新时代的媒体素养对思想政治教育至关重要，二者互相促进、互相影响。中西部高校具有诸多特殊性，更应该培养大学生正确使用媒体的能力。提升大学生的媒体素养有助于强化思想政治教育的效果。在媒体化社会，加强中西部高校思想政治教育要特别重视对大学生开展媒体素养的教育。

【关键词】 中西部高校　思想政治教育　媒体素养

习近平在2016年全国高校思想政治工作会议上指出："高校思想政治工作关系高校培养什么样的人、如何培养人以及为谁培养人这个根本问题。要坚持把立德树人作为中心环节，把思想政治工作贯穿教育教学全过程，

* 本文受到2018湖北省高等学校马克思主义中青年理论家培育计划项目"优化社会主义核心价值观的传播艺术"（项目编号：18ZD126）、2018湖北省教育厅人文社会科学研究专项任务项目（高校教师思想政治工作）"新时代高校教师师德失范及其治理研究"（项目编号：18Z616）、武汉工程大学马克思主义学院科研培育项目与教研培育项目资助。

** 彭颜红（1968～），女，法学博士，武汉工程大学马克思主义学院副教授、硕士生导师。

实现全程育人、全方位育人，努力开创我国高等教育事业发展新局面。”①通过加强思想政治教育，不断提高大学生的思想政治素质、政治觉悟、道德品质和文化素养，让大学生成为德才兼备、全面发展的人才，确保我国在激烈的国际竞争中立于不败之地，确保中国特色社会主义事业兴旺发达、后继有人。新时代的大学生主要通过媒体了解外面的世界，中西部高校思想政治教育面临更多的挑战。中西部高校的诸多特殊性，更应该对大学生加强媒体素养教育。在大数据时代，提升媒体素养有助于强化思想政治教育的效果，全面提高学生的综合素质。

一　中西部高校学生媒体素养现状分析

以“中西部高校学生媒体素养”为关键词在中国知网没有搜到任何结果，以“中西部高校思想政治教育媒体素养”为关键词也没搜到任何文章，以“中西部高校思想政治教育”为关键词在中国知网只搜到8条结果。笔者希望本文的研究成果能为推进相关领域的工作尽绵薄之力。

（一）媒体素养的内涵

“媒体素养”是在20世纪30年代由英国学者最先提出的，他们倡导通过加强青少年的媒体素养来消解经大众传播而产生的失真问题。媒体素养本质上属于现代公民人文素养，它不是孤立地存在于现代民主社会中，公民个体或社区整体媒体素养的发展水平与政治、法制、民主、经济、文化、历史传统等社会环境密切相关。媒体素养也称传媒素养、媒介素养、媒介素质、信息素质（information literacy），是受众通过媒体获取、选择、保存、理解、评价、利用、传播信息的能力，是受众对传播行为和传播内容的反应、识别、质疑、吸收与批判能力的整体表现。新媒体在当代媒体传播的影响力上发挥着更多的作用，新媒体对大学生受众群体的影响更大，新媒体素养应该成为大学生的必备能力。

① 《习近平谈治国理政》（第二卷），外文出版社，2017，第376页。

（二）中西部高校学生媒体素养现状

中国互联网络信息中心（CNNIC）公布的《第 30 次中国互联网络发展状况统计报告》表明，手机是我国网民的第一大上网终端，学生是最大的网民群体。大学生涉世不深，又是新媒体的深度使用者和参与者，准确把握大学生媒体素养的现状，能更有针对性地开展媒体素养教育。由于地域等多种特殊性，中西部高校学生媒体素养比较缺失，具体有以下表现。

第一，迷信盲从媒体信息，疏于思考分析，缺乏质疑精神和鉴别思辨能力，信息敏感度低，对媒体的使用目的不清晰。

第二，严重依赖媒体。进入新媒体时代，大学生媒体接触行为的变化直接影响到思维和行为方式的变化。大学生每天长时间地浏览手机信息，越来越离不开手机，不同地区的大学生对新媒体的依赖程度不同。新媒体以其诸多优势最大限度地攫取了大学生大量的时间，网络已经成为大学生接收信息的主要途径。

第三，认识浮浅，对于不良信息缺乏足够的警惕防范意识。一些西方反动势力还利用新媒体对我国大学生进行反动宣传与不健康的思想渗透、文化干预，误导了一些意志薄弱的学生，个别人还误入歧途，这都是高校教育者和管理者要特别关注的不安定因素。

总之，中西部高校学生媒体素养不容乐观，使用媒体接收、分辨、理解、使用和评价信息的能力水平与发达地区的大学生还存在一定差距，很多学生甚至根本没有媒体素养的意识，媒体素养教育更是无从谈起。

（三）媒体素养更容易影响中西部高校思想政治教育

在媒体化社会，媒体素养的作用越来越重要。中西部高校大学生对外交流还不够，媒体道德失范对中西部高校学生的负面影响更大。

第一，缺乏媒体素养会削弱思想政治教育的成果。

新媒体无遮拦的信息铺天盖地扑向大学生，缺乏媒体素养者无力应对。很多学生对新媒体投入了最大限度的时间和精力，网络成瘾早已出现在高校，一些不良信息严重干扰学生的心理健康和正常生活，引发大学生心理障碍和人格障碍，使其淡漠人际交往、弱化亲情。一些暴力色情信息更是毒害学生心灵，甚至诱发个别学生犯罪，严重削弱了思想政治教育的成果。

由于连锁反应，大学生缺乏媒体素养还会毒害更多受众。一些未经严格把关的消极落后、腐朽、不道德的思想文化信息通过新媒体不断对大学生进行渗透，经过多次传播会引发新的道德失范和不良行为，不良信息的泛滥还会扰乱信息传播环境，并带来一系列社会伦理问题。这成为当代大学生的思想政治教育工作的新课题。

第二，大学生缺乏媒体素养会增加思想政治教育工作的难度。

由于新媒体发布信息具有不确定性、无障碍性和广泛性，监管部门对新媒体发布信息的筛选和掌控明显滞后，监管难度比传统媒体大得多，大量碎片化的信息加大了受众正确选择及利用信息的难度。

缺乏媒体素养的大学生自我控制能力相对较差，对新媒体的强烈依赖导致其独立思考和研究能力迅速下降。有些网络痴迷者欲借助网络逃离现实世界，情绪消沉、苦闷、压抑，推卸起码的社会责任，放纵自己，出现网络道德失范现象。大学生还没有形成稳定的人生观、价值观，缺乏理性的判断能力，在当今多元价值体系并存的环境下更容易受到形形色色的诱惑。这显然增加了大学生思想政治教育工作的难度，迫使学校在思想政治教育工作方面投入更多精力。

第三，缺乏媒体素养会阻碍大学生的发展和进步。

大众传播呈现小众化的趋势和多媒体整合态势，信息发布更快捷、更富有现场感。新媒体的信息传播缺少了传统媒体的审查制度和把关程序，大学生可通过新媒体在任何时间、地点，对任何人发布信息，这在根本上冲击了传统意义上主流媒体的话语权。在快餐文化时代，少数新媒体参与者社会责任感缺失，一心追求经济利益的最大化，迎合受众，制造低劣的信息产品，导致拜金主义、个人主义、享乐主义、极端功利主义、消费主义等思潮沉渣泛起。如果学生缺乏媒体素养，其在面对信息的无限性和随意性时，就会受到更大伤害。网络社会的虚拟生活会催生网络成瘾、焦虑厌世、人格异化等问题，增加大学生适应未来社会生活的障碍。

二　提升中西部高校学生媒体素养对于加强思想政治教育的意义

中西部高校学生需要能指导生活、学业、就业等的实用信息，媒体素养很强的学生在面对不良信息时，会根据自己的知识储备辩证分析，客观、冷静、理智地抵制，从而最大限度地减少因媒体道德失范而造成的危害。提升中西部高校学生的媒体素养对于加强思想政治教育具有重要意义。

（一）有利于消解媒体的负面影响

中西部高校学生对信息传播趣味性、娱乐性、知识性、即时性的强烈渴望，使新媒体在大学校园里更有市场。当代大学生要不断提高媒体素养，加强思想政治教育，自觉屏蔽媒体道德失范的负面影响。海量信息中，必然混杂着不良信息，这会增加使用信息的成本。良好的媒体素养有助于学生理性鉴别和处理这些信息，从“信息奴隶”变为“信息主人”。在当今的新媒体时代，大学生尤其要培养优良的媒体素养，才能在纷繁复杂的信息浪潮中选择对自己有价值的信息，丰富自己的学习活动，提高生活品质。

身处当今信息化时代，媒体一定要关注受众的主体性，媒体素养高的受众不但可以对大众传播的内容做出合目的与合价值相统一的合理选择，还可以抵御不道德的大众传播内容，让其尽快在大众传播活动的环节中消失。要想有效减少大众传媒道德失范的不良影响，提高受众识别、抵制这些传播内容的传媒素养水平很关键。[①] 在当前监管很难实现的情况下，媒体素养教育是弱化新媒体负面影响的最有效的方法。发达的信息技术使大学生无法离开新媒体，教育者要引导大学生正确参与新媒体信息传播，使其自觉承担社会责任。

（二）有利于加强思想政治教育的合力

媒体素养的提高是信息时代对每个公民提出的素质要求。加强媒体素

① 彭颜红：《大众传媒道德失范治理研究》，人民出版社，2018，第 189 页。

养教育有助于促进各个渠道的思想政治教育形成最大的合力，有效推动大学生全面发展。

要想成为信息的主人，就必须不断训练利用媒体的能力，这样才能合理选取对自己有帮助的信息，满足自己的需要。作为新媒体不良影响的易感人群，大学生群体尤其要加强媒体素养教育，要培养大学生面对不良传播活动去伪存真的辨别力、选择力和抵抗力。开展大学生媒体素养教育的目的在于引导学生学会充分有效利用大众传媒资源，从而更好地完善和发展自我。

（三）促进思想政治教育的顺利开展

随着信息技术的高速发展，媒体已深深融入大学生学习和生活的方方面面，现代人再也不是从前的人，而是媒体化的人。教育者和管理者也在力争更多地利用媒体开展教育教学活动，以增强感染力和吸引力。学生媒体素养强，就能自主剔除负面信息的毒素，更好地吸收正面教育内容的养分。加强媒体素养教育，有助于思想政治教育顺利进行。

要积极探索新媒体时代思想政治工作的特点和规律，及时追踪大学生的发展变化，必须充分利用网络社会所创造的机遇，拓展思想政治教育的新渠道，促进高校思想政治工作多样化，最大限度地发挥思想政治教育信息的价值。要大力建设红色网站，主动占领大学生思想政治教育的阵地，充分利用微信、微博、博客、短信、QQ、MSN、电子邮件、校园网、手机网、BBS 等新媒体多路径的综合传播平台，更生动有趣地开展思想政治教育。优秀的媒体素养能使教育活动达到更好的效果。

三　加强中西部高校学生媒体素养培育

在高科技迅猛发展的新时代，新媒体的出现，给传统思想政治教育工作带来前所未有的冲击，大学生媒体素养教育迫在眉睫。目前，我国的媒体素养教育还只是开端，高校应将媒体素养教育纳入素质教育范畴，使之成为高校教育的重要组成部分。高校开展媒体素养教育要符合本土化和国际化的要求，要培养和提高大学生自觉规避有害信息的意识和能力，使其自觉遵守媒体规范与道德原则，合理使用新媒体资源。

如今的人类社会处处受益于新技术的成果，受众在如此发达先进的公共领域中应当怎样消费媒体、怎样吸收媒体文化的先进成分、怎样过滤消极负面的信息等，将成为媒体素养教育的重点。媒体素养教育是终身教育，当代人要终身接受媒体素养教育。有学者认为，媒体素养教育就是指导学生正确理解、建设性地享用大众传媒资源的教育，通过这种教育，培养学生健康的媒介批评能力，使其能够充分利用媒介资源来完善自我，参与社会发展。[①] 媒体素养教育，是现代教育的重要组成部分，是培养对媒体科学认识与有效利用能力的一种学习活动，是人类社会进入信息时代后，对人的继续社会化提出的普遍要求，可通过自我教育、学校教育与社会教育等多种途径实现。

（一）加强学校教育

要针对高校学生的特点开展具有专业特色的媒体素养教育，系统增加媒体素养的课堂教学内容。20 世纪 80 年代末，联合国教科文组织开始把青少年的媒体素养教育引入学校。我国高等教育已经由精英化发展为大众化，处于新媒体时代的高校课程结构可以做些适当调整和改进，把媒体素养教育纳入日常教育与常规管理。针对不同学生的特点，适时安排选修课、竞赛、学生社团活动等，使他们学会识别负面信息和冗余信息。

第一，开设相关专业课程，建立正式课程体系，对各个阶段的高校学生进行系统的媒体素养教育，指导学生正确理解和利用信息。如，网络伦理可以作为本科阶段的基础教育课程，使学生高度重视网络伦理，严格遵守网络道德。媒体素养教育在我国的倡导力度还不够，要多借鉴其他国家的经验。美国的杜克大学早就为学生开设了“伦理学与国际互联网络”的课程，美国在中学历史课中加入读报内容，指导学生学会评析媒体信息。印度作为一个计算机大国，也特别重视对学生进行信息道德教育。

第二，在相关课程中可以有意识地增加一些内容以增强学生的媒体素养。例如，在传统的思想政治教育课程中增加网络道德等内容，加强大学

---

① 〔英〕大卫·帕金翰：《英国的媒介素养教育：超越保护主义》，宋小卫译，《新闻与传播研究》2000 年第 2 期。

生的网络思想政治教育，努力培养大学生网络道德意识和批判意识，提高他们对信息的鉴别能力，使其自觉遵守网络道德规范和行为规则，规范网络行为，维护网络秩序。当代思想政治教育既要传播真理，也要重视传播追求真理的方法，要对学生进行科学的世界观、人生观、价值观教育，特别还要培养学生明辨是非的能力以及分析处理信息的能力，加强自律的主体意识，使学生自愿树立和吸收美好的、善良的、正确的意识，摈弃“假丑恶”。要加紧开发适应新媒体时代需要的优质数字化教学程序，完善更符合新媒体时代大学生发展需要的思想政治教育的系列教材，提高大学生对不良信息的免疫力。

第三，加强高校思想政治教育工作者的媒体素养教育。除了对大学生进行系统的媒体素养教育以外，还特别要加强对高校思想政治教育工作者的媒体素养教育，使教育者也要具有崇高的信息道德和优秀的信息处理能力，通过有效筛选、分析和运用信息，增加思想政治教育工作的说服力和有效性。思想政治教育工作者捕捉、收集、分析、判断、处理、吸收和传递信息的自觉程度，直接关系到思想政治教育工作的成效。目前，很多教育者信息素质还较差，强化培训、优化师资势在必行。思想政治教育工作者要充分了解网络环境，积极开发数据库，有选择地给学生传递有用信息。

目前，我国从事媒体素养教育教学的专业教师资源是相当匮乏的，加强对未来将要从事教师工作的师范生的媒体素养系统教育，能尽快解决教育断层，更加迅速地推动我国高校媒体素养教育教学的发展。

第四，组织丰富多彩的校园活动。媒体素养是与实践紧密联系的素质和能力，单纯依靠理论说教和道德教化很难得到提高。学校一定要结合实际展开教学，通过校园活动和校际交流来开展媒体素养实践活动，增加学生对媒介运用的切身体验。思想政治教育工作者要充分发挥大众传媒特别是新媒体的重要作用，引导大学生理性地使用媒体，提高分析、处理和利用信息的能力。

新媒体为大学生提供了平等交流思想的平台，为学生解决心理问题、宣泄不良情绪提供了场所，但容易使其对社会和他人的信任度降低、个人精神空虚度明显增加。思想政治教育工作者要认清大学生群体的新变化，创新活动的内容和形式，有意识、有目的、有计划地多举办有意义的且能真正吸引大学生的虚拟世界的活动，抢占虚拟世界的思想阵地，正面引导学生培养健康向上的思想观念。例如，网络文化节、博客大赛、红色短信大赛、展示自我风采的播客大赛，请职场成功典型来介绍经验，请相关专家对大学生的某些特殊问题做专题辅导，把优秀的影视作品充实到网络课堂，有意识地将校园特色网站办得有声有色，通过校园网络组织调查、讨论、交流，使学生受到潜移默化的教育等，这些极富新媒体特色的活动都能充分吸引大学生的注意力。

（二）家庭教育

中西部高校学生媒体素养教育还要联合家庭的力量同时推进，学生们也许普遍远离家乡，家人面对面的关心不可能经常做到。学校应该充分借助新媒体来加强学校和家长之间的密切联系，通过共同合作来推进思想政治教育工作的进行，及时了解学生的学习和生活，一旦发现学生有受媒体不良信息侵蚀的苗头，要及时引导，帮助学生正确处理问题。

（三）政府和媒体要为媒体素养教育添砖加瓦

政府要高度重视媒体素养教育，引领媒体参与、具体指导社会实践。媒体要主动走进校园，指导大学生参与媒体实习，使学生亲身体验媒体人角色，鼓励学生自办校园媒体，建立校园网络媒体素养教育专业网站，深刻感受新旧媒体的不同，在具体的实践活动中提升媒体素养。

面对当代大学生出现的新媒体依赖，我们要充分认识并利用新媒体的优势，坚持用马克思主义的思想文化占领高校网络文化阵地，拓展大学生思想政治教育途径，把新媒体传播技术与当代大学生思想政治教育紧密相结合，提高学生对不良信息的免疫力。

媒体素养教育是一项需要全社会共同参与的系统工程，只有学校、家庭和社会都积极应对，才可能顺利实施。政府要广泛接受和鼓励受众的监督和参与，让全社会共同担负起关心接班人的责任，特别是要引导中西部高校学生正确合理地利用新媒体，培养良好的信息道德意识，进一步提高全社会的道德风尚，为构建社会主义和谐社会做出更大的贡献。

The Ideological and Political Education in the Middle and Western Colleges and Universities Should Pay More Attention to the Promotion of Media Literacy

Peng Yanhong

Abstract: Guided by Marxism-Leninism and Xi Jinping's socialism with Chinese characteristics in the new era, this paper takes ideological and political education in colleges and universities in the central and western regions as the research object under the perspective of big data, and puts forward that ideological and political education in colleges and universities in the central and western regions should attach great importance to media literacy. Media literacy in the new era is very important to ideological and political education. They promote and influence each other. Because of the particularities of colleges and universities in the central and western regions, students'ability to use media correctly should be trained. Promoting college students'media literacy is helpful to strengthen the effect of ideological and political education. In the media society, to strengthen ideological and political education in colleges and universities in the central and western regions, special attention should be paid to the media literacy education of college students.

Keywords: Central and Western Universities; Ideologital and Political Education; Media Literacy

国内基督教伦理学研究的意义、现状及展望*

梁卫霞**

【摘　要】 本文阐明了基督教伦理学研究的当代意义，并从纵向和横向的维度梳理和厘清了国内基督教伦理学的研究现状，在此基础上分析了基督教伦理学研究的四大特征或趋向：基于翻译和引介的研究；问题意识、研究主题和学术视域的中国化；比较研究的持续推进；应用研究彰显活力。最后对国内基督教伦理学研究存在的问题和今后的发展前景进行了有针对性的展望。

【关键词】 基督教　伦理学　比较研究

一　基督教伦理学研究的意义

基督教①作为当今世界第一大宗教，一贯以“爱的宗教”“伦理宗教”或“突出伦理的宗教”著称于世，有着历史悠久和丰富深刻的伦理道德传

---

* 本文受到中央高校基本科研业务费专项资金资助（项目编号：2242017S10019）。

** 梁卫霞（1976～），女，山西定襄人，东南大学人文学院副教授、硕士生导师，哲学博士，研究方向为基督教伦理学。

① 本文所指的基督教，是包含天主教、新教和东正教三大教派在内的统称，即学界通常所说的基督宗教。

统、伦理道德教导和伦理道德践行，并形成了臻于完备的、哲理化的、系统化的以及具有当代生命力的伦理体系和伦理精神。

基督教伦理学是介于基督教神学和伦理学之间的交叉学科，它以人格化的上帝或至善为中心，研究人的行为并把人的行为导向终极目的，使人达到至善并获得超越性和真纯完美的幸福，即在爱中与上帝的完全合一。它教导人们应当通过启示和理性之光，凭借恩典、德行和爱的行动来实现完满的人生，因而具有超越性、理论性、实践性和终极性等价值和意义，在当代社会中仍然具有不容忽视的影响力。卓新平在给卡尔·白舍客《基督宗教伦理学》的中译本序言中明确指出了基督教伦理学的当代生命力、理论和实践地位及其意义。“在当代基督教宗教理论体系的发展中，其神学伦理学、神学人类学、神学解释学和神学美学的构建格外引人注目。伦理学在这几大领域中最为典型地展示出基督宗教理论层面和实践层面的结合、‘形上’和‘形下’的沟通，故其发展和更新极为活跃，在基督教宗教思想探究和社会生活上意义独特、影响深广。”①

基督教伦理学有纵向性和横向性两个维度：前者关涉上帝与人、自然万物和世界整体之间的伦理原则和规范，即神性之超自然的维度；后者关涉人与人、人与共同体、人与自身、人与自然万物、人与世界整体之间的伦理原则和规范，即神性维度之下的人性之自然维度。基督教最重要的两条诫命即爱上帝和爱邻人，力图用爱将神性与人性、超性与自然、形上与形下、宗教与世俗、信仰和道德、理论和实践等沟通联结起来。由此可见，基督教伦理既有超越世俗伦理的部分，也有与世俗伦理相重叠的部分，因而对基督教伦理的研究既能凸显宗教伦理的超越性价值，又能开展与世俗伦理的对话和互鉴，对世俗伦理的建构有所助益和启示。

最后，基督新教和天主教在中国的宗教生态、宗教对话和宗教和谐中占据重要地位。基督教伦理又是沟通和联系基督教与当代中国社会的纽带，是基督教适应中国社会、融入中国社会，充分发挥其社会良性功能和社会正能量的中介，因而在中国基督教研究和伦理学研究中具有至关重要的意义。

---

① 〔德〕卡尔·白舍客：《基督宗教伦理学》（第一卷），静也、常宏等译，上海三联书店，2002，中译本序，第1页。

二 基督教伦理学研究的现状

自 20 世纪 80 年代以来，国内基督教伦理学的研究已经走过了 30 多年的历程，尽管有过坎坷和偏差，但也取得了较为丰硕的成果。横向而言，国内基督教伦理学的研究现状表现为以下几个方面。（1）专门的学术机构和学术研究队伍不断扩展和壮大，既有大学和研究所等学界研究机构和人员，也有宗教管理部门（政界）和教会界（教界）的研究机构和人员，机构还设立基督教伦理学的研究方向和招生方向，培养相关的硕士和博士等研究人员。（2）研究成果趋于多样化和系统化，有译著、专著、课题、研究报告、会议论文和学位论文等，也有专门发表和展现这些成果的期刊，诸如《世界宗教研究》、《宗教学研究》、《中国宗教》、《世界宗教文化》和《当代宗教研究》等宗教类期刊以及《道德与文明》和《伦理学研究》等伦理学类期刊，还有其他综合性期刊和大学学报等。除此之外，一些教会大学和教会机构主办的刊物，诸如《天风》和《金陵神学志》等刊发了众多基督教伦理道德方面的论文，这些刊物特别注重基督教伦理道德思想的挖掘及其在构建和谐社会和社会公德中的意义。（3）学术会议的举办。中国社会科学院世界宗教研究所、四川大学、上海大学、中国人民大学、复旦大学、辅仁大学和香港浸会大学等宗教学系和研究机构定期召开基督教伦理学的学术会议，推进其学术交流和学术对话。（4）基督教伦理的课题研究也得到各类基金的大力扶持和资助，例如国家社会科学基金、教育部人文社会科学基金、各省和教育厅的哲学社会科学基金都资助和扶持基督教伦理学的研究并设有相关的选题。

纵向观之，国内基督教伦理学的学术研究大致分为两大阶段：第一阶段，20 世纪 80 年代中期到 90 年代末，国内基督教伦理学的研究主要是在引介和述评西方基督教伦理学的基础上，借他山之石，逐渐开创中国基督教伦理学研究的图景；第二阶段，20 世纪末 21 世纪初以来，基督教伦理学研究从译著、引介、评述和批判为主的初期阶段，发展到相对自由和客观理性的学术研究阶段，从跟随意识形态的“引导”研究、“相适应”研究发展到“中国化”“中国话语”的理论自觉和学术省思的更高境界。因此，21

世纪以来，国内基督教伦理学的研究越来越受到学者们的关注。

（一）基于翻译和引介的研究

20 世纪 90 年代以来，国外一些经典的导论类或教科书类的基督教伦理学著作相继被翻译和引介到国内，极大地推动了国内基督教伦理学的发展。史丹利·葛伦斯的《基督教伦理学导论》（1992）、查尔斯·L. 坎默的《基督教伦理学》（1994）和贾诗勒的《基督教伦理学》等都被译成中文，这些导论性、基础性的译作奠定了国内基督教伦理学的研究基础并开启了研究先河。2002 年，德国学者卡尔·白舍客教授的《基督宗教伦理学》在国内的翻译出版以及 2010 年的再版，进一步推动了学者们对基督教伦理学的继续关注和系统研究。众所周知，《圣经》伦理学包括《旧约》伦理学和《新约》伦理学，是基督教伦理学的理论本位和学术渊源。2014 年莱特《基督教旧约伦理学》和海斯《基督教新约伦理学》这两部鸿篇巨制的中译本，对《旧约》伦理学和《新约》伦理学的架构、主题、思路、研究进路、当代学术动态、诠释工作和实践工作等做了详尽深入的研究，因而，这两部教科书式的中译本必将基督教伦理学的基础理论研究带入一个新的领域并提升到一个质的高度。

随着国外基督教伦理学各阶段、各流派代表性研究成果的翻译和引介，国内基督教伦理学的宏观研究在稳步扎实地推进。就宏观层面而言，现代西方基督教伦理学的发展大致经历了三个阶段的逻辑演绎：以神为中心的自我伦理、关注现实的社会伦理以及面向全球的普遍性伦理。武汉大学的段德智把西方基督教伦理学的纵向演绎概括为以上三个阶段，而且揭示了其本身内蕴的三大理论难题，即“宗教伦理的神学化”与“宗教伦理的人学化”、“宗教伦理的世俗化”与“宗教伦理的神圣化”、“宗教伦理的全球化”与“宗教伦理的本土化”，并把这些理论难题视为当代基督教伦理学研究的时代使命。其中，普遍性伦理（也称世界伦理、全球伦理）备受中国基督教伦理学界的关注，学者们不仅揭示了普遍性伦理背后的宗教性因素，而且深入探讨了普遍性伦理的基本原则以及普遍性伦理与中国传统伦理资源的关系等。中国人民大学基督教文化研究所与香港汉语基督教文化研究所组织了两届“中国传统伦理与世界伦理”国际学术研讨会，中国社会科学院世界宗教研究所也组织了三届全球伦理的国际学术研讨会，就上述议题进行了广泛深入的讨论。

就微观层面或个人研究层面而言，也出现了由翻译和引介而带动的研究热潮。近些年来，中世纪的基督教伦理学（特别是奥古斯丁、阿伯拉尔和托马斯·阿奎那的伦理学），新托马斯主义伦理学，路德和加尔文的伦理学，弗莱彻的境遇伦理学，尼布尔的现实主义伦理学，卡尔·巴特的新正统神学伦理学，保罗·蒂里希、马丁·布伯、克尔凯郭尔和雅斯贝尔斯的生存主义神学伦理学以及朋霍费尔的伦理学的相关著作都被翻译引介过来，在国内基督教伦理学界备受关注。

（二）问题意识、研究主题和学术视域的中国化

本着中国化方向、中国化发展的路径和思维，国内基督教伦理研究的问题意识逐渐鲜明化，研究的主题不断深化，研究的学术视域不断拓展。近些年来，国内学界、政界和教界发表了数量颇丰又有明确问题意识和理论深度的基督教伦理学研究论文，阐明基督教伦理的中国化发展道路、基督教伦理与中国伦理的对话和结合模式以及基督教伦理对中国当代伦理建构的意义等，开创并推进了中国基督教伦理学研究的新格局和新气象。卓新平在《基督宗教伦理与中国伦理之重建》中指出，基督教伦理对转型期的中国伦理重建有积极意义，我们应致力于寻求基督教伦理和中国伦理的结合点，加强二者的对话和理解。清华大学王晓朝的论文《基督教伦理学在中国学术中的定位》探究的中心议题就是如何有效地在中国推进基督教伦理学的研究。围绕这个中心议题，他提出了中国基督教伦理学研究的一些建设性意见，鼓励为创建适合时代要求、适合中国国情的基督教伦理学体系而努力。他在《如何推进儒教伦理与基督教伦理的融合》中认为，中国基督教伦理已经成为中华现代道德大传统的组成部分，成为中华道德谱系这个大系统中的一个子系统，力主从重叙传统和社会实践两个层面合力推进基督教伦理与中华伦理道德传统的融合。北京大学赵敦华的《基督教伦理学何以可能?》以《圣经》文本为依据，把基督教伦理归结为以金规则为指导、以爱为精神动力和以自由为目标的宗教实践，从而探求基督教伦理学与现代社会的相合相契。中国人民大学的杨慧林以“伦理化的汉语基

督教”来概述基督教在中国发展历史的特点和现实意义，分析了这种观念在中国文化语境中可能遭遇的挑战以及基督教提供的伦理资源对于基督教的意义。

此外，一些基督教研究机构也召开了相关的主题会议并在此基础上编撰了相关的论文集。如，四川大学基督教研究中心的陈建明、何除编撰的《基督教与中国伦理道德》（2002）以及何除和林庆华主编的《基督教与道教伦理思想研究》（2006），复旦大学基督教研究中心编撰的《基督教学术——宗教、道德与社会关怀》（2004），研究者们分别从基督教伦理的特征、基督教伦理的形上理据、基督教伦理学的学术定位、基督教生态伦理学、基督教伦理学对解决当前道德困境的价值等诸多方面展开了多主题的讨论。罗秉祥和万俊人主编的《宗教与道德之关系》（2003），探讨了基督教道德与世俗道德的分殊、基督教伦理与当代议题、基督教伦理的本质、《圣经》与伦理等不同主题。洛杉矶基督教与中国研究中心同中国人民大学基督教文化研究所编撰的《基督教与当代中国道德建构》会议论文集（待出），更加清晰地展现和表达出当代中国基督教伦理学研究的问题视域和研究主题，凸显国内基督教伦理学研究的时代特色和社会关怀，彰显基督教伦理学研究与中国传统道德和当代中国道德建构等“中国化”主题的开放性对话趋势和互鉴互补、互通互融的良好学术诉求，表达出中国基督教伦理学要坚持“中国化方向”，要走“中国化道路”，要讲“中国化话语”的发展态势和发展前景。

（三）比较研究的持续推进

基督教伦理与其他宗教伦理和儒家伦理的比较研究持续推进，并成为中国基督教伦理学界研究的热点问题。宗教学之父麦克斯·缪勒将宗教学的研究界定为一种“宗教间的比较研究”，并提出宗教学研究的基本原则，即“只懂一种宗教，其实不懂宗教”。这个原则同样适用于基督教伦理学的研究。因此，对基督教伦理学的研究，也离不开与其他宗教伦理的比较研究。国内基督教伦理学界侧重于对基督教伦理与佛教伦理、基督教伦理与道教伦理以及基督教伦理与儒家伦理关系的比较研究，特别是基督教伦理与儒家伦理的比较，一直占据比较研究的学术制高点。

董群、翟本瑞和尤惠贞等人致力于基督教伦理与佛教伦理的比较，对基督教和佛教的尊严观以及基督教“爱观”与佛教“慈悲观”等进行了比较研究；何除和林庆华主编的《基督教与道教伦理思想研究》收录了国内学术界对二者比较的论文，学者们就基督教与道教的基本伦理、应用伦理，基督教的成圣观和道教的成仙观等进行了比较研究。

在基督教伦理和儒家伦理的比较方面，国内学者大多从基本的伦理概念入手，例如仁与爱、人性论、金规则和宽恕等，对二者进行比照研究。何光沪的论文《在理论与制度之间——基督宗教与儒教关于人性尊严问题的比较研究》认为，儒教在理论上赋予人的尊严极高的地位，但在儒教的实践中以及在儒教占统治地位的中国历史中，人的尊严却受到极大的贬损，其根源在于制度缺陷，即缺乏保障人性尊严的制度。相对而言，基督宗教的原罪理论特别强调人性的恶和堕落，所以人性尊严的地位似乎不如在儒教之中，但在基督宗教的实践和西方历史中，人性尊严却有制度保障，这种制度也在逐步改善，这种表面矛盾内含深层的一致性：正因为人有罪性，所以要靠制度来制约权力。论文还强调，圣俗分开的抽象理论导致了张力互补的制度安排，这应是我们关注的焦点。姚新中的专著《儒教与基督教——仁与爱的比较研究》指出，仁与爱分别是儒教传统与基督教传统的核心观念和根本原则，他通过对两个概念的深入比较分析，总结出作为人性的“仁”与作为神性的“爱”的相似点和差异。这种比较研究旨在揭示这两种宗教伦理背后所隐含的深层意义，即寻找两种伦理对人生意义和终极价值的深层关怀。

总之，作为西方伦理和中国伦理的渊源和基础，基督教伦理和儒家伦理是两种性质完全不同的伦理理论形态，因而冲突不可避免，但二者又是两种传统的世界性伦理，基督教伦理在基督教传入中国后逐渐地参与和融入中国伦理的发展和建构，因而二者有对话和比较的空间，有融会贯通之处，基督教伦理在体用关系上可资儒家伦理借鉴。我们应清晰地认识到：耶儒比较研究是一项浩繁系统的学术工程，需要学者们以此作为学术志业而进行艰苦卓绝的努力。正如赵敦华在《基督教伦理与儒家伦理的“旧话”与“新题”》中指出的，要系统地比较二者的异同，至少要从六个层面展开对话和比较：神圣本体、绝对命令、伦理动因、道德责任、德性序列和实践途径。

（四）应用研究彰显活力

近些年来，基督教伦理理论针对现实问题、具体社会处境和社会热点议题等的应用研究成为主流，基督教的工作伦理、经济伦理、政治伦理、商业伦理、企业伦理、消费伦理、管理伦理、家庭伦理、婚姻伦理、教育伦理、生态伦理、生命伦理、医学伦理和基因伦理等的专门研究蓬勃发展，相关的译介、论文、学术会议和专题讨论等层出不穷。我们主要就以下几个领域进行述评。

在基督教生态伦理研究方面，香港道风山汉语基督教文化研究所曾出版以“生态神学”为神学论题的《道风基督教文化评论》刊号，介绍了生态神学的基本观念和相关神学家的生态伦理思想；赖品超和林宏星合著的《儒耶对话与生态关怀》，对基督教和儒家的生态伦理思想和生态议题进行了宏观和微观层面的挖掘和比照；苏贤贵阐述了基督教生态伦理学的产生、理论路径和主要观点等。有学者探讨了当代生态神学家莫尔特曼、科布等人的生态伦理思想，还有学者对基督教生态伦理的理论基础、教义阐释、环保实践以及对当代的启示等展开研究。

在基督教工作伦理、经济伦理、商业伦理、企业伦理和消费伦理等研究方面，学者们大多在中国市场经济转型的社会处境中，探究基督教伦理对中国基督徒的工作伦理、经济伦理和消费伦理等的塑造和影响，阐明中国基督教伦理与现代理性市场经济制度的合理关系以及与和谐社会建设的关系，从而验证和支撑了马克斯·韦伯的经典命题。2008 年四川大学举办了“基督宗教商业伦理与管理研讨会”，会议主题涉及基督宗教思想家的经济伦理思想、基督教商业伦理基本原则、基督教的企业价值观、基督教的工作观、基督教的财产观、基督教企业慈善事业、基督教的领导伦理与企业的发展和基督徒企业家的商业伦理与管理伦理等方面议题。中国社会科学院基督宗教研究中心也主办了“基督宗教与经济发展”、“基督宗教与金融危机”以及“基督宗教与和谐社会”等一系列学术研讨会，很多学者以韦伯的命题为背景，深入讨论了基督教伦理与经济发展和金融危机等的关系，也阐明了基督教的和谐伦理及其对和谐社会的贡献等。

在基督教政治伦理研究方面，以香港中文大学的关启文为代表的学者们着重从基督教伦理的角度解读人的尊严、人权、民主和自由等思想，并从人类共同体的观念、道德实践和社会实践等角度批判世俗主义的缺陷，还指明基督教伦理在这些方面所拥有的独特资源与做出的贡献。内地的学者也对基督教神学、基督教伦理与西方世界的宪政、民主、人权和外交等议题展开了相关研究，其中不乏从特定基督教神学传统进行的深度反思。

三　存在的问题和研究展望

综上观之，国内基督教伦理学的研究在近 30 多年的历程中取得了突破性的进展。然而，如果从学理、学术研究和方法论的角度来综合考量，仍存在不少问题，需要我们直面之、正视之并完善之。

从学理完善的角度看，国内基督教伦理学的研究应加强对《圣经》伦理学的高度重视和系统研究。《圣经》伦理学是基督教伦理学的理论根基、学理渊源和思想本位，因而，国内基督教伦理学的研究如果在学理上要臻于系统，首要的就是树立起坚实深厚的理论根基，回溯和潜心研究《圣经》伦理学，奠定扎实深厚的学理基础，这样才能在此根基上结出丰盛的伦理之果。对《圣经》伦理学的系统研究，还要有明确的现代视野、全球视野和问题意识，从现代性、全球性和问题意识的多重视角重新解读和批判性审视《圣经》伦理学，从而揭示其蕴含的现代意义并彰显其现代价值，或者对之进行现代性或中国化的诠释和理解而使之更适应现代社会和中国社会。

从学术完善的角度看，国内基督教伦理学的研究应逐步树立学术“三自”（自觉、自信和自立）的意识和理念，并在此理念下引领学术研究走向规范化、整合化和系统化。学术“三自”树立和强化的一个重要的标志就在于：有代表性的和有影响力的导论性、综合性的教材与相关专著的出版问世。然而，迄今为止，国内基督教伦理学的导论性或综合性的教材和专著还未问世，这不能不说是一个大的遗憾和欠缺。由此也深刻地提示和警醒我们，中国基督教伦理学的学术完善任重道远，需要吾辈再接再厉。我们也要深刻意识到，中国基督教伦理学的学术研究要趋于系统，首先要编写自己的教科书，形成自己的话语体系，从而增强学术自觉、自信和自立的意识。

从研究方法来看，现有的基督教伦理学研究方法单一，仅限于理论研究，缺乏科学实证研究或理论和实证相结合的研究方法。自社会科学的方法引入基督教研究以来，国内基督教的实证研究在基督教社会学和基督教人类学领域取得了突破性的进展，但基督教伦理学领域的实证研究（除了华东师范大学宗教与社会研究中心李向平教授为数极少的实证研究）没有恰如其分地得以开展，也缺乏有代表性的和有影响力的实证研究案例和成果。然而，正如前文所指出的，基督教伦理学是最为典型的沟通和结合基督教理论和实践层面、形上和形下层面的学术平台，它的学科特征即已表征出自己的学科研究方法，即它需要理论和实证研究相结合。因此，期待今后国内基督教伦理学的研究以实证研究为导向，有理论分析、有问题意识，能够比较合理地、全面地解释中国基督教伦理的现状和特征，并有相关的论文和著作问世，以此推动中国基督教伦理学研究方法的逐步完善和多元化、体系化。

The Significance, Present Situation and Prospect of Domestic Christian Ethics Research

Liang Weixia

Abstract: This paper clarifies the contemporary significance of Christian ethics research, and combs and clarifies the current research status of Christian ethics in China from the vertical and horizontal dimensions. On this basis, it analyzes the four characteristics or trends of Christian ethics research: the research based on translation and introduction; problem awareness, the Chinization of research topics and academic horizons; the continuous advancement of comparative research; the vitality of applied research . Finally, the author has made a targeted prospect on the problems existing in the domestic Christian ethics research and the future development prospects.

Keywords: Christianity; Ethics; Comparative Research

综述与书评

自然法视域下的苏格兰启蒙运动

——“激情与财富：苏格兰启蒙时代政治与道德”研讨会综述

李家莲　周雅丽*

【摘　要】 湖北大学哲学学院于2018年11月18日举办了题为“激情与财富：苏格兰启蒙时代政治与道德”的小型研讨会，会议以自然法为线索，讨论了苏格兰启蒙时代的政治与道德问题。会议认为，苏格兰启蒙时代的政治与道德，均展现了较为浓厚的自然法色彩，蕴含于18世纪苏格兰启蒙思想中的自然法是一种不同于17世纪自然法的独属于18世纪苏格兰启蒙思想的自然法。因此，自然法视域下的苏格兰启蒙时代政治与道德便展现了不同于德国启蒙运动与法国启蒙运动的独特韵味。

【关键词】 自然法　苏格兰启蒙运动　政治与道德

湖北大学哲学学院于2018年11月18日举办了题为“激情与财富：苏格兰启蒙时代政治与道德”的小型研讨会，会议首先由主持人李家莲副教授对参会来宾做介绍，并简要叙述邀请来自不同学科背景的嘉宾担任主讲的原因。在18世纪苏格兰启蒙时期，并未如今天进行严格意义的学科分科，所以诸多学者在研究18世纪启蒙思想时认为，该时期的思想是一个百科全书式的思想，因此，在对其研究过程中，必然涉及哲学、政治学、经济学、

---

* 李家莲，女，湖北大学哲学学院副教授，高等人文研究院副院长，研究方向为西方伦理学、美学；周雅丽，湖北大学哲学学院2017级硕士研究生。

历史学等诸多不同学科，以及不同时期思想家对启蒙思想形成的影响、继承和批判。不过，尽管如此，我们却可以用自然法线索把 18 世纪百科全书式的思想，尤其是其中的政治与道德思想串联起来。苏格兰启蒙运动对现代西方文化乃至世界文化有着深远的影响，国内以浙江大学为主的苏格兰启蒙思想研究团队已经取得诸多重要成果，湖北大学哲学学院李家莲副教授近年也正在带领研究生对此课题开展科研活动。在本次小型研讨会上，李家莲副教授邀请江汉大学政法学院艾克文、武汉大学政治与公共管理学院陈刚、浙江大学人文学院张正萍、湖北大学哲学学院陶文佳进行了主旨发言，并与参加会议的湖北大学哲学学院博士、硕士研究生进行了深入交流，对促进苏格兰启蒙运动的研究起到了一定的推动作用。

一　霍布斯政治学思想研究

会议第一位主讲是来自江汉大学的艾克文副教授，其演讲主题为“霍布斯政治学思想研究”。霍布斯作为 18 世纪启蒙思想家们批判的对象，他的政治哲学理论深刻地影响了他的学生洛克，继而由洛克影响至其学生，即苏格兰启蒙运动的第一位大思想家——沙夫茨伯里，因此，把握霍布斯的观点，是研究苏格兰启蒙思想必不可缺的重要背景环节。艾克文以阐述“何为政治哲学？政治哲学的价值是什么？为什么有国家？”引出“自然状态”的概念。他认为，如果没有国家，人们按照各自的本性去生活的这个状态就是哲学家们所说的“自然状态”，自然状态是一个哲学概念，不是一个历史概念，它不是指原始社会这样的一个前国家状态，并非从自然状态一步一步发展的低级的社会组织结构。它可以说是一种非国家状态，甚至可以说是一种反国家状态，它并不是国家的起源或国家发展中的一个阶段，而是国家的对立面。艾克文引导大家可以把它想象成一种理论状态、一种假说，每一个人可以假想，如果突然没有国家、没有政府、没有法律，或者说更为直观的，早上出门的时候红绿灯停止，没有交警、没有公权力、没有法律约束力，这个社会会怎么样？这就是“自然状态”。通常在对这种状态做出判断时，是与我们对于人性的认识密切相关的，对人性的看法不一样必然导致对自然状态的认识不同。假如认为人都是理性的、利他的，都是有合作精神的，像无政府主义者想象的那样，那么自然状态就是一个其乐融融的乌托邦状态。但是如果对人性做另外一种假设，就是截然相反的。随后艾克文对霍布斯关于自然状态的观点做出论述，他认为在所有描述的自然状态当中，霍布斯对我们所描述的是最糟糕的一种，也是让人印象最深刻的一种。霍布斯认为，自然状态是我们所能想象的最糟糕的一种社会状态，它是每个人反对每个人的战争状态，在这样的状态中，没有一个人的安全能够被保障，每一个人都生活在暴力、死亡的危险之中。

在西方古代的政治观、人性观里，以亚里士多德为主，他认为人天生就是政治动物，人是理性的，懂理法、讲正义。霍布斯也认为人是理性的，但他认为的理性与亚里士多德所指的理性是不同的，学界一般认为亚里士多德所指的理性为“价值理性”，而霍布斯所指的理性为“工具理性”。在霍布斯看来，理性是一种“使我们的利益最大化”的计算和推理能力。此外，在霍布斯的整个哲学思想中，他对人性的认识观点是其思想的源头，他认为每一个人的自愿行为，从某种角度上都是为了自己的好处。也就是说，每个人做什么、怎么做，这些行为的产生都是因为其对他们自己是有利的。每一个人，为了自己的利益，为了最基本的自我保存，就要努力占有更多的东西，但是世界上的资源是有限的，资源有限而欲望无穷，又没有国家、法律这些东西来约束，这样的人生活在一起形成的自然状态，就是霍布斯所说的每个人反对每个人的战争状态。在这种状态下，人们时刻处于暴力、危险的死亡威胁之中，人的生活孤独、贫困、卑污、残忍而短寿。由此，艾克文引发并阐述了关于“自然法”的观点。不同于洛克，霍布斯认为，自然法对自然状态的约束没有任何作用，自然法只是一些和平的条件，人们可以在自然法的指导下订立社会契约来达成和平的协议，但是只有和平的协议是远远不够的，如果没有武力做后盾，用霍布斯的话说，所谓的协议就是一纸空文。为了保证这个协议得到履行，需要一个强大的力量来约束人们的欲望，使人在追逐自己的利益时要遵守一定的规则。因为“利己”是人无法改变的本性，所以只能借助外力来约束人。霍布斯所指的这个力量就是国家，也称为利维坦。

二 马基雅维利的去道德化政治学研究及其对当代的影响

会议第二位主讲是来自武汉大学的陈刚副教授，其演讲主题为“马基雅维利的去道德化政治学及其对当代的影响”。18 世纪苏格兰启蒙思想家讨论的所有观点都紧紧围绕当时的政治、经济语境，因此，“政治、经济”话题成为他们各自思想中共同的重要因素。马基雅维利作为近代的资产阶级思想家，其思想在 18 世纪影响巨大。陈刚以马基雅维利的重要著作《君主论》为切入点，打开探讨其政治学的维面。陈刚主要从以下三个方面对“马基雅维利的去道德化政治学及其对当代的影响”主题进行阐述。

第一，为什么把马基雅维利的政治学称为去道德化的政治学以及它大体的含义。马基雅维利深受政治学界的重视，被看作近代以来的第一个资产阶级政治学家。他最大的一个贡献就是让政治学摆脱了过去用道德观念评价的一种理念和做法，不再从道德的角度去解释政治、阐发政治，而是从现实的政治生活中去抽取、概括、总结政治的一些规律和结论。马基雅维利提到君主应该做什么才能夺取和巩固政权，这里所指的方法就是传统的“统治术”，或者是我们惯称的“霸术”。这种“统治术”或者“霸术”也往往是容易引起后世争议的地方。因为马基雅维利所提到的很多建议，常常是违背甚至是蔑视当时传统的社会主流道德观念的，莎士比亚曾称他为“残忍的马基雅维利”，还有人干脆就称他为“罪恶的导师”，意思就是指责他教他人怎样去败坏道德。此外我们也知道有所谓的“马基雅维利主义者”，把标签跟他贴在一起。然而事实上，从马基雅维利自己的从政生涯来看，他不是一个我们所认为的“马基雅维利主义者”。很多人认为马基雅维利的政治学在政治与道德之间存在矛盾，有人说它是无道德的政治学，有人说它是非道德的政治学，还有人讲它是超道德的政治学，而陈刚认为，更准确的应该称其为“去道德化的政治学”，因为前面的无道德、非道德、超道德并未否认善恶标准的存在，但是在政治生活中，是有善有恶的，马基雅维利也承认君主的有些行为是恶行，承认君主的一些残忍、杀戮、背信弃义的做法。另外，马基雅维利也没有一味地宣扬不要讲道德，去告诉大家不讲道德会得利。其实在很多方面，他也强调君主自身的行为也要受到一些道德方面的限制，即不是完全可以超越道德的。马基雅维利觉得一些残忍的屠杀行为能够利于统治，但是它不能够获得荣光。而为什么称它是一种去道德化的政治学，这是因为在马基雅维利看来，君主为了保存自己的国家是可以采取一些必要的恶行的，这就是我们常常提到的“目的总是证明手段正确”这句话，一般是把它翻译为“为达目的不择手段”。然而事实上，这句话是有特指含义的。马基雅维利认为，君主为了实现“保存国家”这个最大的善行是可以去为恶的，善行有时反而会带来毁灭。在马基雅维利看来，亡国才是最大的祸害和恶，与此相比，其他的恶是可以接受的。因此，他的这种去道德化的政治学在政治生活中不那么强调道德对行为的束缚，真正从政治生活的现实当中去观察、论证，并提出政治应当是怎样的。从以上分析可以看出，马基雅维利对当时政治现状的描述是很多人都承认的现实政治，但这并不等同于他由此推出来的“应当”。

第二，为什么会提出以及为什么能够提出这样一种去道德化的政治学。“为什么会提出”是涉及讨论动机的问题，18 世纪的意大利处于一种四分五裂的状态，这种状态非常不利于意大利各方面发展。而且当时意大利人普遍有一种堕落状态，包括教会的堕落、社会的堕落，还有他在著作中提到的法国的入侵和对意大利的侵犯。马基雅维利是一个爱国思想家，他对当时意大利的现状是非常担忧的，因此，马基雅维利是基于这样一个动机提出来的。

马基雅维利“为什么能够提出”？陈刚认为，这就涉及主客观的原因。比如说马基雅维利曾在外交生涯的见闻中提到，他非常赞颂的、奉为理想的君主，无一例外都由于破坏道德的行为而得到了很多好的结果和收益。所以，马基雅维利认为基于利益、基于现实角度的政治就应该这样，这是其一。第二个原因就是他所讲到的道德本身，本来教会人员是被看作道德的标杆的，他们应该来解释道德，在行为方式上应该是高尚的，但是当时的教会人员普遍堕落，出现各种道德败坏行为。马基雅维利专门写了一个剧本《曼陀罗》，里面对教师形象的刻画就能看出来他对这一现象的不满。第三个原因就是去道德化政治学在当时有一个有利的舆论氛围，那就是文艺复兴过程当中对人性的弘扬，人可以追求一种合理的、自我的利益。这对他所提出的理论具有一定程度的肯定，原来非常禁锢的道德限制慢慢地放松、放宽，所以他能够提出这种去道德化的政治学。

第三，马基雅维利政治学对现当代的影响。陈刚认为，首先，马基雅维利侧重于从现实当中去看问题，他认识到现实当中的实然对应然是有限制的。马基雅维利作为一个彻彻底底的现实主义者，他认为最好是论述事物的实际情况，而不是论述事物的想象方面。这类似政治哲学和政治科学之间的区别，哲学会谈到应然的问题，科学强调实然的问题，一个是“应当”怎样，一个是“实际”怎样。这对后来的研究产生了较大的影响。其次，他对人的自由意志和能动性的肯定。马基雅维利的著作中隐含了很多人在政治生活中是能够有所作为的观点，这在一定程度上是对以神学为主导的体系的一种撼动。此外他还提到了命运的意义，这里的命运在过去一直被人们认作受命运主导的神学理论体系，而他认为几乎一半的人的行动是受自己控制的，不是完全由命运主导的。再次，“为达目的不择手段”的马基雅维利主义和政治学中“国家的理由”。马基雅维利所指的“为达目的不择手段”只针对一个特指的范例，即“国家的保存”。他指出为了“国家的保存”这个最大的善，国家可以使用一切手段，包括可以违背一些公认的道德准则，采取一些行动。但“国家的理由”在国际关系中会带来一些问题，国际政治中的国家与国家之间的状态，究竟是如霍布斯所提到的“像狼与狼一样的争斗状态、无政府状态”，还是应当包含道德准则、观念，并且发挥一定作用的状态，陈刚强调这是未来非常重要的一个研究内容。

三　18 世纪启蒙思想研究

会议第三位主讲是来自浙江大学的张正萍博士，其演讲主题为“18 世纪启蒙思想研究”。“自然法和自然状态”是讨论 18 世纪启蒙思想的重要理论背景，18 世纪的思想家对自然状态、自然法的认识与启蒙运动之前的理性主义者的观点截然不同，他们把自然法和自然状态看得非常乐观，认为它可以产生一种良性的约束力，并不需要理性来约束我们的行为。因此，18 世纪的思想家又被称为情感主义思想家，18 世纪启蒙又被称为情感启蒙。张正萍作为浙江大学“苏格兰启蒙运动研究团队”成员，其结合最新研究进展，主要从以下三个方面对“18 世纪启蒙思想研究”主题进行阐述。

第一，关于 18 世纪启蒙运动的定义。截至目前关于启蒙运动的研究，不管是彼得·盖伊的《启蒙时代》，还是亚历山大·布罗迪的《苏格兰启蒙运动》，在对18世纪启蒙运动定性时，都不会再称18世纪是一个理性的时代。张正萍认为，“18世纪启蒙运动是理性的”这句话是过去的说法，而现在多称“18世纪启蒙运动是一个关于人的理性和人的情感的启蒙运动”。概括地说，这样的一个启蒙是关于人的科学的一个运动，这个运动是研究人的理性和情感的运动。从其他角度看，我们对启蒙运动还有各种定义，例如有文人的启蒙、印刷商的启蒙、中产阶级的启蒙、宗教的启蒙、自然科学的启蒙、政治文化的启蒙、女性的启蒙，但它们都有一个共同的特征，就是都支持政治经济学。因此，张正萍认为最确切的应当称这是一场政治经济学启蒙运动。

第二，以休谟为中心的人类情感对政治经济行为动机的影响。启蒙时代如此重视人类的情感的原因，应当追溯到17世纪，无论是在霍布斯还是在笛卡尔那里，他们都非常重视人本身的激情（passion），因此学界也通常把17世纪的思想家归到启蒙运动思想家当中。他们在形容人的情感时，通常使用的是“passion”一词，有一种研究认为这是参照了苏珊·詹姆斯《激情与行动》这本著作的称谓，在该著作里，作者原本是希望其能体现与宗教神学里面的那种温顺的、有上帝驯服感觉的情感（emotion）相对应的意义，此后的一些哲学家就更愿意参照使用“passion”一词。休谟也曾有关于激情的论述，他的《人性论》第一卷和第二卷是一起发表的，而第三卷是随后在1740年发表的，他在“告读者”中提到前两卷是一个完整的知识之链。1752年，他又发表了一系列论文，这些论文被称作“经济论文”，其中有“论商业、论利息、论公债”等。从这些论文当中，可以发现，他对“激情”的研究非常重视，特别强调了激情在人类政治经济行为当中的重要作用，比如他在《论道德》中曾提到正义是人的利益激情的一种妥协。在这一系列论文中可以看到，他对商业的鼓吹以及特别强调人要勤勉。他还特别强调了人的贪婪之心，他认为人生来就是很贪婪的。贪婪是很可怕的，怎样使人性不被贪婪扼制住呢？休谟提到只有人本身的利益激情才能遏制住贪婪，所以他在政治经济思想构建中再次提到人的激情。

第三，情感与审美的关联。休谟谈到人会受到经济利益激情的刺激，用冲动的情感去从事政治、经济活动，这种情感还会驱使人去做各种各样的事情。休谟曾顶住压力发表了《自然宗教史》，同样在一开始描述了人的情感，他提到人有恐惧，人希望得到自己的安全感。人渴望稳定、渴望安全、渴望能得到延续，对“确定性”有一种渴望。商业社会是很自由的，每个人都可以拿自己的能力去交换。为什么他们如此欢迎商业社会？根据亚当·斯密的说法，在商业社会里，人人都是商人，每个人都可以自由交换，他认为干预、压制人类的交换倾向，就是压制人类的情感，是对人类的一种摧残，是一种蒙昧的生活状态，所以他认为，人应该在商业社会中自我启蒙，让自己知道自己的情感、物质需求，知道自己应该向什么样的方向发展。张正萍认为，亚当·斯密和休谟他们都有一种理论根据，就是为什么在商业社会中人类的经济情感、审美情感是可以相互“传染”的。因为在商业社会当中，人和人是交往的、交换的，所以，在这样一个商业社会的状态下，人类的情感，包括对物质的审美、文化的审美，在情感体系中都是相通的，在整个商业社会中能够形成一个良性循环，而这个良性的循环，除了有交换的倾向，也有非常根本的人类的天性。浙江大学罗卫东教授认为，这个天性就是“人的同情能力的生长”。

四　卢梭的政治哲学思想研究

会议第四位主讲是来自湖北大学的陶文佳博士，其演讲主题为“卢梭政治哲学思想研究”。18 世纪重要启蒙思想家休谟、亚当·斯密与卢梭的交情很深，他们在很长一段时期内来往频繁，相互交流创作观点，因此，18 世纪启蒙思想进程中一定留下了卢梭思想的踪迹。由回忆卢梭与休谟的友情趣事为引子，陶文佳结合会议主题，着重对“卢梭的政治哲学中有关自然状态和自然法的观点”进行阐述。

陶文佳认为，卢梭关于自然法的讨论主要集中在《论科学与艺术》中，接下来他又创作了《论人类不平等的起源和基础》。陶文佳认为，要准确理解卢梭在《论人类不平等的起源和基础》中谈到自然状态、自然法的关联原因，必须先从他的《论科学与艺术》开始。18 世纪启蒙时代的人们对科学的蓬勃发展是非常自豪的，而卢梭认为科学和艺术缺乏道德目的，反而助长了闲暇的追求和奢侈之风，这样的风气反过来又会影响人的身心健康，还会导致道德状况的恶化。他提到，有些哲学家为了出名，去说一些惊世骇俗的观点，很多艺术家为了出名，去迎合观众的口味，不能保持自己的特点。他认为这些风气对社会的道德风尚影响非常不好，还有一个最大的问题就是会放大人们由于才能的不同而导致的不平等，会鼓励这种不平等的持续增加，他认为这就是导致社会不平等的根源。接下来，陶文佳对《论人类不平等的起源和基础》中与自然法传统的一致和分歧点进行阐述。在论文的最开始，卢梭引用了亚里士多德《政治学》的一句话，“凡属于自然的东西，我们就不要在天性已经败坏的人的身上寻找，而应该在形式合乎自然的人的身上寻找”，陶文佳认为，他所引用的这句话有他特殊的目的，即通过“形式合乎自然”这个标准来寻找属于自然属性的东西，这也是卢梭后来所采取的一种研究方法，就是追溯到人的天性本身和最初、最自然的样子。从这个方面讲，卢梭继承了从古代到近代的自然法传统学派的研究方法。古希腊罗马的自然法是一种道德法则，它是一种使我们按照确定的方式去行动的自然义务，但是这种道德法则是依赖于理性的。在基督教兴起之后，古希腊罗马文明失去了很多属于自己国家的原始文本，至此一千多年的时间，人们按照耶稣传播的教义和价值观念来约束自己，审视政治生活和构建、确立政治关系。当我们在基督教的背景下讨论自然法的时候，它实际指的是“理性的受造物”，这种意义上的法实际上蕴含着一种神圣法律秩序所赋予的约束力，也是可以为人的理性所认知的。近代的自然法观念，与之前相比增加了更多的色彩，首先不仅需要使普遍的道德规范与现实主义相一致，还需要为政治秩序的正当性奠定基础。但是卢梭却认为关于人类的知识必须回到大自然最初创造出的人的样子，以及人类是如何不断发展变化成现在这个样子的，只有追溯了这个问题，才能够真正了解到底什么样子的自然法才是真正正确的。卢梭认为，人的属性分为两种，一种是固有的大自然创造的属性，另一种是环境在人的发展中所导致的改变。对于这两种属性的区分，需要从自然出发，然后才能发现其中超越人类的合法权威之上的自然法则，并将其作为我们追求善的实践和道德标准，所以，就需要去区分自然的人和受环境影响的人。但卢梭与自然法传统观点不同的一点是，卢梭认为，所谓自然法还需要用自然的声音来表达。他认为我们必须将关于人现在是什么样子的知识暂时放到一边，将各种不好的现象放到一边，真正考量人心灵最初的、最朴实的活动，只有这样才能找到一切自然法的规则之源。这说明卢梭一方面继承了自然法传统，另一方面也对自然法有较大的批判，特别是对于理性传统的批判。他与苏格兰情感主义的异曲同工之处在于，他也同意最先开始的应该是情感。此外，卢梭认为这样就解决了古罗马自然法学家和近代观点的分歧，即自然法到底能否统摄动物的问题。在卢梭看来，怜悯之情既是针对同类的，又是针对跟我们一样有知觉的动物的，因此动物在某种程度上也应该受到自然法的支配，更重要的是人类对于它们也应该有一定的义务。陶文佳认为，这也是关于我们当代伦理学，尤其是动物权益伦理学思想的一个重要来源。

会议最后，湖北大学哲学学院参加会议的博士、硕士研究生针对各位学者的主旨发言，结合自身研究方向，提出了诸多宝贵问题，为此次会议画上圆满句号。

Scottish Enlightenment from the Perspective of Natural Law

— "Passion and Wealth: Seminar on Politics and Morality in the Scottish Enlightenment"

Li Jialian, Zhou Yali

Abstract: On November 18, 2018, the institute of philosophy of Hubei University held a small seminar entitled "Passion and Wealth: The Four People's Talks on Politics and Morality in the Age of Enlightenment in Scotland". The conference discussed the political and moral issues of the Scottish Enlightenment era with the clues of natural law. The meeting held that the politics and morality of the Scottish Enlightenment era showed a strong sense of natural law. The natural law contained in the Scottish Enlightenment thought in the 18th century was a kind of natural law that was unique to the 18th-century Scottish Enlightenment thought. Therefore, the politics and morality of the Scottish Enlightenment under the perspective of natural law showed a unique charm different from that of the German Enlightenment and the French Enlightenment.

Keywords: Natural Law; Scottish Enlightenment; Politics and Ethics

必须从严治理大众传媒道德失范

——评彭颜红《大众传媒道德失范治理研究》

韩东屏*

【摘　要】 我们已经进入媒体融合时代，新的信息传播技术更容易在客观上引发传媒道德失范现象。人民出版社出版的北京大学彭颜红博士的《大众传媒道德失范治理研究》就是专门研究和讨论大众传媒领域道德失范治理问题的著作。全书以马克思主义为指导，以当代大众传媒的道德失范为研究对象，深入分析和探讨了大众传媒道德失范的各种表现、危害及其原因，提出了有效治理大众传媒道德失范的对策。该书具有重要的学术价值和现实意义。

【关键词】 大众传媒　道德失范　传媒素养

习近平总书记在2018年8月21日的全国宣传思想工作会议上指出，做好新形势下宣传思想工作，宣传思想战线必须自觉承担起举旗帜、聚民心、育新人、兴文化、展形象的使命任务，更好地强信心、聚民心、暖人心、筑同心。这一讲话为承担宣传重任的大众传媒指明了方向和路径，新时代的大众传媒更应该从严要求自己，有效治理道德失范，保持纯洁高雅，积极担负起新时代赋予的新使命。

随着社会的发展和新技术的进步，大众传媒已经发生了很大的变化，

---

* 韩东屏，男，华中科技大学哲学学院教授，博士生导师，湖北省伦理学会名誉会长。

我们已经进入媒体融合时代。大数据新技术催生了无数新媒体，新媒体使信息传播更具有瞬时性，大数据新技术彻底改变了信息传播方式和受众的生活方式。身处传媒社会的每个人无时无刻不受到信息传播的影响，更多的受众通过新的传播载体获取信息、交流信息，这种碎片式、快餐式的传播方式不断影响着受众的思维方式和价值观念。随着新旧媒体的不断融合，社会对于传媒的道德提出了更高的要求。新的信息传播技术更容易在客观上引发传媒的道德失范现象。北京大学彭颜红博士的《大众传媒道德失范治理研究》就是专门研究和讨论大众传媒领域道德失范问题治理的著作。

这部个人专著已于 2018 年 12 月由人民出版社出版。全书以马克思主义为指导，以当代大众传媒的道德失范为研究对象，深入分析和探讨了大众传媒道德失范的各种表现及其产生这些问题的原因，传媒道德失范主要表现为有偿新闻、虚假报道、恶意炒作、传媒偏见、低俗报道、网络失范等，这些都严重违背、破坏和侵犯社会公共道德规范和大众传媒职业道德规范。同时还探讨了这些问题对社会生活的不同领域造成的危害，接着又从四个方面分析了产生这些问题的原因，然后从四个机制着手提出了有效治理大众传媒失范问题的对策。该书文笔精致流畅，文字功底深厚，写作风格优雅，能用活泼激情的文字阐述深刻的理论研究成果，让读者在充分接收最新信息的同时获得理论的提升。该书具有重要的学术价值和实践意义，适合广大读者阅读。该书观点新颖，布局合理、逻辑严谨、论述充分，材料翔实、案例丰富，信息量大，可读性强。该书是跨学科的研究成果，涉猎了马克思主义理论、教育学、伦理学、心理学、思想政治教育学、新闻学与传播学等众多学科的相关知识。

该书在诸多方面都有创新，提出了新观点、新举措，运用了很多新材料。该书资料相当丰富，典型案例非常生动，跨越古今中外，所用文献资料涉及相关学科的诸多方面。该书对大众传播在不同领域的道德影响进行了比较系统的梳理，这是对已有研究的新补充，提出了“治理大众传媒道德失范是个综合工程”的新观点。有效治理大众传媒道德失范问题，应在人类社会这个大系统中实施，要发动全社会的力量以形成最大的合力，力争达到最佳治理效果，而不能只强调从某一方面严格治理。如果没有充分调动全社会这个大系统的力量，治理成果会很快被许多负面因素消解。社会各界都在呼吁治理虚假新闻，各有关部门也在尽自己所能积极治理和预防，可是这些行动不是孤立的，有效治理大众传媒道德失范必须树立全局意识，要全盘考虑、综合实施，不能只在行业内部开展整顿。该书第一次系统提出“治理大众传媒道德失范要完善四个机制”的新措施。治理大众传媒道德失范要求大众传媒在进行严格自律的同时要结合强力有效的他律，还要完善监督管理体系，充分调动法律监督、行政监督、组织监督和社会监督，联合采用大众传媒道德维护机制、大众传媒道德失范预警机制、大众传媒道德立体化管理机制和大众传媒道德刚性监督机制，这四个机制都要高度重视系统运作，不能有任何偏颇。

该书不是孤立地就事论事，而是采取全球化视野进行比较研究，试图对主流大众传媒的道德失范进行更深入的分析。该书比较研究的内容还有：国内外大众传媒道德规范中对失范行为的规约、国内外大学相关专业的传媒道德教育课程的设置、国内外利用大众传媒所开展的道德教育和传媒道德建设。目前，许多国家都纷纷制定和修订了大众传媒的行业道德规范。但是，各国之间关于大众传媒道德规范的交流还不够密切，大多数国家只关注本国问题，根据本国情况制定道德规范。全球化的浪潮使信息正在跨越国界进行更迅捷的传播，因此，各国在制定本国的大众传媒道德规范时也要关注别国，对各国大众传媒道德规范进行比较研究非常必要。目前，对于专门规约大众传媒道德失范现象的一系列条约规章进行比较研究的成果还几乎没有面世。该书在以上诸多方面都做了有益创新和探索。

尽管对于大众传媒的道德失范及其治理的研究非常有必要，但由于种种原因，此项研究还不是很到位。大众传媒的职业化特征正在日益鲜明，业界关注职业技能较多，而对传媒的伦理道德研究还不够系统，特别是对大众传媒的道德失范进行专门研究的成果还不太多。前人的研究主要强调道德对社会生活方方面面的重要性，提示积极的大众传媒应坚守什么样的道德规范。大家达成的共识是大众传媒在道德上存在诸多问题，但是对于为何存在道德失范、如何提升大众传媒道德水平、如何促进传媒和传媒人恪守传媒道德规范、如何治理传媒道德失范等诸如此类的一些具体问题，目前的研究还显得很薄弱，还存在一些不足，而这又是目前理论以及实践层面都亟待解决的问题，该书对此试图做些尝试，这一尝试在一定程度上具有新意，也具有一定难度。

现有的一些相关研究还有很大的拓展空间，及时有效的研究能促进大众传播的良性循环和大众传播正向的强势作用的发挥。关于思想政治教育学、新闻学、传播学、信息学和伦理学的研究成果已经相当丰富，然而这些学科相交叉后的新的学科成果尚不成熟，大众传播活动的实践迫切需要利用这些理论成果。该书除了借鉴以上提到的一些学科知识以外还涉及相关的哲学、法学、政治学、社会学、心理学等学科的知识。该书以马克思主义理论为指导思想，以大众传媒的道德失范为主线，以大众传媒通过大众传播活动对道德的影响为辅线，以我国大众传媒为载体，瞄准道德领域进行系统研究，重点对大众传媒道德失范的现象、原因等进行剖析，深入探讨其治理措施，提出要积极建构道德传媒的观点。这些思索相对于前人的研究成果来说有些创新，但还很不成熟。该书希望能让大众传媒在道德悖论面前少一些道德选择的痛苦和困惑。

这本著作的选题很有现实针对性，对于相关学科研究也具有重要的学术价值。身处现代社会的人们无时无刻不在进行交互式的信息传播，当代社会没有一个人能脱离信息传播的巨大网络。伴随人际交往出现的信息传播时刻影响人们的日常生活和社会发展，积极合理的大众传播活动会推动整个社会良性运转，促进经济发展，改善人民生活质量，提高人的现代化程度，不断更新人们的交往方式。“不仅一个民族与其他民族的关系，而且这个民族本身的整个内部结构也取决于自己的生产及其内部和外部的交往的发展程度”。因此，使人们的交往发生革命性变化的信息传播在人类社会活动中已经表现得越来越重要。随着传媒全球化的进一步深入，信息传播逐渐跨越了国界的限制，受众接收信息的方式和渠道趋于多元化，大众传媒的道德失范更容易对社会生活的诸多方面产生不良影响。

大众传媒的道德失范与大众传媒相伴而生。针对大众传媒近年来呈现的道德失范的趋势以及引发的一系列问题，研究并解决这一特殊历史时期的难题成为当今社会的重要任务。信息传播产业利润相当丰厚，新兴传媒如雨后春笋般涌现，各级相关机构和从业者越来越多。为了追逐高额利润、更多地瓜分市场份额，传媒几乎不惜一切手段开拓市场，传媒之间日益激烈的竞争趋于白热化，大众传媒道德失范也越来越出格，对社会造成的危害相当大。大众传媒能有效引领主流价值观，具有较大影响力的主流传媒更要关注道德问题。

对物质利益的强烈欲望和过分追求，使个别传媒根本不考虑自己的报道是否违背职业道德和社会良知，热衷于追踪一些能博取受众更多关注的信息，但这些内容有可能是荒诞不经的。当前各类传媒争先出高招努力增强新闻的感官冲击力以夺取更多的受众，获得更多利益。为了追求卖点，一些报纸竟然刊发低俗煽情的新闻，有的还凭空捏造名人隐私、大肆炒作丑闻；一些电视台为了迎合自己的利益集团，积极宣扬所谓精英的奢华生活和价值观，毫不羞涩地抢播低俗的画面；一些广播电台打着崇尚健康的旗号，不厌其烦地探讨低级趣味的话题。一些传媒从业人员只关心个人利益，逐渐失去同情心和正义感，根本不注重社会效益。凡此种种的道德失范现象令行业管理层也意识到其行为的恶劣，受众更是深恶痛绝，社会各界都在共同呼吁尽快治理大众传媒道德失范，否则大众传媒道德失范会造成严重的恶果。

随着社会的发展，大众传播更加深入地影响人们生活的方方面面，每一个社会人都无法逃避信息的辐射，大众传媒道德失范的不良影响越来越恶劣，由于种种原因，大众传媒道德失范会在一段时间内长期存在。由于传媒被赋予极大权力，当今社会各阶层的人都认为传媒应为当今社会各种病态负责。一些传媒低俗化及其背后的传媒市场无序竞争使传媒日益衰退成为恶服务的工具，其直接恶果是对广大受众的正当利益和社会正常生活造成较大损害。大众传媒的负功能随着社会的发展而不断变化，我们要弱化其负影响，使大众传媒更多更好地传承人类优秀的文明成果。大众传媒道德失范的不良影响不只是作用于当时，还可能会在今后一定时期内发生一系列恶性连锁反应。大众传媒道德失范所造成的显性和隐性的危害不容忽视，这些恶果主要有扰乱社会秩序、降低道德水平和阻碍人的全面发展。

1. 扰乱社会秩序

人们在面对大众传媒发布的不道德信息时，会出现一种矛盾心理：一方面非常痛恨假、丑、恶；另一方面又特别想了解这类信息，甚至连细节也想知道。因此，大众传媒总想通过捕捉负面消息、夸大阴暗面以更多地迎合一些受众潜在的心灵期待。

为了更好地保护自己，对于一些“假丑恶”的报道，受众由于身处多元价值观交织博弈的信息社会中，多会选择“宁信其有而不信其无”，这类虚假新闻常会在一定受众群体中引起混乱，严重的还会扰乱整个社会秩序，如在非典时期，一些虚假新闻扰乱人心，引发了粮食、白醋和药品的抢购风潮，社会正常的经济秩序受到极大干扰。传媒道德失范还会影响到一个行业的经济发展，经济的萧条又会带来一系列问题。传媒说香蕉致癌，人们看到香蕉就敬而远之；说西瓜被注射红药水，就怕吃西瓜。结果不只是这些相关产业受损，人们的心情和生活质量也大打折扣。此类与日常生活紧密相关的虚假消息在社会上会引起受众群体相当高的关注度，其恶劣影响更为严重。

传媒的不合理报道会扰乱人们心灵的宁静、破坏社会的和谐，传媒所宣扬和推崇的价值观有意无意地引导受众的观点、行为等发生符合传媒预设的改变，正是这些改变将有助于传媒所依赖的利益集团攫取更多利益，其自身也获得发展，强烈的物质欲望使大众传媒的道德失范更难根治。传媒逐渐集中化、商业化的结果，使经济及政治上的弱势者越来越无法通过传媒讨论其最关心的议题，这种话语权分配的不公平更容易引发社会恐慌，使一部分思想消沉的人的精神更加颓废。

过多地渲染犯罪新闻，会让大众对社会逐渐失去信心，哪怕实际犯罪率呈下降趋势也无法缓解人们的焦虑情绪。传媒对犯罪新闻的全方位关注，会让大众误解社会治安状况已极度恶化。大众常常不由自主地担心自己是否也会成为犯罪者的牺牲品，而现实并非如此。这类报道只会干扰稳定的社会生活，有些案件的报道还会破坏正常的司法程序。例如，某特大罪犯就是每天琢磨各大传媒对他所犯大案的全面报道来揣测公安机关对他的布控计划，因而多次逃脱警方的控制。

2. 降低道德水平

当代社会在大量资讯的冲击下变得浮躁不安，过去传统社会所构建的伦理道德规范受到冲击，人们固有的人生观和价值观发生动摇。市场经济大潮的洗礼，复杂多变的局势，使传媒能更轻易地影响公众的道德水平和素养。

传媒发布过多的不道德信息会侵蚀传统道德规范、腐化社会风气，影响人们的心理和情绪，逐渐降低人们的道德品味，自控力差的受众很容易坠入堕落的深渊。传媒的恶意炒作和公众负面情绪的增长彼此恶性催化，公众的负面情绪越大，传媒就越肆意暴露、放大和渲染丑恶，在传媒的反复强化和暗示下，公众越来越消极。美国文化与媒体研究所（The Culture and Media Institute）在《全国文化价值调查报告》中指出，大部分美国人认为道德败坏的罪魁祸首是大众传媒。如果传媒继续提倡世俗价值观而损害正统的信仰和价值观，美国人道德衰落的局面将很难扭转。该报告还认为：关心国家道德状况的美国人应当坚持要求传媒努力更平等地代表所有观点，包括那些正统的观点。

传媒比起其他经济实体来说为消费者提供的更多的是满足高级需求的精神消费，传播活动是精神生产，传媒有提升公众素质的社会责任，其市场运作反映了一种特殊的供求互动，这种互动是信息传播者与接收者通过大众传媒实现的一种精神上的交流，大众传媒的这种介质和载体作用独一无二、无法被取代，具有垄断性。传媒低俗化消耗了人类文明的积淀，降低了信息产品的价值，侵害了受众作为信息产品消费者的合法权益，更容易造成传媒市场的浮躁紊乱，最终会降低整个社会的道德水平。

大众传媒道德失范也是一种腐败。不少国家由于道德发展的滞后、权贵资本的罪孽，经济增长缓慢。非道德化的罪孽主要产生以下三个方面的后果。一是权力资本化的悲剧。许多摆脱殖民统治的国家本来可以成为相对发达和富裕的国家，却由于权力腐败而最终仍然处于水深火热之中。权力腐败会直接造成一个国家的贫穷落后，甚至决定一个国家和民族的前途。二是“灰黑经济”的罪孽。当人类的求利行为摆脱了道德束缚，当经济人和道德人的统一变成纯经济人的求利行为，变成不受道德制约的利欲冲动时，就会给社会带来直接灾难，这就是黑色经济、灰色经济、贿赂经济的罪孽。社会道德沦丧的结果是，人本性中的经济性和利益性的急剧膨胀，形成的是非道德化趋势。三是人性被物性所奴役，人重新成为物的支配物。没有道德作为灵魂，经济大厦的建立只能以奴役人性为必要成本，这是对人类文明进步的讽刺。道德风尚的败坏在很大程度上是大众传媒道德失范所造成的恶果。

3. 阻碍人的全面发展

信息传播产业的发展最大限度地满足了人们获得信息的需要，而这种快餐式文化消费可能会降低人们的读写能力、判断能力、思辨能力和创新能力，借助于大众传媒传播的片面化的大众文化使人们的身心得到极大满足，但严重阻碍了人的全面发展，大众传媒的道德失范更容易把生长在传媒化社会的现代人拉进异化的泥潭。

虚拟世界构建的虚拟生活有可能使人格扭曲、主体性逐步丧失，人们在这样一个多变的社会中很难把握自己，很难有效抵抗负面信息对自己道德修养的消解。在道德失范的大众传媒的影响下，价值错乱的人们只能被动地生活在传媒所营造的世界里，只得接受这个被传媒编织出来的环境。而这个传媒化的世界与真实的现实世界显然有区别。这是一种蛮横的传媒暴力，这种传媒暴力会产生十分消极的影响。虚拟空间改变了人们的时空观，使人们的欲望无限膨胀。信息传播本来可以使人与人之间达到彼此沟通、增进感情的效果，但人们的情感反而更加冷漠。人的发展出现片面化和畸形化，这显然有悖于马克思主义关于人的全面发展的理论，也有悖于人类追求自由和全面发展的美好愿望。

综观来看，该书是紧跟时代步伐而开展的具有现实性和针对性的学术研究著作，具有非常重要的意义。该书的写作质量和文字功底深厚。该书的读者群可以包括新闻工作从业者、相关行业决策者、高校相关专业的教师和学生。广大受众仔细研读全书将有助于加强自身传媒素养，有效利用传媒可以最大限度地提高自己的生活质量和工作效率。

Strictly Administering the Moral Loss of Mass Media

—A Comment on Peng Yanhong's Research on the Governance of Moral Disorder in Mass Media

Han Dongping

Abstract: We have entered the era of media convergence, and the new information communication technology is more likely to cause media moral anomie objectively. Dr. Peng Yanhong of Peking University, published by the people's publishing house, is a book devoted to the study and discussion of the governance of moral anomie in the field of mass media. Under the guidance of Marxism, the book takes the moral anomie of contemporary mass media as the research object, deeply analyzes and discusses the various manifestations, harms and causes of the moral anomie of mass media, and puts forward the effective countermeasures to deal with the moral anomie of mass media. This book has important academic value and practical significance.

Keywords: Mass Media; Moral Anomie; Media Literacy

《价值论与伦理学研究》稿约

《价值论与伦理学研究》2002年创刊，已经连续出版至今。本刊系湖北大学哲学学院、中华文化发展湖北省协同创新中心、国际价值研究学会（ISVI）联合主办的哲学学术集刊，主要刊登价值论、伦理学及相关领域论文，主要栏目包括"专题研究""传统价值与伦理""西方价值与伦理""理论前沿""问题聚焦""书评综述"等。

现向广大专家学者征稿：

学科领域：价值论、伦理学及相关领域研究（不限哲学类）。

论文要求：选题新颖，结构清晰，论证严谨，语言流畅。

格式编排：

中英文标题、摘要、关键词（摘要字数在300字以内）、正文（字数控制在10000字以内）。作者简介与基金项目采用脚注（与一般论文发表格式同），注释亦采用脚注（每页重新编号，编号数字采用①、②、③……），引用著作（包括《论语》等中国古代典籍）须加以详细注释。引用报刊文章格式与此类比。行距1.25。脚注格式举例：〔德〕伊曼努尔·康德：《道德形而上学原理》，苗力田译，上海人民出版社，2005，第72页。

文末请附详细通信地址、联系方式、个人简介，便于联系。

论文重复率不能超过20%，严禁一稿两投。本刊不收取版面费（一经采用即奉稿酬）。入选论文将在社会科学文献出版社结集出版，每年出版两卷。

本刊接受word文件投稿，投稿信箱：xujin430062@163.com

联系人：湖北大学哲学学院　徐瑾

联系电话：15927151100

联系QQ：188884977

办公地址：湖北省武汉市武昌区友谊大道368号湖北大学哲学学院 430062

办公电话：027－88663046/88661421

《价值论与伦理学研究》编辑部

图书在版编目(CIP)数据

价值论与伦理学研究. 2019年卷 / 江畅等主编. --北京：社会科学文献出版社，2021.2
ISBN 978-7-5201-7795-5

Ⅰ.①价… Ⅱ.①江… Ⅲ.①价值论(哲学)-文集②伦理学-文集 Ⅳ.①B018-53②B82-53

中国版本图书馆CIP数据核字(2021)第032517号

价值论与伦理学研究（2019年卷）

主　　编 / 江　畅　戴茂堂
[美]G. John M. Abbarno　[美]Thomas Magnell

出 版 人 / 王利民
责任编辑 / 周　琼
文稿编辑 / 张　格

出　　版 / 社会科学文献出版社·政法传媒分社（010）59367156
地址：北京市北三环中路甲29号院华龙大厦　邮编：100029
网址：www.ssap.com.cn
发　　行 / 市场营销中心（010）59367081　59367083
印　　装 / 三河市东方印刷有限公司

规　　格 / 开　本：787mm×1092mm　1/16
印　张：18.75　字　数：287千字
版　　次 / 2021年2月第1版　2021年2月第1次印刷
书　　号 / ISBN 978-7-5201-7795-5
定　　价 / 98.00元